本书受浙江理工大学人文社科繁荣计划资助

新型城镇化进程中公共数字信息一体化服务机制研究

经 渊 著

ZHEJIANG UNIVERSITY PRESS

浙江大学出版社

图书在版编目(CIP)数据

新型城镇化进程中公共数字信息一体化服务机制研究 /
经渊著. —杭州：浙江大学出版社，2021.11
ISBN 978-7-308-21789-7

Ⅰ．①新… Ⅱ．①经… Ⅲ．①数字信息－公共服务－
研究 Ⅳ．①G202

中国版本图书馆 CIP 数据核字(2021)第 201105 号

新型城镇化进程中公共数字信息一体化服务机制研究

经 渊 著

责任编辑	伍秀芳(wxfwt@zju.edu.cn)
责任校对	林汉枫
封面设计	银古桑
出版发行	浙江大学出版社
	(杭州市天目山路 148 号　邮政编码 310007)
	(网址：http://www.zjupress.com)
排　　版	浙江时代出版服务有限公司
印　　刷	广东虎彩云印刷有限公司绍兴分公司
开　　本	710mm×1000mm　1/16
印　　张	15.25
字　　数	242 千
版 印 次	2021 年 11 月第 1 版　2021 年 11 月第 1 次印刷
书　　号	ISBN 978-7-308-21789-7
定　　价	68.00 元

序　言

党的十九届五中全会提出，到 2035 年要基本实现新型工业化、信息化、城镇化、农业现代化。在推进以人为核心的新型城镇化过程中，公共数字信息一体化服务是当前比较突出的、值得研究的一个课题，相关成果较少。本书选题对数字信息资源管理具有一定的理论意义和现实意义，属于学科前沿问题。

作为在多年研究基础上形成的一部专著，本书是在作者攻读南京大学信息管理学院博士期间参与本人主持完成的国家社会科学基金重点项目"新型城镇化进程中的信息化问题研究"及作者自己主持完成的教育部人文社科青年基金项目"新型城镇化进程中公共信息一体化服务模式研究"的基础上，不断深入和拓展，经过长期沉淀完成的研究成果。

本书在国内外相关研究的基础上，综合运用图书情报学科相关理论和研究方法，较为系统地探讨新型城镇化进程中公共数字信息一体化服务的基本理论、内在机理、技术方法、用户需求、体系构成、协同机制等问题。在对城镇公共数字信息服务现状及发展态势、服务需求及一体化发展状况进行调查分析后，本书论述了城镇公共数字信息一体化服务体系的构建目标、原则与依据，构建了公共数字信息一体化服务体系架构，分析了公共数字信息一体化服务体系的内容要素及其逻辑关联，并对政策制度、服务主体、服务对象、信息资源、服务设施和管理支持等公共数字信息一体化服务体系构成要素进行系统分析。本书基于信息流探讨了新型城镇化进程中公共数字信息一体化服务机制的结构与功能，进而从协同治理、资源整合和服务融合三个层面探讨了一体化服务的方法及措施，具有一定创新性。

本书的出版，是作者学术研究的阶段性总结，也是一个新的起点，在此祝贺本书的出版。当前，作者正有条不紊地开展其主持的国家社科基金项目"城乡融合背景下的公共数字文化服务机制研究"的研究工作,预祝他顺利结题,希望他能在图书馆学的研究道路上继续前行,并取得更多成果。

南京大学教授、博士生导师　郑建明

2021 年 5 月 8 日

前　言

　　新型城镇化、工业化、信息化、农业现代化"四化"同步是我国寻回"失去的两百年"必然要经历的一个并行发展过程。至 2020 年年底，我国城镇化率达到 60% 以上，已超过世界平均水平，但公共服务的不充分、不均衡导致大量的人口是"被城镇化"的。公共信息服务资源供给不足、一体化程度不高、服务水平和服务标准偏低，导致公共信息服务与城镇居民的期望距离甚远，对城镇化全局产生了不良影响。

　　随着信息资源共享理论、协同论、现代治理理论、信息流理论、新公共服务理论等的发展，以及数字信息技术的普及，公共数字信息及其一体化服务在城市公共服务研究中的重要性日益凸显。根据国家新型城镇化规划和"十二五"信息化规划的相关要求，我们应注重基本公共服务均等化，以数字信息为载体创新公共信息服务，建立跨部门跨地区业务协同、共建共享的公共信息服务体系。

　　近年来，学界对公共数字信息及其一体化服务的研究逐渐增加，在国内外比较研究、理论引进、个案分析等方面形成了较为丰富的成果。然而，这些理论研究主题广泛，它们贴近时代，但体系性不足；应用研究实例众多，它们紧跟技术进步，但缺乏真正的跨部门跨系统一体化服务的成果。对新型城镇化进程中公共数字信息一体化服务的系统研究尚有待进一步工作。

　　公共信息服务的基本特征在于公共消费性、广泛主体性、外在效用性和多元互动性，要求政府主导、多元参与、一体服务。在社会信息化持续推进、互联网影响进一步深入的时代背景下，公共数字信息服务已成为新时期信息服务的基本范式之一。在公共数字信息服务达到公共服务普遍性、全面性、均等性的基本要求，满足人们信息需求以及培育新市民的过程中，实现一体化服务是发挥数字信息服务广泛接入、便捷获取、充分互动、普遍服务优势的内在要求,也是相关研究和实践的关切所在。

　　本书以城镇公共数字信息一体化服务机制为研究对象,按照"提出问题—分析问题—解决问题"的逻辑依次展开,研究新型城镇化进程中公共数字信息一体化服务的理论基础、技术方法、内在机理、整体结构、协同机制、整合模式、优化策略等问题。研究工作主要包括:

　　(1)城镇公共数字信息一体化服务的理论研究。本书对信息资源共享理论、现代治理理论、协同论、新型城镇化理论、信息流理论等相关理论的基本原理、应用领域与价值以及对本研究的适用性进行了阐述,界定了公共数字信息、新型城镇化、城镇公共数字信息服务和一体化信息服务机制等基本概念。

　　(2)城镇公共数字信息服务现状及城镇居民信息需求研究。本书通过专家问卷对城镇公共数字信息服务现状及发展态势进行调查,通过用户问卷对城镇公共数字信息服务需求及一体化状况进行调查,并与前人的调查结果进行对照分析,研究城镇公共数字信息服务现状及城镇居民信息需求。

　　(3)城镇公共数字信息一体化服务体系研究。体系研究与机制研究密切关联又相互促进,对系统内各要素之间的关系的深入研究可为系统运行机制的研究打下坚实基础。本书研究公共数字信息一体化服务体系的构建依据、原则、内容要素、逻辑关联、整体架构,并对政策制度、服务主体、服务对象、信息资源、服务设施和管理支持等公共数字信息一体化服务体系构成要素进行理论分析。

　　(4)城镇公共数字信息一体化服务机制研究。本书研究城镇公共数字信息服务信息流的环境、构成、属性、运行过程、机理以及基本类型,提出基于信息流的城镇公共数字信息服务优化原则、方法与对策,提出加大信息流密度、提高信息流温度、增强信息流稳定性、加快信息流流速以及提高信息流纯净度等方法,给出城镇公共数字信息一体化服务政策制度约束机制、资源导向机制、用户培育机制等方面的优化措施建议。最后,通过实例进行一体化服务机制的验证。

目　录

第1章 绪 言

1.1 研究问题与背景

1.1.1 研究背景

新型城镇化、工业化、信息化、农业现代化"四化"同步是我国寻回"失去的两百年"必然要经历的一个并行发展过程。新型城镇化是中国现代化的必由之路,信息化和城镇化建设是我国新四化建设的主要任务,在城镇化过程中实现信息化、工业化、农业现代化对于全面建成小康社会、加快推进社会主义现代化具有重大意义。

与西方发达国家的社会发展进程不同,我国城镇化的进程滞后于工业化,而信息化的脚步又缓于城镇化。至2020年年底,我国城镇化率达到60%以上,已超过世界平均水平,但有大量的人口是"被城镇化"的。长期以来,我国公共信息供给和信息化建设以大中城市为重点,小城镇的公共信息服务资源供给不足,一体化程度不高,服务水平和服务标准偏低,这些对整体城镇化产生了不良影响,尤其是小城市和乡镇公共信息服务质量不高,配套的公共服务体系尚未形成。城市信息化仍处于普及信息与通信技术、建设和完善信息基础设施的发展阶段,对公共数字信息服务的整合、优化尚处于探索阶段。拉大的信息鸿沟加剧了城乡二元化,公共信息服务与人民群众的期望距离更甚。

根据国家现代化和新型城镇化的整体规划,到2020年必须实现一亿人在城镇落户。在总体目标提前完成之后,"十四五"期间要让这一亿人留得住、留得好。为实现新型城镇化的这一重要目标,要求提高各项公共服务的保障水平,加强城市信息的均等服务和全面服务,推动新市民真正融入城市。

1.1.2　研究问题

根据国家新型城镇化规划和"十三五"信息化规划的相关要求,应注重基本公共服务均等化,以数字信息为载体创新公共信息服务,建立跨部门跨地区业务协同、共建共享的公共信息服务体系。

公共信息服务的基本特征在于公共消费性、广泛主体性、外在效用性和多元互动性,要求政府主导、多元参与、一体服务。在社会信息化持续推进、互联网影响进一步深入的时代背景下,公共数字信息服务已成为新时期信息服务的基本范式之一,就其数字化资源、智能化技术、网络化传播、泛在化服务等方面开展深入研究,对新型城镇化进程中公共信息服务的理论和实践发展裨益良多。

在公共数字信息服务实现公共服务普遍性、全面性、均等性基本要求,满足人们信息需求的满足和培养新市民的过程中,实现一体化服务是发挥数字信息服务广泛接入、便捷获取、充分互动、普遍服务优势的内在要求,也是相关研究和实践的关切所在。公共信息一体化服务水平与城镇化建设的质量息息相关,在打通信息壁垒,加快形成政府主导、覆盖城乡、可持续发展的基本公共服务体系,推进城乡基本公共服务均等化,实现城乡一体化的历史进程中起着不可替代的作用。研究新理论、新技术在新型城镇化进程中公共信息一体化服务中的应用,在发挥政府主导作用的同时充分发挥各种公共部门、私营企业、非营利团体和个人的作用,是推动新型城镇化和信息化协同发展的应有之义。

因而,只有深度融合了信息化战略,真正实现城市公共数字信息一体化服务,城镇化才能真正体现其"新型"的时代特征。以数字信息为载体创新公共信息服务,着力打造智慧城市,保障和改善民生,已成为国家新型城镇化和信息化战略的重要组成。我国公共数字信息服务的整合、优化尚处于探索阶段,在新型城镇化建设进入质量为重的新时代背景下,从服务力量的

协同、制度规范的统一、资源内容的整合等角度加强城镇公共数字信息一体
化服务的研究,成为信息资源管理研究的一大命题。

1.1.3　基本概念的厘清

(1)新型城镇化的概念界定

"城镇"及"城镇化"是有着一定中国印记的概念,不少国家将乡村以外
的人口聚居地统称为城市,由于我国的特殊国情,城镇的概念比城市更为宽
泛。"城镇化"是在从农业社会向现代社会转型过程中,乡村人口向城镇聚
集的一种现象,而"新型城镇化"则是我国大中小城市和小城镇协调发展、城
乡互动一体化发展,以人为本、"四化"同步的城镇化道路。从社会学、传播
学、经济学等不同学科视角,学界对城镇化、新型城镇化的内涵和外延存在
从人口构成、经济形态、文化观念、生活方式等角度进行多种解读。李克
强[1]从经济学视角指出城镇化是我国经济三元结构转换成一元结构的标
识;谢文蕙和邓卫[2]从生产力视角指出城镇化是社会生产力变革引起的人
们生产方式、生活方式的改变过程;顾朝林等[3]认为城镇化是乡村人口向城
镇聚集、城市文化向周边扩散的传播过程;张向东等[4]认为新型城镇化的主
要内容是实现城乡互动一体化发展,实现人民利益最大化;陈飞等[5]认为新
型城镇化是一个协调工业、农业和环境发展,实现公共服务均等化的过程;
黄聚云等[6]认为新型城镇化的外延包括空间城镇化、文化城镇化等 6 个维
度。上述观点从逻辑上都统一于从社会主义初级阶段的实际出发,走中国

---

① 李克强.论我国经济的三元结构[J].中国社会科学,1991(3):65—82.
② 谢文蕙,邓卫.城市经济学[M].北京:清华大学出版社,1996:17—21.
③ 顾朝林,于涛方,陈金永.大都市伸展区:全球化时代中国大都市地区发展新特征[J].规划
师,2002,18(2):16—20.
④ 张向东,李昌明,高晓秋.河北省新型城镇化水平测度指标体系及评价[J].中国市场,2013
(20):76—79.
⑤ 陈飞,颜银根,何文.新型城镇化与经济发展[M].广州:广东经济出版社有限公司,2014:
82—84.
⑥ 黄聚云,魏媛媛,黄春颖.文化城镇化视角下的传统体育文化传承[M].上海:上海人民出
版社,2015:4—8.

特色新型城镇化道路这一核心理念。

我国长期以来都以农业为主,城市数量和规模有限,城镇化步伐较缓。明清时期,我国缓慢进入现代化城镇发展轨道,但近代以来的内忧外患打断了城镇化步伐。据统计,我国城镇人口直至改革开放初期仍仅占总人口17.6%[①]。改革开放后,城市建设势头迅猛,乡村人口开始大规模向城市流动,到2015年年底城镇化率进一步达到56.1%,超过世界平均水平[②]。

与西方国家不同,我国人口众多、城镇化起步晚,因而较早注意到"新型"发展的必要性。以费孝通为代表的学者在改革开放初期即提出照搬西方城市化模式将导致我国农村破产、社会动荡,必须让农民就地转变为工人,即"小城镇、大问题"。该学术观点也被国家决策层所接受。1998年,我国提出发展小城镇是带动农村发展的战略举措;2000年,正式使用"城镇化"概念,提出走适合我国国情的大中小城市和小城镇协调发展的城镇化道路;2002年,党的十六大报告提出"走中国特色城镇化道路";2012年,中央文件开始使用"新型城镇化"提法,其后在十八大报告中正式明确以人为核心的新型城镇化内涵、指导思想和路径;2014年,《国家新型城镇化规划(2014—2020)》的发布标志我国新型城镇化的政策体系骨架已构建完成。

新型城镇化是对传统城镇化的总结、完善和发展。对比传统城镇化,新型城镇化之"新型"主要体现在如下几方面[③]。

1)新型城镇化是"四化"同步的城镇化

在"四化"同步进程中,工业化是"四化"的主导,为新型城镇化、信息化和农业现代化提供发展的动力;农业现代化是国家各项事业发展的根基;信息化以其后发优势作用为各项事业发展加注活力;新型城镇化是工业化和信息化的载体,为农业现代化提供了发展平台。新型城镇化事业的健康发展有赖于"四化"的充分融合,有赖于工业化提供的强大动力,有赖于信息化的促进和农业现代化的基础保障。

① 陈国灿.浙江城镇发展史[M].杭州:杭州出版社,2008:8—10.
② 发改委:2015年城镇化率达56.1% 市民化进展较慢[EB/OL].[2017—02—02].http://www.chinanews.com/cj/2016/01—29/7739692.shtml.
③ 杨佩卿.新型城镇化的内涵与发展路径[N].光明日报,2015—08—19(015).

2）新型城镇化是资源节约和环境友好的城镇化

新型城镇化不是过往资源过度浪费、环境严重破坏的城镇化。具体来说，新型城镇化要放弃传统粗放用地、用资源，根据城镇的资源和环境承载能力，做好城市用地规划、产业布局和人口规模控制。本着节约资源、保护环境的原则，新型城镇化以低能耗、低碳排放、高可循环的产业结构为经济发展的目标，以垃圾、污水、噪声等污染物有效处理和减排控制为生态环境保护和改善的基本要求，从而保障城镇化的质量、效益和福利，建设人口、经济、资源和环境相协调的城镇，建设宜业宜居的现代城市①。

3）新型城镇化是大、中、小城市与小城镇协调发展的城镇化

按照统筹规划、科学布局、合理分工、大小共助的原则，新型城镇化应充分考虑所处环境的承受能力，加强相关公共服务的支持，对城市规模尤其是大型和巨型城市的规模进行科学控制，避免单纯扩大城市规模，加快小城市和城镇的发展，引导人口和产业集聚，发展各种类型的城市群和都市圈，形成大、中、小城市与小城镇协调发展的良好格局②。

4）新型城镇化是以人为本、各类公共服务全面覆盖的城镇化

"以人为本"是中国新型城镇化的本质属性，实现"人的城镇化"是中国新型城镇化的核心目标。在城镇化过程中真正实现"人的城镇化"，实现人的全面发展和社会公平正义，不仅要求各地政府在城市规划、产业布局等方面坚持以人为本，打造适宜人民创业、就业的现代城市，还对各项公共服务提出了更高的要求。传统城镇化是一种割裂了城市和乡村的二元体制，导致公共服务也出现了两重标准，农村的各项公共服务事业普遍落后于城市。新型城镇化要求城乡一体化发展，对各项公共服务事业发展、公共服务基础设施建设进行统筹规划，实现基本公共服务在大、中、小城市与小城镇的全覆盖，并有效提升农村人口的医疗、就业、教育等领域的福利保障水平，以确保城镇化进程稳定有序进行③。

（2）公共数字信息的概念界定

通常，公共信息是指与公共利益、公共政策制定、公共管理制度安排和

---

① 方创琳.改革开放 40 年：中国城镇化与城市群之变[J].中国经济报告，2018(12)：92—96.
② 沈东.新型城镇化、市民化与逆城镇化[J].江淮论坛，2019(1)：89—93，114.
③ 贾若祥.中国城镇化发展 40 年：从高速度到高质量[J].中国发展观察，2018(24)：17—21.

执行以及公共事务管理活动相关的信息。公共信息是公共产品的一种,公共产品也称公共物品,指在消费过程中不具占有性和排斥性,没有价格、没有市场、不准私人企业主自由买卖,只能由国家调配的物品或劳务。自大卫·休谟在著作《人性论》中提出"集体消费品"概念以来,亚当·斯密、马左拉、马尔科、萨缪尔森等学者对公共产品、公共信息进行了深入研究,指出公共信息作为公共产品和信息资源的一种,具有非竞争性、非排他性、共享性、消费过程不产生损耗、低边际成本等特征。

公共信息早期一般与政府公共信息作为同义词使用,政府公共信息服务理论涉及政府公共信息的生产、收集、加工、公开和传输,其中各种政务信息的公开是研究政府公共信息服务的主要方向。近年来,随着数字信息的发展和社会治理结构的变化,人们开始认识到公共信息不完全等同于政府公共信息,第三部门、社会组织、个人都属于公共信息服务的服务主体,用户也在服务体系中占据重要地位。城市生活中的公共信息涉及政府、企业、第三部门、社会大众在政治、经济、科技、文化、社会各个领域、各种层面产生的信息内容,如政府依法公开的信息、气象信息、文化活动信息等。

目前,对公共信息资源的概念存在多种解读,如联合国教科文组织定义"公共信息为公众不受版权限制或不侵犯隐私权而可以自由获取的智力成果或可存储的媒介、共享信息"[1],欧盟委员会认为"公共信息资源是公共部门生产、搜集并用于公共利益的信息资源"[2],但公共信息资源具有非排他性、非竞争性和外部性,是能被全体社会公众拥有和公开利用的信息,这已是共识。

公共信息资源与教育信息资源、经济信息资源、科技信息资源、行业信息资源等信息资源类型有所区别又互有交叉。从来源看,公共信息资源较多来自图书馆、档案馆、博物馆等公共部门;教育信息资源来自各类学校、教育管理部门以及 CALIS 等组织;经济信息资源来自国家信息中心、政府统计机构等部门和机构;科技信息资源来自中信所、科学院等机构;行业信息

①　Policy guidelines for the development and promotion of governmental public domain information[EB/OL]. [2018−09−08]. http://infolac.ucol.mx/observatorio/public_domain.ppt.

②　Green paper on public sector information in the information society [EB/OL]. [2018−09−08]. http://cordis.europa.eu/econtent/publicsector/greenpaper.html.

资源则来自行业协会、技术中介等。但各类型信息资源间并没有明确界限，如公共信息服务也涉及教育信息、经济信息，教育信息与科技信息有时密不可分。

随着数字化、智能化、网络化时代到来，公共数字信息服务已成为当前公共信息的重要组成。公共数字信息资源，是指所有以数字形式把文字、图像、声音、动画等多种形式的信息存储在光、磁等非纸介质的载体中，通过网络通信、计算机或终端再现出来的公共资源。公共数字信息资源包括各种传统公共信息资源的数字化形式、原生的电子期刊、图书或网站信息以及前两类信息资源的元数据[①]。

公共数字信息不占用物理空间、可再生和重复利用、内容形式丰富多样、获取门槛低、更新和传播速度快，对于缩小城市各种人群之间的信息鸿沟、满足人们的信息需求起着关键作用。

在某些特定的情形下，公共数字信息也被称作公共电子资源、公共网络信息资源等，这些同义词或近义词或者体现公共数字信息资源的特征，或者表征公共数字信息资源的主要类型，在实际中可替代使用。

（3）城镇公共数字信息服务的概念界定

公共信息服务萌芽于人类社会早期，具体概念的明晰和理论的形成则发端于百余年前。服务是政府的基本职能之一，也是公共物品的基本属性，"我们的社会中的其他公共物品甚至整个公共物品体系，都是基于服务这一最基础的公共物品的"[②]。

从国家产生之日起，作为公共服务的一部分的公共信息服务就成为政府工作的有机组成。古希腊时期亚里士多德已提出行政人员的任命属于公共信息，应予以公开。同时期战国的孟子也在《孟子·梁惠王下》中提出人事任命和司法诉讼的要求是"国人皆曰贤，然后察之"。西方公共信息服务理论的发展在中世纪封建统治下被严重抑制，直到近代才得以复苏，康德提出全部法律需要公开，黑格尔继而指出国家行为应公开，斯宾诺莎、潘恩、杰斐逊等总结公共信息服务理论即通过报纸等方式将国家大事向公众说明；

---

① 呼和木其.内蒙古自治区特色数字资源建设研究［D］.长春：东北师范大学,2013.
② 李洁.我国政府公共信息服务模式研究［D］.北京：北京邮电大学,2010.

同一时期,我国在"民可使由之,不可使知之"的观念影响下,对公共信息服务的认识水平进展有限。

进入现代社会后,各国政府开始强调服务职能,信息服务同交通、健康等其他社会服务一道成为政府工作的重要内容。公共信息服务的理念不断创新,内涵也不断丰富,除基本的信息公开,信息开发利用、信息基础设施、信息安全等也成为公共信息服务的内容组成。在我国,政府公共信息服务理念也经历了从为政府服务到为民服务的转变过程①。

从概念从属关系上看,笔者认为,公共信息服务的上位类是信息服务,其同位类则包括企业咨询决策服务、科技信息服务、市场信息服务、投资信息服务、物流信息服务等。

城镇公共信息服务旨在为城镇居民提供各种公共信息的搜集、推送、分析、咨询等服务,一般以当地政府部门为主要服务提供方。作为城市公共服务体系的重要组成部分,公共信息服务与政务公开、电子政务建设息息相关,并对城市信息基础设施建设水平有较高要求。改善公共信息服务不仅仅关系着城市公共服务整体水平的提高,同时可提升城市治理能力,是解决我国新型城镇化中积累的各种矛盾和问题的重要抓手。

某种程度上,新型城镇化进程中的公共数字信息服务,与数字城市、电子城市、无线城市、智慧城市等概念同属于信息化大潮下的理念创新,引导城镇借助现代技术提升自身建设质量和竞争力,实现信息公平。它们的区别在于与城镇公共数字信息服务相比,城市信息化、数字城市、智慧城市等概念更注重网络技术、数字技术、现代信息处理技术等技术手段在城市管理、运行过程中的应用。这些概念各有其关注点,如智慧城市的关注点集中在智能住宅的建设,数字城市理念聚焦于空间地理系统的建设②,泛在城市建设则强调泛在网络社会的构建③,归根结底都是一种技术至上、技术驱动的理念。现代城镇公共数字信息服务虽然也可归结到广义的城市信息化、

---

① 邓集文. 我国政府公共信息服务理念变迁的轨迹考察[J]. 中南林业科技大学学报(社会科学版),2009,3(3):42—46.

② 李德仁,邵振峰,杨小敏. 从数字城市到智慧城市的理论与实践[J]. 地理空间信息,2011,9(6):1—5.

③ 王世伟. 说"智慧城市"[J]. 图书情报工作,2012,56(2):5—9.

智慧城市建设中,但更多的是一种用户驱动行为,其理论出发点和终点都在于以公共数字信息资源的开发利用来满足城镇居民的信息诉求,达成新型城镇化进程中实现"人的城镇化"核心目标,其中技术应用固然重要,但建章立制、队伍建设、模式创新等都起着至关重要的作用。

(4)一体化信息服务机制的概念界定

一体化,指多个原来相互独立的个体通过某种方式逐步结合成为一个整体的过程,有时也可称之协同、协调、合作。机制,原指机械的构成部分、运行原理,后被其他学科引进,描述系统的各个组成部分和各个环节相互结合与制约而构成的有机整体。机制以客观存在的事物或事物的组成部分为基础,以界定一套相对固定的运作方式或运行途径,使构成它的事物成分以及各组成部分之间联系起来,从而形成一定的关系。如根据《中国大百科全书(第二版)》,市场机制即价格、供求、竞争等要素之间互为因果、相互制约的联系和作用,包括供求机制、价格机制、竞争机制等,以价格机制为核心。

就新型城镇化语境下的公共数字信息服务而言,其一体化机制指在城镇范围内,在制度化的约束下,政府、公民、法人和其他社会组织多元服务主体在提供公共数字信息服务的过程中广泛参与,面向城镇内所有信息用户,通过分工、协调、整合等环节提供公共数字信息及相关设施、场所服务的制度措施。

公共信息服务的关键在于服务民生。方便快捷地获取法律法规、地方政策、文化活动、科技进展、医疗服务、教育培训、交通气象等各类信息是城市居民的基本诉求。当前,我国城市公共数字信息服务的问题,主要表现在公共信息服务平台繁多而重复建设,信息孤岛状况严重,各个平台信息内容单一、数量有限,无法适应城市居民一站式获取公共信息服务的基本要求。

一体化公共信息服务主要内涵包括如下几方面。

1)多元化的公共信息服务主体

以政府相关部门为主导,以专业服务提供商、公益性组织等为辅助,多元主体共同协作的服务模式开始在公共信息服务领域展现活力,各子系统在发挥其技术、人才、资金优势的同时,在服务定位、功能、方法、途径等方面也都应当表现出统一的整体性,各种服务要素也应当科学整合而不是通常意义上的相加。

2）公共信息服务子系统的协作性

在协作中,强调政府部门、非政府组织、相关企业、社会个人等多个子系统形成良好的协作关系,除了为各类主体创造平等参与公共信息服务的机会,还应同时促进各个公共信息服务子系统之间就资源配置模式、服务产品构成等方面进行有效分工合作。

3）服务的动态性

不断改变的公共信息服务需求和服务子系统的身份角色、功能职能,资源内容结构的不断变化,一起决定了一体化公共信息服务也应当是不断发展的[①]。

从层次上看,公共数字信息的一体化服务依次经历偶尔发生的协作、通过一定协议约束形成的相对持久的合作关系,以及密切联结形成稳定的合作联合体三个阶段。

一体化公共信息服务中的机制包括了协同机制、管理协调机制、经费投入机制、人员保障机制等。

在新型城镇化进程中,我国各大小城市根据城市自身经济、社会、信息化发展现状,采取了政府—居民、政府—企业/第三部门—居民、企业/第三部门—居民等公共信息一体化服务模式[②]。前期城市信息化建设较多集中在信息基础设施建设,日益完善的信息基础设施也为公共信息服务的开展和机制创新创造了有利条件。

在管理和运行上,新型城镇化进程中公共数字信息服务以国家整体规划为基本要求,地方政府根据所在城市实际情况制定服务标准、规范公共信息服务。在实现一体化服务的过程中,不同城镇的方式因地制宜。如居民信息素质较高、信息基础设施条件较好的城镇可充分利用互联网、物联网技术,以开展基于移动应用的数字公共信息服务为重点;对市场培育成熟、信息产业发达的城镇而言,服务架构将更突出市场调节作用,政府较多地向社

---

① 周毅,孙帅. 协同式公共信息服务——理论框架与运行规程[J]. 情报科学,2015,32(11):3-8.

② 经渊,郑建明. 新型城镇化进程中公共信息一体化服务模式研究[J]. 图书馆建设,2017(5):12-16.

会购买公共信息服务,社会力量作用凸显;经济欠发达、信息化程度不高的城镇则对政府在公共服务领域的统筹规划和资源整合能力更为倚重,基本公共数字信息的服务成为整个架构的重心。

1.2 国内外研究综述

1.2.1 信息源与文献检索

(1)国内信息源

当前,国内学术资源主要来自中国知网(CNKI)、万方、维普、超星等公司的学术资源数据库,这几家各有所长。其中中国知网与万方的数据库资源强在期刊、会议、学位论文、报纸的收集较为全面;维普收录了数量最为庞大的中文期刊资源;超星则建立了以图书为主、覆盖多种文献类型的国内最大的学术元数据集。此外,尚有一些专注于标准、学术视频、统计数据等文献的专门数据库。

基于课题性质和文献预读分析,笔者最终选择了 CNKI 中国学术期刊全文数据库、维普中文科技期刊全文数据库、CNKI 中国优秀硕士学位论文全文数据库、CNKI 中国博士学位论文全文数据库、CNKI 中国重要会议论文全文数据库、读秀学术搜索作为主要利用的中文数据库。此外,将万方学术期刊全文数据库、超星期刊数据库、万方中国学位论文全文数据库、万方中国学术会议全文数据库、CNKI 中国重要报纸全文数据库以及百度学术搜索作为扩展检索的来源数据库。

本研究属于新型城镇化与信息化融合、公共信息服务、数字文化、一体化等多种视角的交集,涵盖了比较宽泛的研究范畴,如"公共数字信息服务"的相关检索词有"公共数字资源""数字文化服务""公共服务平台"等;"信息城镇化"的相关检索词有"社区""小城镇""农民工"等;"一体化"的相关检索词有"协同""融合""整合""共治""集成"等。为此,笔者在大量预读文献后,确定了以相对宽泛的"公共信息服务""数字信息服务"为主要检索词,以专指度或相关度较高的"数字文化""新型城镇化""协同""机制""公共文化服务"等为二次检索词收缩、扩展检索范围的检索策略,以兼顾查全率和查准率两大指标,达到较为理想的检索结果。

根据上述策略,笔者以"公共信息服务""数字信息服务"为主题词或关键词在选定的来源数据库中进行检索,同时对部分检索结果进行二次检索。检索时间为 2017 年 11 月至 2018 年 3 月,其后于 2019 年初进行了文献补查,补充了一定数量的文献。

在期刊文献的检索过程中,主要检索了 CNKI 中国期刊全文数据库、维普中文科技期刊数据库两个期刊数据库,对检索结果进行去重整理,剔除不相关的文献,并在超星期刊数据库及维普期刊数据库补查遗漏期刊文献。

在学位论文的检索过程中,主要对 CNKI 中国博士学位论文全文数据库、CNKI 中国优秀硕士学位论文全文数据库、万方中国学位论文全文数据库进行检索。

在期刊、学位论文文献外,对 CNKI 中国重要会议论文全文数据库、万方学术会议论文全文数据库、读秀学术搜索等进行检索,得到石宇良、陆浩东、施雪华等发表的相关会议文献、出版的学术专著记录。这些研究关注公共信息服务体系构建[①]、公共信息服务均等化制度安排及评价指标体系[②]、政府公共信息服务对策[③]等问题。

由文献调研可知,国内有关新型城镇化进程中公共数字信息一体化服务的相关研究始于 20 世纪晚期,自 2008 年起开始受到学界的持续关注,研究成果不断增加,进入一个研究高峰期。近几年来,相关研究较为稳定,每年都有一定数量的相关成果发表。

---

① 石宇良.智慧北京公共信息服务体系探索[C]//学术前沿论丛——中国梦:教育变革与人的素质提升,北京,北京市社会科学界联合会,2013:492—496.

② 陆浩东.图书馆公共信息服务均等化:理论、制度安排及评价指标体系研究[C]//广西图书馆学会年会暨科学讨论会,南宁,广西图书馆学会,2012:1—8.

③ 施雪华,邓集文.当前中国政府公共信息服务的问题与对策[C]//湖北省行政管理学会2005 年年会论文集,北京,中国行政管理学会,2005:22—27.

从学科分布(图 1-1)可见,现有研究来自广泛的学科领域,信息科技(图书情报、计算机技术等)是现有研究的主要来源,其他社会科学、经济与管理科学也有一定贡献,整体呈现一种多学科、多角度切入的研究态势。

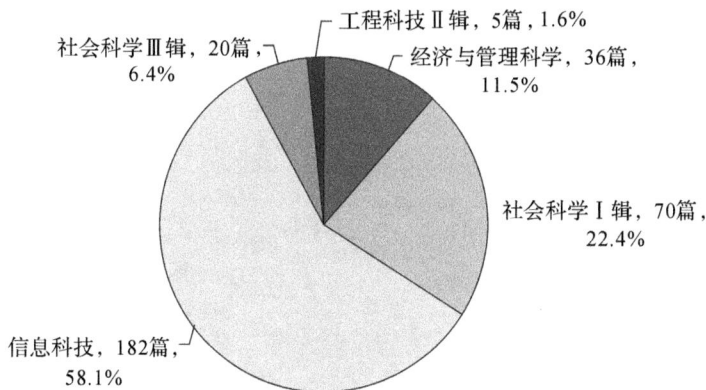

图 1-1　国内研究文献学科分布

从本主题研究文献引证统计(图 1-2)可见,现有研究来自广泛的学科领域,并得到了持续增长的关注,被引量不断增长。

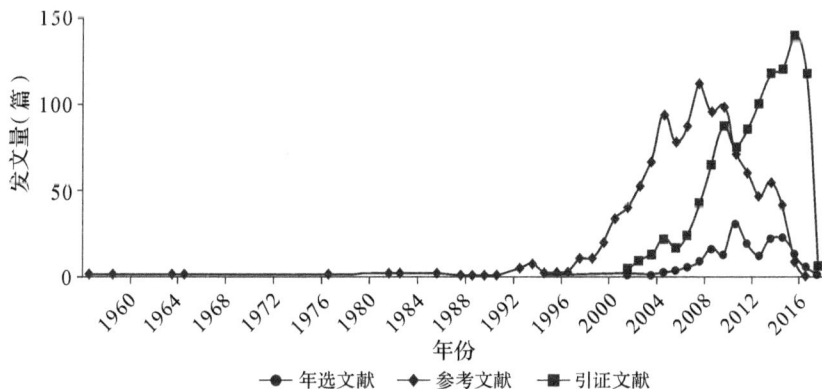

图 1-2　国内研究文献引证统计

利用关键词对上述期刊、学位论文、图书、会议文献进行分析(图 1-3),可见现有国内研究主要集中在信息资源建设、信息需求、用户服务、政府信息管理方向。

从文献记录上看,周毅、邓胜利、邓集文、陈婧、张建彬、夏义堃、肖希明、

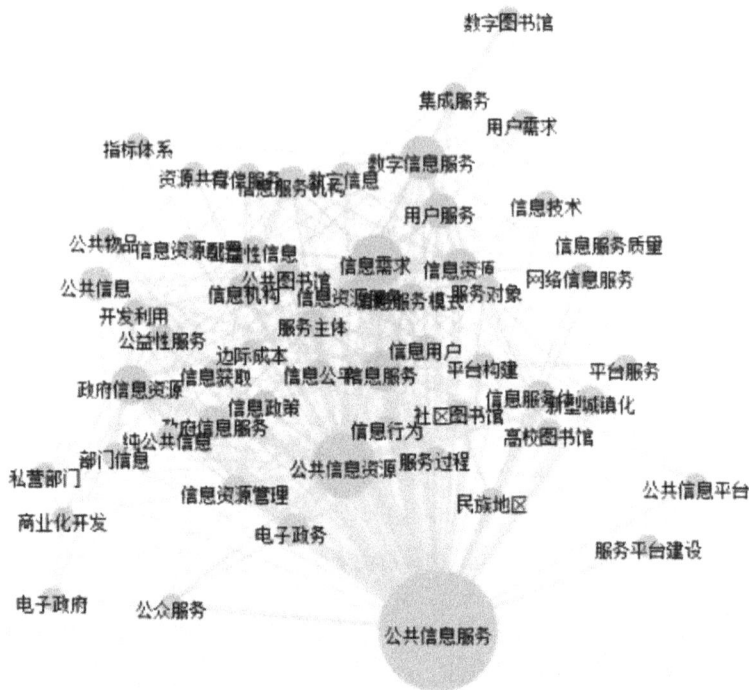

图 1-3 国内研究文献关键词分析

孙建军、陈传夫、张晓林、郑建明教授及各自团队均有精彩论述,是目前本主题研究的主要力量。

(2)国外数据源

当前,国际上主要的文摘索引数据库有 ISI Web of Science(WOS)和 Elsevier SCOPUS、INSPEC、ACM、EngineeringVillage(EV2)、SciFinder、ProQuest Dissertations & Theses(PQDT)等。其中,WOS 平台包含 SCIE、SSCI、CPCI-S、CPCI-SSH、A&HCI 等资源库,是当前国际上认可度最高的文摘索引数据库;SCOPUS 已成为国际上学科覆盖面最全、文献量最大的文摘索引数据库;PQDT 是国际上收录最为全面的学位论文数据库。

当前,常见的外文全文数据库有 Elsevier ScienceDirect(SD)、Taylor & Francis、SAGE、Wiley、ACS、Springer、PQDD 等。其中,SD 数据库已成为

外文数据库中的巨无霸,无论收录期刊的数量和品质都首屈一指,Springer、Wiley 等数据库也各有所长。

基于上述分析,本书利用的英文信息源主要包括文摘索引数据库 ISI Web of Science、ProQuest Dissertations & Theses(PQDT)、Elsevier SCOPUS。在此基础上,从 Elsevier ScienceDirect、SpringerLink、PQDD、Wiley 等全文数据库中获取重点文献的全文并进行阅读。

笔者采用"digital information service"作为核心检索主题词或关键词,辅以"integration"、"public information"、"citization"等检索主题词或关键词完成外文文献信息的检索。国外文献中并没有城镇化的概念,而是统称为"citization"(城市化),同时也有不少文献使用"urbanzation"等相关词汇来替代"citization",因而本书将这些词汇也作为检索词。就"integration"而言,在延伸阅读文献后可发现,不少国外文献并不直接使用该说法,而是就某一具体问题、具体地区、具体领域的资源整合、社会参与、机构合作等展开分析,存在多种表达。考虑到这些情况,本书在关键词检索、全文阅读、参考文献跟踪的基础上进行多轮次检索,以确保在基本的查准率外有较高的查全率,全面把握国外现有研究动态。

依据上述原则,笔者在 ISI Web of Science 数据库中对 Science Citation Index Expanded(SCI-EXPANDED)、Social Sciences Citation Index(SSCI)、Arts & Humanities Citation Index(A&HCI)、Conference Proceedings Citation Index-Social Science & Humanities(CPCI-SSH)、E-SCI 几个子库进行检索,在多次检索后共获得相关文献 769 条。随后,筛选出 30 余篇相关度较高的文献,并在 SCOPUS 和 PQDT 数据库中分别进行补充检索,所需全文则从 ScienceDirect、Springer、Wiley 等数据库及文献传递服务获取。此外,国内有大量文献对国外的研究进行了介绍。

1.2.2 新型城镇化研究综述

(1)从城镇化到新型城镇化

理论界现在普遍认同西班牙的塞尔达是最早使用"城镇化"概念的学者,他于 1867 年在其专著《城镇化基本理论》中首次用"城镇化"来描述从乡村向城市的发展过程。我国长期以来都以农业为主,城市数量和规模有限,城镇化的步伐较缓,相关理念形成较晚。明清时期,我国缓慢进入现代化城镇发展轨道,但近代以来的内忧外患打断了城镇化的步伐。据统计,我国城镇人口直至改革开放初期仍仅占总人口 17.6%[①]。改革开放后,城市建设势头迅猛,乡村人口开始大规模向城市流动,到 2002 年城镇化率已达37.7%,2015 年底城镇化率进一步达到 56.1%,超过世界平均水平[②]。

以费孝通先生为代表的学术界在改革开放初期即提出,照搬西方城市化的模式将会导致我国农村破产、社会动荡,必须使农民就地转变为工人,即"小城镇、大问题"。这一学术观点也被国家决策层所接受。1998 年,我国提出发展小城镇是带动农村发展的战略举措;2000 年,正式使用"城镇化"概念,提出走适合我国国情的大中小城市和小城镇协调发展的城镇化道路;2002 年年底,党的十六大报告提出"走中国特色城镇化道路";2012 年,中央文件开始使用"新型城镇化"的提法,其后在十八大报告中正式明确了以人为核心的新型城镇化的内涵、指导思想和路径;2014 年,《国家新型城镇化规划(2014—2020)》的发布标志着我国新型城镇化的政策体系骨架已构建完成。

这里,我们认同"城镇化"是在从农业社会向现代社会转型过程中,乡村人口向城镇聚集的一种现象,而"新型城镇化"则是我国大中小城市和小城镇协调发展、城乡互动一体化发展,以人为本、"四化同步"的城镇化道路。从社会学、传播学、经济学等不同学科视角,学界对城镇化、新型城镇化的内涵和外延存在着从人口构成、经济形态、文化观念、生活方式等角度的多种解读方式。如李克强[③]从经济学视角指出城镇化是我国经济三元结构转换成一元结构的标识;谢文蕙和邓卫[④]从生产力视角认为城镇化是社会生产力变革引起的人们生产方式、生活方式的改变过程;顾朝林等[⑤]认为城镇化

① 陈国灿.浙江城镇发展史[M].杭州:杭州出版社,2007:17—21.
② 发改委:2015 年城镇化率达 56.1% 市民化进展较慢[EB/OL].[2017—02—02]. http://www.chinanews.com/cj/2016/01—29/7739692.shtml.
③ 李克强.论我国经济的三元结构[J].中国社会科学,1991(3):65—82.
④ 谢文蕙,邓卫.城市经济学[M].北京:清华大学出版社,1996:17—21.
⑤ 顾朝林,于涛方,陈金永.大都市伸展区:全球化时代中国大都市地区发展新特征[J].规划师,2002,18(2):16—20.

是乡村人口向城镇聚集、城市文化向周边扩散的传播过程。张向东等[①]认为新型城镇化的主要内容是实现城乡互动一体化发展,实现人民利益最大化;陈飞等[②]认为新型城镇化是一个协调工业、农业和环境发展,实现公共服务均等化的过程;黄聚云等[③]认为新型城镇化的外延包括空间城镇化、文化城镇化等 6 个维度。这些观点从逻辑上都统一于从社会主义初级阶段的实际出发,走中国特色新型城镇化道路这一核心理念。

(2)四化同步的新型城镇化

新型城镇化是与农业现代化、工业化和信息化共生的"四化"同步的新型城镇化。学界也就新型城镇化与信息化的协同、新型城镇的信息资源建设与信息服务开展了一系列研究。

卢时彻[④]通过信息化与新型城镇化互动的研究,指出信息作为主导城镇演化的先导性媒介将直接诱发城市化建设的活力和特色。宋艳萍[⑤]认为信息化是城镇产业升级和功能提升的新引擎、新动力,要适度超前推进信息基础设施建设。陈博[⑥]指出加强公共信息服务、建设智慧城市是新型城镇化的发展模式。余杰和沈治宏[⑦]提出了社区信息服务的建设目标和策略。

赵曼丽[⑧]提出健全和完善县域农村公共服务协同供给的制度体系的思路和政策建议。Stock[⑨]提出信息城市中数字图书馆提供对全球显性知识

① 张向东,李昌明,高晓秋.河北省新型城镇化水平测度指标体系及评价[J].中国市场,2013(20):76－79.

② 陈飞,颜银根,何文.新型城镇化与经济发展[M].广州:广东经济出版社,2014:12－15.

③ 黄聚云,魏媛媛,黄春颖.文化城镇化视角下的传统体育文化传承[M].上海:上海人民出版社,2015:25－28.

④ 卢时彻.以信息化助力新型城镇化建设[J].中国科技投资,2013(27):37－38.

⑤ 宋艳萍.信息化与城镇化融合发展研究[J].河南社会科学,2014,22(11):110－113.

⑥ 陈博.新型城镇化离不开信息化[J].信息化建设,2014(2):24－26.

⑦ 余杰,沈治宏.社区信息服务策略——以成都市双楠社区为例[J].现代情报,2007,27(3):80－82.

⑧ 赵曼丽.我国县域农村公共服务协同供给研究[D].华中科技大学,2013.

⑨ Stock W G. Informational cities: Analysis and construction of cities in the knowledge society[J].Journal of the American Society for Information Science and Technology,2011,62(5):963－986.

的访问,创意集群和互联的个人空间则激发隐性信息的共享。张建彬①运用问卷法和座谈法调研乡镇弱势群体公共信息服务。谭丹丹等②从认知、需求和防范的角度分析和总结用户在使用数字信息服务时所表现出的心理特点。李德娟③调查分析发现青年农民工对现代信息交流手段有较好掌握,现代公共信息服务在其就业信息获取中占重要地位。

1.2.3　公共数字信息服务研究综述

(1)理论、概念、方法研究

关于公共数字信息服务的理论和相关概念方法已形成了一定的研究基础,涉及公共信息服务、网络公共信息服务、数字信息资源等各个方面,但专门性的研究仍不多见。

夏义堃④分析了公共信息资源管理理论产生的时代背景以及对象、目标、手段、主体等方面基本特征。邓胜利⑤探讨了公共信息服务的发展基础以及信息工作系统向公共信息服务系统的演化过程。张建彬⑥研究了面向用户的以内容集成和渠道集成为代表的公共信息服务集成的理论基础、概念和必要性。周毅⑦将公共信息服务区分为基本型与发展型。孙建军⑧研究了网络公共信息资源的概念、特性以及影响因素概念模型构建。匡定

　①　张建彬.中国乡镇弱势群体公共信息服务研究——基于中国两乡镇的调查分析[J].图书情报知识,2011(5):20—27.
　②　谭丹丹,胡玲丽,陆莹.数字信息服务中的用户心理研究[J].图书馆理论与实践,2006(1):56—58.
　③　李德娟.青年农民工就业信息需求特征与公共信息服务——基于天津和重庆两市调查数据的分析[J].图书馆研究,2014(3):83—87.
　④　夏义堃.政府信息资源管理与公共信息资源管理比较分析[J].情报科学,2006(4):531—536.
　⑤　邓胜利.公共信息服务的体制转型与组织研究[J].情报理论与实践,2009(10):17—20.
　⑥　张建彬.面向用户的公共信息服务集成研究[J].图书与情报,2012(1):114—118.
　⑦　周毅.公共信息服务的供给侧结构改革研究[J].情报理论与实践,2017(5):1—9.
　⑧　孙建军.网络公共信息资源利用效率影响因素模型构建[J].信息资源管理学报,2011(1):26—32.

发①分析了政府信息服务的内涵、实质与实现。黄连庆和肖希明②研究了数字信息资源的服务形态与经营模式。温有奎③讨论了从数字信息服务到智慧服务的发展问题。

陈传夫和余梅④研究发现公众获取公共部门信息主要通过搜索引擎等方式而非公共部门和专业机构。陈婧⑤采用因子分析发现信息环境、信息权益、信息素养等因子影响着弱势群体信息需求的实现。高峰和董静芳⑥发现不同特征的信息用户的信息行为存在着显著性的差异,信息公平有赖于公共信息服务补偿机制的保障。张晋平和杨秀平⑦认为农村公共信息服务效果与社会效益很不匹配其重要原因在于仍然把农民看作是被动接受者。

吕先竞⑧对面向信息源、面向信息交流过程、面向用户等三种信息服务体系进行了对比分析。夏义堃⑨分析了社会化取向、价值认知深入以及信息再利用、制度完善等公共信息资源公益性开发利用的依据与背景。邓集文⑩提出我国政府公共信息服务理念逐步从为政府服务理念转变到兼顾为政府服务与为民服务。茆意宏⑪研究信息服务的趋同趋势下以用户和市场为"边界"跨行业竞争与合作。

作为一个综合性的学术问题,学界在公共数字信息服务研究过程中引进了多种相关理论,丰富了研究视角。周毅和吉顺权⑫阐述了以社会治理

---

①　匡定发.地方政府信息服务模式改革思考[J].铜陵学院学报,2011(6):68—71.

②　黄连庆,肖希明.数字信息资源的服务形态与经营模式[J].大学图书馆学报,2008,26(2):59—63.

③　温有奎.从数字信息服务到智慧服务——以"淘智"为例[J].数字图书馆论坛,2015(10):2—7.

④　陈传夫,余梅.公共部门信息获取途径研究[J].情报理论与实践,2015(2):33—38.

⑤　陈婧.弱势群体公共信息需求与障碍的实证研究[J].图书情报知识,2015(3):80—87.

⑥　高峰,董静芳.论我国公共信息服务的补偿机制[J].唐山师范学院学报,2015(5):142—144.

⑦　张晋平,杨秀平.论农村公共信息服务建设的多元参与路径[J].农业网络信息,2015(7):5—9.

⑧　吕先竞.面向用户的信息服务体系理论研究[J].四川图书馆学报,2008(3):53—56.

⑨　夏义堃.公共信息资源公益性开发利用的内涵、依据及优势[J].中国图书馆学报,2008(4):19—22,33.

⑩　邓集文.我国政府公共信息服务理念变迁的轨迹考察[J].中南林业科技大学学报(社会科学版),2009(3):42—46.

⑪　茆意宏.信息服务的趋同与转型[J].新世纪图书馆,2010(2):9—11.

⑫　周毅,吉顺权.公共信息服务社会共治模式构建研究[J].中国图书馆学报,2015(5):111—124.

理论为指导的公共信息服务模式优化。陆浩东①从企业价值链理论的视角探讨服务模式创新的方法。王臻等②阐述了传统公共服务领域中公私伙伴关系(PPP)相关理论的应用。雷晓庆和李春娇③从系统论的角度将公共信息服务体系概括为 4 个子系统。曹凌④指出服务型政府的性质决定了公共信息服务机制的基本制度基础是公众权利中心。谢俊贵⑤认为信息环境共享的理论基础是信息社会学的信息分化等理论。马文娟⑥将整体治理、数字治理和网络治理三种治理理论进行分析解读,并基于理论分析研究了数字治理理论的特质。

　　与国内研究有所区别,国外的理论研究更多体现在方法研究方面。Omar⑦使用制度理论(IT)和结构化理论(ST)研究了数字时代公共部门的服务转型和资源整合;石磊⑧利用 CiteSpaceⅡ和 SATI 分析工具,对国外近十五年公共信息服务研究的论文进行定量统计,发现国外公共信息服务研究多为孤立研究并侧重于用户、服务机构、管理政策以及服务评估;朱榕⑨分析美国公共信息服务定价和收费制度的内容、特点;Sharma⑩应用扎根理论和多维计分卡方法研究知识密集型公共服务并提出增加数字知识来促进信息公平;Scupola⑪以改进的 Hartley 模型研究公共治理和创新的共同

---

　　① 陆浩东.价值链视域下的公共信息资源服务模式创新路径思考[J].四川图书馆学报,2014(5):2—8.

　　② 王臻,贺小培,张楠.大数据背景下公共信息服务供给与运营机制的困局与对策——"智慧朝阳服务网"案例分析[J].电子政务,2014(2):54—59.

　　③ 雷晓庆,李春娇.基于新型城镇化的公共信息服务体系构建[J].图书馆学研究,2015(3):71—75.

　　④ 曹凌.公共信息服务机制的制度分析[J].电子政务,2008(10):49—53.

　　⑤ 谢俊贵.信息环境共享的信息社会学论析[J].中国图书馆学报,2009(3):4—9,113.

　　⑥ 马文娟.数字治理理论及其应用研究[D].秦皇岛:燕山大学,2016.

　　⑦ Omar A. Digital-enabled service transformation in public sector: Institutionalization as a product of interplay between actors and structures during organisational change[C]. 9th International Conference on Theory and Practice of Electronic Governance (ICEGOV),2016:305—312.

　　⑧ 石磊.国外公共信息服务研究述评[J].新世纪图书馆,2013(10):8—12.

　　⑨ 朱榕.美国公共信息服务的用户付费制度分析[J].图书馆理论与实践,2012(10):88—90,95.

　　⑩ Sharma R. Digital literacy and knowledge societies: A grounded theory investigation of sustainable development[J]. Telecommunications Policy, 2016,40(7):628—643.

　　⑪ Scupola A. Governance and innovation in public sector services: The case of the digital library[J]. Government Information Quarterly, 2016, 33(2):237—249.

演化,加强不同(公共和私人)行动者之间的合作。da Cunha① 从信息组织、信息获取、经济性、合作行为四个方面讨论传统图书馆与数字图书馆之间的差异和融合服务;Gabor② 指出"数字鸿沟"这个词已被电子包容所取代,强调了以信息和 ICT 设备弥合这种差距的方式、手段和机会。

(2)公共数字信息服务的制度设计

制度设计研究方面,周毅等③④从网络化主体、立体化客体和标准化过程三方面解析了我国当前公共信息服务制度设计的重点任务,并提出公共信息服务政策内容的系统设计的全程设计、前端重点设计、以人为本、动态设计等原则;冯惠玲和周毅⑤提出构建一个理念、平台、政策、职位和产业"五位一体"的公共信息服务体系。杨帆⑥从内容、进程、机制、效果、关联 5 个方面分析了开放环境数字信息服务政策保障逻辑框架;黄玉屏⑦指出中国政府公共信息服务体制主要由组织体制、收集体制、加工及问责体制组成;孙建军和柯青⑧研究各国数字信息资源战略体系,指出国外的国家数字信息资源战略体系已形成了美国与加拿大、新西兰两种模式;杨帆⑨探讨了国内外公共信息服务在完善法律法规、保障信息公平、增加服务渠道、转变服务理念、引导社会参与等方面的异同点;东方⑩论述了美国的政府信息资源公共获取法律政策保障、的信息技术促进、严谨机制推进等方面的经验;陈美⑪探讨了澳大利亚政府信息资源公共获取中完善法律法规、加大整合

① da Cunha M B. From conventional to digital libraries:Differences and convergences[J]. Perspectivas em Ciência da Informação,2008,13(1):2—17.

② Gabor D. From the notion of the "digital divide" to the policy of e-Inclusion [J]. Informacios Tarsadalom,2008,8(2):7.

③ 周毅.公共信息服务制度的定位及其核心问题分析[J].情报资料工作,2014(4):15—20.

④ 周毅,白文琳.公共信息服务政策内容的系统设计[J].情报理论与实践,2013(10):10—15.

⑤ 冯惠玲,周毅.论公共信息服务体系的构建[J].情报理论与实践,2010,33(7):26—30.

⑥ 杨帆.开放环境数字信息服务的政策保障逻辑框架分析[J].高校图书情报工作,2010,30(4):67—71.

⑦ 黄玉屏.中国政府公共信息服务体制存在的问题及对策研究[D].湘潭:湘潭大学,2010.

⑧ 孙建军,柯青.论国家数字信息资源战略体系的构建[J].中国图书馆学报,2007,33(5):73—78.

⑨ 杨帆.国内外公共信息服务比较研究[J].图书情报导刊,2015(3):139—142.

⑩ 东方.美国政府信息资源公共获取及启示[J].图书情报工作,2010,54(5):127—130.

⑪ 陈美.澳大利亚政府信息资源公共获取及启示[J].情报理论与实践,2013,36(8):124—128.

力度、制定战略规划等经验;裴雷和马费成[①]研究了各国政府的公共数字信息资源研究计划和政策体系,指出学术信息资源、科学数据资源、数字文化遗产保护和电子政务建设构成公共信息资源建设的主体;李洁[②]研究了英美两国公共信息、政府信息与政府公共信息服务;何梅[③]从整体规划、管理体制、政府信息公开程度以及国际化程度等方面对美国信息政策进行研究。Gelders 等[④]对比利时公共信息服务的政策进行研究,指出公共信息服务的政策建设仍任重道远。Ren 等[⑤]提出建立创新社区的协作知识共享环境,将数字图书馆、物质资源、虚拟资源和人力资源整合为一体。

(3)公共数字信息服务的服务主体研究

白献阳[⑥]构建了以政府为主体和以第三部门为主体的公共信息传播机制。马岩等[⑦]指出公共数字文化服务主体承担着信息整序者、服务提供者和问题反馈者的新角色。余以胜和姚军[⑧]运用博弈论的方法分析区域合作各主体间信息资源共享与配置深层次的原因。陈婧[⑨]从权利分配机制、利益协调机制、监督机制、控制机制四个方面探讨公共信息资源多元化开发的保障机制。熊曙初和罗毅辉[⑩]提出了以协同体为基本单位,以协作成员、协

① 裴雷,马费成.公共数字信息资源的建设与开发利用对策[J].中国图书馆学报,2007,33(6):69-73.

② 李洁.我国政府公共信息服务模式研究[D].北京:北京邮电大学,2010.

③ 何梅.中美数字信息服务体制比较研究[J].情报理论与实践,2009(2):55-57,68.

④ Gelders D, Brans M, Maesschalck J, et al. Systematic evaluation of public participation projects: Analytical framework and application based on two Belgian neighborhood watch projects [J]. Government Information Quarterly, 2010, 27(2):134-140.

⑤ Ren S H, Sheng X J, Lin H Q, et al. From information commons to knowledge commons building a collaborative knowledge sharing environment for innovative communities[J]. Electronic Library, 2009,27(2): 247-257.

⑥ 白献阳.公共信息传播机制的探讨[J].北京档案,2011(10):22-24.

⑦ 马岩,孙红蕾,郑建明.公共数字文化的服务主体职能[J].图书馆论坛,2015(10):30-34.

⑧ 余以胜,姚军.博弈视角下的区域公共信息资源共享与配置探析[J].情报资料工作,2011(6):50-54.

⑨ 陈婧.公共信息资源多元化开发的保障机制研究[J].图书情报工作,2012,56(15):19-24.

⑩ 熊曙初,罗毅辉.基于协同体的电子政务协同服务元模型研究[J].情报杂志,2010,29(9):162-166.

作任务等为构成要素的服务协作逻辑关系和协作规则。雷景创①从合作的推动力量、参与主体的相互关系、参与主体的行政级别研究区域地方政府合作模式,从主体间合作的主动性、深度与广度、组织化程度、长效机制等方面深入分析合作现存问题。赵生辉和朱学芳②从整合模式和机制视角出发分析了我国图书馆、档案馆和博物馆数字化协作目标、原则和利益格局,并提出一体化整合目标可以兼顾三方利益的数字图博档战略框架。

Luojus③研究通过 WeLive 项目促进公共部门、公民、第三部门和企业之间合作的公共数字服务;陈婧④梳理国外政府信息资源协作管理的研究进展,指出管理主体已拓展到公司、企业、第三部门,甚至社会公众。Hu等⑤研究了不同的部门和系统基于协同创新重构的公共知识服务平台体系结构。Piaggesi⑥指出政府、私营部门和社会积极参与,在重点部门部署 ICT 工具和解决方案以发展一个具有社会包容性的知识社会。

(4)公共数字信息服务的用户研究

对公共数字信息服务的用户研究多采用实证研究的方法,开展特定用户群体的信息意愿、信息搜寻、信息采纳等方面的研究。Nalau 等⑦研究了斐济共和国的用户信息搜寻行为,指出公共信息服务应整合传统信息、区域信息和科学知识以适应用户需求。Zhang 等⑧基于分类理论提出结构方程

---

① 雷景创.区域公共服务一体化中地方政府间合作研究[D].青岛:中国石油大学(华东),2013.

② 赵生辉,朱学芳.图书、档案、博物信息共享空间的理论模型与建设思路初探[J].图书馆论坛,2014(10):15—23.

③ Luojus S. Integrating teaching and R&D in higher education—The Welive Project[J]. Environmental Fate & Effects of Pesticides, 2015,5:65—84.

④ 陈婧.国内外政府信息资源协作管理研究进展[J].图书情报工作,2011,55(19):130—133.

⑤ Hu C P, Zhang M, Xiang F. The study on the architecture of public knowledge service platform based on collaborative innovation[C]. 7th IFIP International Conference on e-Business, e-Service, and e-Society, 2007:9—17.

⑥ Piaggesi D. Connecting the majority, getting digital dividends[C]//Proceedings of the 12th European Conference on Egovernment,2014:580—588.

⑦ Nalau J, Becken S, Noakes S, et al. Mapping tourism stakeholders' weather and climate information-seeking behavior in Fiji[J]. Weather Climate and Society, 2017, 9(3):377—391.

⑧ Zhang M, Shen X L, Zhu M X. Which platform should I choose? Factors influencing consumers' channel transfer intention from web-based to mobile library service[J]. Library HI TECH,2016, 34(1):2—20.

模型研究移动图书馆质量感知。Hu 和 Zhang[①] 提出了一个综合模型,研究中国学生使用移动图书馆应用的行为,发现服务质量决定了学生对实用性的看法。Hendry 等[②]研究了整合各种数字媒体资源,面向 13－25 岁的无家可归年轻人的名为新技术青年会的课程。Gonzalez 等[③]对西班牙昆卡省老年人中心在老年人电视服务中注册的 240 名老年人进行实证研究,评估其信息能力。Choi 和 DiNitto[④] 指出社会经济地位和健康状况影响老年人计算机和互联网使用,但健康需求和心理资本(情绪幸福感和自我效能感)与社交资本(社会融合/联系和支持网络)同样会影响老年人互联网使用。

(5)公共数字信息资源研究

对公共数字信息资源的研究以分主题研究为主,研究者分别从电子政务公共信息资源、公共文化数字信息资源、非物质文化遗产数字资源等角度进行了论证。

安小米等[⑤]研究了国家数字档案资源的资源整合、服务机制。黄新平等[⑥]研究了政府网站原生数字政务信息资源馆藏建设,从协作机制、Web 采集方法、自动化任务分配等方面提出具体实施策略。田蓉和唐义[⑦]研究了公共数字文化资源的整合与资源组织方式。赵富学等[⑧]研究了使用虚拟博物馆、特色数据库、数字化图案设计、数字化故事编排与讲述等技术方法的

① Hu J M, Zhang Y. Chinese students' behavior intention to use mobile library apps and effects of education level and discipline[J]. Library HI TECH, 2016, 34(4): 639－656.

② Hendry D G, Woelfer J P, Harper R, et al. How to integrate digital media into a drop-in for homeless young people for deepening relationships between youth and adults[J]. Children and Youth Services Review, 2011, 33(5): 774－782.

③ Gonzalez A, Paz Ramirez M, Viadel V. Attitudes of the elderly toward information and communications technologies[J]. Educational Gerontology, 2012, 38(9): 585－594.

④ Choi N G, DiNitto D M. Internet use among older adults: Association with health needs, psychological capital, and social capital[J]. Journal of Medical Internet Research, 2013, 15(5): e97.

⑤ 安小米,宋懿,张斌. 国家数字档案资源整合与服务:概念、路径和机制[J]. 档案学研究,2018(3):17－22.

⑥ 黄新平,王萍,李宗富. 政府网站原生数字政务信息资源馆藏建设研究[J]. 图书馆工作与研究,2017,1(6):87－92.

⑦ 田蓉,唐义. 国外公共数字文化资源整合中的资源组织方式研究[J]. 情报资料工作,2016,37(6):68－74.

⑧ 赵富学,程传银,高继科,等. "一带一路"背景下散存少数民族体育文化信息资源的数字化保护问题研究[J]. 武汉体育学院学报,2017,51(1):5－11.

体育文化信息资源的数字化。余亮等[1]就大数据背景下数字教育资源的服务内涵、特征和模式进行了探讨。

戴艳清和龙朝阳[2]开展了公共信息资源公共物品属性和产权性质的界定,审视了公共信息资源的有偿服务。张晓娟和唐长乐[3]研究了数字信息资源长期保存元数据技术。李燕[4]研究了数字信息资源的版权归属及其风险防范问题。

(6)公共数字信息服务模式研究

从文献资料看,公共信息服务的模式研究较为成熟,已总结出多种公共信息服务模式并提出相关优化措施建议,在进行一定的修正后,可以引入到公共数字信息服务的研究中去。

易臣何[5]将政府对社会开展的信息服务分为政府力量为主、市场力量为主和社会力量参与3种基本服务模式。范丽莉和王晓艳[6]将公共信息服务运营模式分为国有公办、政府采购、公私合营、授权经营、整体私有5种。李世举[7]指出面向公众的信息服务模式主要包括公益型、专业型与增值型三种。郑建明[8]指出城市公共信息服务存在政府部门—居民等几类典型模式。许军林[9]介绍了数字信息资源保障体系的系统模式和区域模式。刘恋[10]分析了智慧城市建设中政府主导型、市场主导型和混合型三种不同模

---

① 余亮,陈时见,赵彤.大数据背景下数字教育资源服务的内涵、特征和模式[J].电化教育研究,2017(4):66—71.

② 戴艳清,龙朝阳.试论公共信息资源商品化及其政府对策[J].图书馆学研究,2008(9):73—75.

③ 张晓娟,唐长乐.数字信息资源长期保存元数据技术研究进展[J].情报科学,2018,36(8):5—11.

④ 李燕.数字信息资源版权及其风险防范[J].内蒙古教育,2018(6):106—108.

⑤ 易臣何.政府信息服务的几个基本模式探讨[J].情报理论与实践,2011(7):34—37,21.

⑥ 范丽莉,王晓艳.公共信息服务的运营模式研究—交通信息为例[J].图书情报工作,2013,57(20):33—40.

⑦ 李世举.民族地区公共信息服务模式与发展对策[J].当代传播,2014(1):63—65.

⑧ 经渊,郑建明.新型城镇化进程中公共信息一体化服务模式研究[J].图书馆建设,2017(5):12—16,28.

⑨ 许军林.数字信息资源区域性保障研究[J].图书情报工作,2012,56(5):47—50.

⑩ 刘恋.智慧城市信息服务体系建设及实证研究[D].长春:吉林大学,2012.

式的优缺点。郑丽琳①构建了基层政府公共信息服务的市场化运作模式。张建彬②提出了政府信息资源公益性开发利用的 7 种模式。戴艳清③构建了政府主导型、商业型、志愿型等三种公共信息资源服务模式。吴有文④研究指出农户的公共信息服务供给模式有农户——政府部门等三种模式。

(7)公共数字信息服务的管理、评价研究

当前,国内外对公共数字信息服务管理、评价的专门研究尚不多见,但在电子政务、信息项目管理等方面的相关研究成果可供借鉴。周毅⑤研究了公共信息服务绩效评估特点和原则,提出应关注公众信息需求、多元服务价值和整体绩效。樊博在分析研究我国电子政务建设成效过程中借鉴了电子政务发展成熟度模型。Attfield 等⑥提供一种结构化的方法来在多个虚拟参考环境中进行评估。Myeong 等⑦通过首尔大都市地区的实证检验电子政务质量与政府信任之间的相关性,并制定指标衡量电子政务服务的质量。Gil-Garcia 和 Sayogo⑧通过定量实证分析系统地确定并测试了组织间协作和信息共享计划取得成功的一些重要决定因素,发现了基础设施和正式的项目经理制等四个统计上显著的组织间信息共享成功的预测指标。Scholl 等⑨使用修订 Scholl / Klischewski(2007)框架系统地分析了 19 个

---

①　郑丽琳.基层政府公共信息服务市场化运作模式研究[J].情报理论与实践,2010,33(6):53—55.

②　张建彬.政府信息资源公益性开发利用研究[J].图书馆学研究,2012(1):73—77,39.

③　戴艳清.基于不同服务主体的公共信息资源服务模式初探[J].情报资料工作,2010(6):78—82.

④　吴有文.农户的公共信息服务供给模式研究[D].广州:暨南大学,2009.

⑤　周毅.社会共治模式下公共信息服务的绩效评估[J].情报资料工作,2017(3):83—90.

⑥　Attfield S, Makri S, Kalbach J, et al. Prioritisation, resources and search terms: A study of decision-making at the virtual reference desk[J]. Lecture Notes in Computer Science, 2008, 5173:106—116.

⑦　Myeong S W, Kwon Y M, Seo H J. Sustainable E-governance: The relationship among trust, digital divide, and E-government[J]. Sustainability, 2014, 6(9):6049—6069.

⑧　Gil-Garcia R J, Sayogo D S. Government inter-organizational information sharing initiatives: Understanding the main determinants of success [J]. Government Information Quarterly, 2016, 33(3):572—582.

⑨　Scholl H J, Kubicek H, Cimander R, et al. Process integration, information sharing, and system interoperation in government: A comparative case analysis[J]. Government Information Quarterly, 2012, 29(3):313—323.

欧洲实施的(INT-IS-IOP)项目案例,指出统一业务流程,规范信息共享和信息系统互操作是关键。

1.2.4 一体化服务研究综述

(1)理论、概念、模型研究

一体化是一个相对宽泛的概念,文献可见的一体化研究较多在于城乡一体化、区域一体化、产学研一体化以及图情档一体化等方面,专门的公共信息服务一体化研究极少。但一体化与协同、融合等概念有所交叉,因而在相关研究中可见一些一体化服务理论、概念与模型研究成果。

熊曙初和罗毅辉[1]提出了政务协同服务体系的服务协作逻辑关系、协作规则和元模型。张敏[2]论述了跨系统协同信息服务的内涵、要素构成及目标定位。肖希明和李硕[3]将信息集群理论应用到公共数字文化资源整合中。张蒙等[4]以融知发酵模型为理论基础研究公共服务平台信息资源共享影响因素及实现机理,提出了包括共享主体、共享需求等 7 因素的要素模型。Willcocks[5]研究了市民中心的公共信息机构的信息整合和分享。Kolbjørnsrud[6]发现协作社区中的代理关系具有三种结构和四大类机制。Lusch[7]从逻辑视角研究了服务创新问题,强调资源整合是创新的基本方

① 熊曙初,罗毅辉.基于协同体的电子政务协同服务元模型研究[J].情报杂志,2010,29(9):162—166.
② 张敏.跨系统协同信息服务的定位及构成要素分析[J].图书情报工作,2010,54(12):64—68.
③ 肖希明,李硕.信息集群理论和公共数字文化资源整合[J].图书馆,2015(1):1—4.
④ 张蒙,刘国亮,冯立超.公共服务平台信息资源共享的融知发酵机理研究[J].情报杂志,2014(12):199—202,198.
⑤ Willcocks L. Informatization in public administration and services in the United Kingdom: Toward a management era? [J]. Informatization and the Public Sector, 1991, 1(3):189—211.
⑥ Kolbjørnsrud V. Agency problems and governance mechanisms in collaborative communities[J]. Strategic Organization, 2017, 15(2):141—173.
⑦ Lusch R F. Service innovation: A service-dominant logic perspective[J]. MIS Quarterly, 2015, 39(1):155—175.

式,应增加资源液化和资源密度。Troilo[①]研究信息系统文献整合的概念框架中,将数据密度的概念阐述为将数据丰富的环境与服务创新机会连接起来的三个不同过程(模式识别、实时决策和协同探索)。王印红[②]研究了公共信息服务的民情视频在线模式。冯静[③]探讨基于数字信息服务的图书馆网络信息资源微观、中观、宏观组织模式。崔虹燕和马桂琴[④]研究数字城市建设中的资源问题并从资源、技术、管理、标准规范等方面构建了数字城市资源整合与共享框架。李荣娜[⑤]从政务信息公开、跨部门信息共享、信息化能力建设等三个方面分析了整合西安市城乡一体化公共信息服务资源的实现途径。雒伟群和朱新林[⑥]分析了西藏信息服务存在的数据资源分布、供需关系、服务保障程度等问题并提出改善服务的政策建议。肖希明和刘巧园[⑦]指出国外公共数字文化资源整合的实践和研究经历了合作共建阶段、资源共享阶段和知识共享阶段。

(2)技术平台、方法及标准研究

张晓林[⑧]研究了通过开放语言和规范机制来实现的开放数字信息服务体系。熊曙初等[⑨]提出了以服务层、业务流程层、工作流程和资源层为主体构成的跨组织协同服务平台。孙红蕾和郑建明[⑩]构建了新型城镇化进程中公共信息服务平台的内容结构模型及整体架构。刘磊和郭世星[⑪]研究了数

---

① Troilo G, De Luca L M, Guenzi P. Linking data-rich environments with service innovation in incumbent firms: A conceptual framework and research propositions[J]. Journal of Product Innovation Management, 2017, 34(5): 617−639.

② 王印红. 公共信息服务的创新模式研究[J]. 中国管理信息化, 2011(1): 72−74.

③ 冯静. 基于数字信息服务的图书馆网络信息资源组织模式探讨[J]. 江西图书馆学刊, 2012 (6): 28−30.

④ 崔虹燕, 马桂琴. 数字城市信息资源整合与共享服务[J]. 情报资料工作, 2013, 34(5): 55−58.

⑤ 李荣娜. 西安市城乡一体化电子政务公共信息服务研究[D]. 西安: 长安大学, 2013.

⑥ 雒伟群, 朱新林. 西藏信息服务用户需求分析[J]. 西藏发展论坛, 2016(1): 35−40.

⑦ 肖希明, 刘巧园. 国外公共数字文化资源整合研究进展[J]. 中国图书馆学报, 2015, 41(5): 63−75.

⑧ 张晓林. 开放数字信息服务体系: 概念、结构与技术[J]. 中国图书馆学报, 2002(3): 7−13.

⑨ 熊曙初, 郭红, 罗毅辉. 电子政务协同服务元模型研究与设计[J]. 图书情报工作, 2010, 54 (19): 119−123.

⑩ 孙红蕾, 郑建明. 新型城镇化进程中公共信息服务平台整体架构及其运行机制研究[J]. 图书馆, 2016(2): 5−10.

⑪ 刘磊, 郭世星. 数字信息资源统一共享模式探讨[J]. 中国图书馆学报, 2005(2): 62−67.

字信息资源统一共享的生成、组织、存储和服务标准模式。沈涌[①]基于网格技术、中介和封装、本体技术、跨库检索等构建数字信息资源整合的访问控制、元数据服务、任务调度控制、知识服务概念模型。崔瑞琴和孟连生[②]从战略规划、可行性分析、需求分析三个角度系统分析社区服务信息资源共享平台的设计原则和体系结构。罗贤春等[③]设计了电子政务公共服务内容、过程和服务方式的可得性模型。Endig 等[④]研究了松耦合联邦系统 FRAQL 冲突解决机制的数字图书馆联合服务方法,提供不同类型的适配器来获取合作和非合作书目信息来源。Bartolo 等[⑤]将数字资源库整合到开放源代码协作工具维基中并通过协作工作从相反的方向传递信息。Huang[⑥]探索使用云计算技术实现数字资源存储,异构数据集成,资源管理。Wu[⑦]论述了基于资源整合的数字农业空间信息管理平台系统的设计和关键技术。Poorazizi 等[⑧]开发了一个采用面向服务架构(SOA)的自下而上的公共参与式 GIS(PPGIS)平台实现异构数据源、分析功能和工具的整合。Shim 等[⑨]研究了通过集成和链接数字内容的科技信息平台以及内容

① 沈涌.数字信息资源整合策略与服务共享模式研究[D].长春:吉林大学,2009.

② 崔瑞琴,孟连生.数字信息资源整合问题研究[J].图书情报工作,2007,4(7):35—37,70.

③ 罗贤春,余波,姚明.电子政务公共服务可得性模型及实现[J].信息资源管理学报,2014(4):42—47.

④ Endig M, Hoding M, Saake G, et al. Federation services for heterogeneous digital libraries accessing cooperative and non-cooperative sources[C]//Digital Libraries: Research and Practice, 2000 Kyoto, International Conference on. IEEE, 2000:120—127.

⑤ Bartolo L, Lowe C, Krafft D, et al. NSDL MatDL: Adding context to bridge materials e-research and e-education NSDL MatDL[C]. 11th European Conference on Research and Advanced Technology for Digital Libraries, 2007:21—25.

⑥ Huang X Z. Research on university library digital resources integration under the cloud computing[C]. 2nd International Conference on Teaching and Computational Science (ICTCS), 2014:125—131.

⑦ Wu H Y. Design and implementation of agricultural information service platform based on resource integration [C]. 2nd International Conference on Informatization in Education, Management and Business (IEMB), 2015:828—832.

⑧ Poorazizi M E, Steiniger S, Hunter, A J S. A service-oriented architecture to enable participatory planning: An e-planning platform [J]. International Journal of Geographical Information Science, 2015, 29(7): 1081—1110.

⑨ Shim H S, Park J Y, You B J, et al. Implementation for analytic service using scinece and technology information resource [C]. 8th National Conference on Thermophysical Properties (NCTP), 2015:3381—3385.

分析功能和服务。Endig 等①描述了使用松耦合联邦系统 FRAQL 提供各种冲突解决机制的异构数字图书馆联合服务方法。Salcedo 等②提供了一种团队空间中通过个性化界面和虚拟协作区域开发和集成高度多样化的资源的方法。Ravindranathan 等③描述了创建 ETANA-DL 数字图书馆管理海量异构信息并提供各种服务的方法。Levasluoto 等④以芬兰"综合健康模式"研究提供给儿童和青年的城市服务的整合。Tiwana 和 Ramesh⑤ 讨论了一个支持协同信息产品演化的原型知识管理系统(KMS)。夏葵媛⑥探讨了一体化的农民工信息服务平台的构建原则、基本功能、内容。牛方曲等⑦建立农业过程本体并利用 XML 技术设计了奶牛养殖业和苹果种植业信息协同服务知识库结构。沈妍和青希明⑧从等对几个典型数字信息服务项目的元数据规范、互操作、平台建设、合作模式与运行机制、政策与法律保障现状进行剖析。Deng 和 Chen⑨ 将数字图书馆和 OA 合规整合到一个协同服务体系中。

---

① Endig M，Hoding M，Saake G，et al. Federation services for heterogeneous digital libraries accessing cooperative and non-cooperative sources[C]//Digital Libraries：Research and Practice，2000 Kyoto，International Conference on. IEEE，2000:120－127.

② Salcedo R M，Ogata H，Yano Y. Hyzone：Diversifying resources in learning spaces via personalized interfaces[J]. Advanced Technology for Learning，2004，1(2)：107－140.

③ Ravinclranathan U，Shen R，Gongalves M A. ETANA-DL：A digital library for integrated handling of heterogeneous archaeological data[C]//Digital Libraries，2004. Proceedings of the 2004 Joint ACM/IEEE Conference on. IEEE，2004;76－77.

④ Levasluoto J，Levasluoto J，Hyytinen K. Public innovation in the digital era：New opportunities for multidisciplinary collaboration and citizen empowerment[J]. New Perspectives for Business and Society，2016：739－755.

⑤ Tiwana A，Ramesh B. A design knowledge management system to support collaborative information product evolution[J]. Decision Support Systems，2001，31(2)：241－262.

⑥ 夏葵媛.电子政务背景下农民工一体化信息服务平台建设研究[J].中国电子商务，2014(11)；49－50.

⑦ 牛方曲，刘艳华，高雅，等.农业信息协同服务知识库设计[J].农业网络信息，2009(10)：13－16.

⑧ 沈妍，肖希明.我国公共数字文化资源整合现状与实现条件——对几个典型项目的剖析[J].图书馆，2015(9)：6－10.

⑨ Deng Z，Chen M. Researches on collaborative applications of digital library with assistance of office automation[C]// 2006 Interntional Conferecne on Management of Logistics and Supply Chain，2006;262－267.

（3）一体化服务实践

1）文化信息一体化服务方面

文化信息的一体化服务是数字信息一体化服务最为成熟的部分之一。苏格兰图书馆和信息委员会资助苏格兰 SPEIR 项目，以苏格兰文化门户项目为试点，整合图书馆、博物馆和档案领域信息服务[①]。王海荣和刘美[②]对德国数字文化资源整合实践进行分析，探讨 BAM 门户的功能、管理体制、数据交换、规范文档。Panda 等[③]研究了 INFLIBNET 和 UGC-INFONET 数字图书馆联盟对印度信息服务业资源共享的促进。

国内的"深圳文献港"、马鞍山"1＋3"名城计划、张家港五位一体综合服务体系等通过其独具特色的探索，成为公共文化资源一体化服务的代表。

作为国内开展较早、影响较大的案例，"深圳文献港"是城市中不同类型、不同规模图书馆协同合作、一体化面向城市居民提供数字信息服务的典型，初步达成了整合深圳市内全部图书馆资源并通过一个统一的一体化服务平台向全体深圳市民提供公共数字文化信息服务的目标[④]。来自公共图书馆系统、专业图书馆系统、大学图书馆系统、职业院校图书馆系统以及港澳台图书馆加入了这个信息资源服务联盟，"深圳文献港"成了全面的公共数字文化一体化服务中心。

马鞍山"1＋3"名城计划则在数字文化资源的一体化服务进行了积极探索，构建了四级公共文化网络。为实现立体的互联互通，马鞍山在建设公共数字文化服务平台过程中，着力打造服务平台，一方面将文化馆、公共图书馆、艺术馆、美术馆等文化机构进行整合，一方面串联市级、县级、乡级和村级的公共数字文化服务网络，打造有纵有横的立体网络。同时，还开通了

① Nicholson D，Dunsire G，Macgregor G. SPEIR：Developing a common information environment in Scotland SPEIR[J]. Electronic Library，2006，24(1)：94－107.

② 王海荣，刘美. 德国数字文化资源整合的实践及启示——以 BAM 门户为例[J]. 图书情报工作，2015，59(18)：77－82，133.

③ Panda S K，Arora J，Rai A K. Interlending and document delivery in India through INFLIBNET and the UGC-INFONET Digital Library Consortium[J]. Interlending & Document Supply，2016，44(3)：115－120.

④ 深圳文献港[EB/OL].［2018－4－8］. http：//www.szdnet.org.cn/primo_library/libweb/action/search.do.

"文化 e 点通"官方微信平台和 APP,通过"互联网＋文旅"的运作模式,整合一系列文化资源①。

张家港市通过整合建设公共电子阅览室、农家书屋、党员现代远程教育服务中心、共享工程服务点和镇村图书室资源"五位一体"基层综合信息服务站,加强公共数字文化服务体系建设,为广大市民提供文化资源播放、免费电子阅览等服务②。

2)区域一体化信息服务

谢蓉③介绍了上海松江大学城数字信息服务中心建设思路与原则。Yang 和 Wu④ 通过访谈和归纳,分析探讨了我国台湾地区公共部门协同信息服务的有效性。

3)城市一体化信息服务

Peng 等⑤研究了数字上海 DCSH 建设中的信息整合服务。Ouoba 等⑥介绍了欧洲国家实施的旨在收集、分析和扩展城市信息,提供整合的移动服务的连通数字城市项目(CDC)。Clarke 等⑦探讨了杭州公共信息服务的图书馆网站、移动图书馆以及数字电视三大数字平台对社区信息学和数字不平等的影响。Zhao 等⑧以研究了迪拜电子政务网站的语言问题,资源整合,

---

① 打造全国公共文化服务名城[N].马鞍山日报,2017－11－29(第 2 版:新闻·综合).

② 关于进一步加强"十二五"公共文化服务体系建设的意见[EB/OL].[2018－06－08].http://old.zjgonline.com.cn/Extended/wgh/index.html.

③ 谢蓉.上海松江大学城图书馆资源共享研究[J].图书馆杂志,2006,25(1):30－33.

④ Yang T M, Wu Y J. Exploring the effectiveness of cross-boundary information sharing in the public sector: The perspective of government agencies [J]. Information Research-An International Electronic Journal, 2015, 20(3): 685.

⑤ Peng D, Liang M W, Nan R R, et al. Digital City Shanghai: Towards integrated information & service environment[C]//Ishida T, Isbister K(eds.), Digital Cities: Technologies, Experiences, and Future Perspectives. Springer, 2000:125－139.

⑥ Ouoba J, Lahti J, Ahola J. Connecting digital cities: Return of experience on the development of a data platform for multimodal journey planning[J]. Lecture Notes of the Institute for Computer Sciences Social Informatics and Telecommunications Engineering, 2016, 166: 91－103.

⑦ Clarke C P, Hui S, Li R. Three digital platforms: Hangzhou public library widens access to resources[J]. Library Trends, 2013, 62(1): 140－159.

⑧ Zhao F, Scavarda A J, Waxin, MF. Key issues and challenges in e-government development: An integrative case study of the number one eCity in the Arab world[J]. Information Technology & People, 2012, 25(4): 395－422.

电子政务服务采纳和数字鸿沟。

佛山信息服务联盟是国内城市综合信息资源跨系统服务联盟的典型。佛山市围绕优势创新产业集群,将公共信息服务系统、行业信息服务中心等服务部门,以及相关企业、高等学校、科研机构、政府、金融机构等产生的信息资源进行重组,提供跨系统、跨部门、跨学科、跨时空的信息,保证创新价值链中工作流、信息流和知识流的通畅,建立国内外人才库、技术难题库、技术成果库、标准和专利等创新资源数据库,同时拓宽合作,引入佛山以外的先进经验和丰富资源如上海市公共研发创新服务平台[①]。

国外城市一体化信息服务的代表是"智慧首尔2015"计划。2011年,韩国首尔启动了"智慧首尔2015"(Smart Seoul 2015)计划,以求进一步提高城市信息化程度,以信息化、智慧化改进政府治理和信息服务,增进弱势人群的信息福利,消除信息鸿沟[②]。"智慧首尔2015"在智能信息利用和未来市政两方面设定了多项目标,包括建设广泛覆盖的无线网络,完善智能基础设施;加强智能技术运用教育,消除信息鸿沟;保护弱势人群,实现可持续的信息福利;充实和完善在线沟通;提供个性化、移动端的市民服务;加强个人信息保护,建设智能信息安全城市。根据计划,首尔市民可在各个公共场所随时连接到公开免费的WiFi,并通过手机等移动设备获取到政府管理、社会福利、日常生活各个方面的公共数字信息,地方政府将通过统一协同的平台向市民提供超过30000种服务以增进市民信息福利。

4)国家/国际层面的协同服务

Bergenthum 和 Siebold[③] 报告了一个欧洲与非洲合作的主题网关和数字化项目。Castelli 等[④]讨论了欧洲电子基础设施前沿扩展项目(BELIEF)创建平台供电子基础设施提供商和用户进行协作和知识交流,提供一站式

---

① 赵雪芹.跨系统协同信息服务研究[M].上海:世界图书出版公司,2015:199-204.

② 沙勇忠.公共信息资源管理[M].北京:中国社会科学出版社,2014:450.

③ Bergenthum H, Siebold T. African Studies—Striving for integrated information services: Recent developments in Germany and Europe[J]. Africa Spectrum, 2010, 45(2):109-121.

④ Castelli D, Taylor S J E, Zoppi F. Open knowledge on e-Infrastructures: The BELIEF project digital library[C]// 2010 IST-Africa, Durban, 2010:1-15.

服务和开放获取的经验。Ashraf 等① 研究了孟加拉国的国家信息通信技术/电子/移动健康战略 MSD,指出 MSD 可以协调利益相关方,以统一的解决方案提供协调一致的信息服务。

5)专门领域一体化信息服务

Xu 等② 将面向服务的体系结构和 Web 服务应用到数字法庭应用程序和协作服务的规划、设计、实施和集成中。Sussan 和 Acs③ 设计了包括数字基础设施治理,数字用户公民,数字创业和数字市场四部分的数字企业生态系统概念框架。Omar 等④ 研究英国公共部门大规模数字化服务转型(DEST)项目以及资源整合。Gil-Garcia 等⑤ 研究了六个公共部门信息共享项目,揭示了一些管理和文化障碍(如控制导向管理)限制对预期成效的影响,如政治障碍并未产生显著影响。

广州城市记忆工程是各种社会主体合作共建、开展专题公共数字信息协同服务的典范;在工程实施中,各方根据自己的资源特色和专长,统一协调、合理分工,共同丰富充实城市记忆资源⑥。城建部门收集视频、音频、文字和图像等形式的资料,对主要区域进行航拍记录;档案馆开展档案文献的数字化建设,建设"广州记忆"数字文献资源库;各大新闻媒体通过登载专题、深度访谈、跟踪记录等措施,引导社会主动关注和及时记录城市变迁;一

---

① Ashraf S, Moore C, Gupta V, et al. Overview of a multi-stakeholder dialogue around shared services for health: The digital health opportunity in Bangladesh[J]. Health Research Policy and Systems,2015, 13:74—77.

② Xu Y, Li Y, Wang L, et al. A service-oriented collaborative development platform for digital courts[C]//IEEE International Conference on E-Business Engineering. IEEE Computer Society, 2007:641—648.

③ Sussan F, Acs Z J. The digital entrepreneurial ecosystem[J]. Small Business Economics, 2017, 49(1): 55—73.

④ Omar A, Weerakkody V, Millard J. Digital-enabled service transformation in public sector: Institutionalization as a product of interplay between actors and structures during organisational changecenh[C]. 9th International Conference on Theory and Practice of Electronic Governance (ICEGOV), 2016:305—312.

⑤ Gil-Garcia J R, Chengalur-Smith I, Duchessi P. Collaborative e-Government: Impediments and benefits of information-sharing projects in the public sector[J]. European Journal of Information Systems, 2007, 16(2): 121—133.

⑥ 沈妍,肖希明.我国公共数字文化资源整合现状与实现条件——对几个典型项目的剖析[J].图书馆,2015(9):6—10.

些个人也主动加入了城市历史的记录者行列,将自己的拍摄记录贡献出来①。

美国"德州历史门户"项目是来自高校、图书馆、博物馆、学术组织等不同机构的海量异构数字资源的整合和长期获取的另一典型研究案例②。德州历史门户有三大使命:建立一个能整合德州境内的图书馆、博物馆、历史纪念馆和私人收藏者藏品的数字门户;构建一个机构之间协同合作、共享收藏的在线工具;形成学生和教育者可用的素材和材料库③。为实现上述目标,项目进行了门户网站的技术开发,建立了元数据规范、项目标准以及实施指导方针,以通过各个项目参与机构资金的协同合作实现各种类型信息资源的语境整合、元数据保存④。

6)面向特殊人群的一体化信息服务

Epelde 等⑤研究了将 AmI 环境提供的交互式服务与电视机相结合为老年人和其他用户提供信息服务的方法。Mischo 等⑥介绍了伊利诺伊州CARE(工程学术资源中心)将学生需求的服务进行整合提供增强的学生学术服务的做法。

2017 年 6 月,在美国纽约上线了一个名为地铁图书馆的公共数字信息服务项目(SubwayLibrary,SubwayLibrary. com),是面向专门人群跨系统协同公共数字信息服务的又一典范。纽约地铁图书馆由纽约公共图书馆、布鲁克林图书馆、皇后图书馆、纽约运输署(MTA)和无线交通公司协同合作而建成,项目的数字资源来自各个出版社捐赠给图书馆的电子图书。纽

---

① 周美兰.广州"城市记忆工程"建设的启示[J].兰台世界,2016(14):23—26.

② Alemneh D G, Hartman C N, Hastings S K. Targeted access for varied audiences to integrated, heterogeneous digital information resources[C]. 66th Annual Meeting of the American-Society-for-Information-Science-and-Technology, 2003:123—129.

③ Belden D. Organizational History of the Portal to Texas History, 2015[M]. Unt Scholarly Works, 2004:59—64.

④ 肖希明,李金芮.国外公共数字文化资源整合模式及其借鉴[J].图书与情报,2015(1):9—14.

⑤ Epelde G, Valencia X, Carrasco E, et al. Providing universally accessible interactive services through TV sets: Implementation and validation with elderly users[J]. Multimedia Tools and Applications, 2013, 67(2): 497—528.

⑥ Mischo W H, Favila I, Tempel D M, et al. The CARE (Center for Academic Resources in Engineering) Program at Illinois[C]. ASEE Annual Conference, 2014:134—141.

约公共图书馆还推出了专门的电子阅读应用——SimplyE,乘坐地铁的纽约市民只需要连接上运输署提供的无线网络,访问地铁图书馆网站或打开SimpleE 移动应用程序,便可以在线阅读或下载纽约公共图书馆以及其他参与图书馆的免费电子书。

1.2.5 公共服务机制研究综述

周静[1]认为服务型政府的性质决定了公共信息服务机制的基本制度基础是公众权利中心。龙健[2]基于后新公共管理理论研究了政府基础信息资源跨部门共享机制。周毅和孙帅[3]从制度安排、平台构建与测评三个方面给出了协同式公共信息服务的组织与运行规程。秦子淮[4]提出要对数字化信息服务实行双轨制管理,发挥两类信息服务主体的功能和优势。邓集文[5]提出当代我国政府公共信息服务的传输体制正向混合型公共信息传输体制转变,具体制度包括公示制度、政府新闻发言人制度、政府统计资料公布制度。

刘国斌和毛晓军[6]围绕公共信息服务体系对我国新型城镇化进程中公共信息服务保障提出了对策建议。邓集文和肖建华[7]提出要把强化人大监督机制、考评监督机制、政协监督机制和舆论监督机制作为当前中国政府公共信息服务监督体制创新的路径选择。周毅和王杰[8]从主体结构重构、机制融合、功能转型升级等方面讨论了公共信息服务社会共治的运行机理。

---

① 周静.网民政治参与对服务型政府建设的作用机理分析[J].领导科学,2013(32):55-56.

② 龙健.政府基础信息资源跨部门共享的影响因素调查[J].电子政务,2014(7):105-113.

③ 周毅,孙帅.协同式公共信息服务——理论框架与运行规程[J].情报科学,2015(11):3-8,43.

④ 秦子淮.数字化信息服务双轨制管理研究[J].情报资料工作,2010(6):83-86.

⑤ 邓集文.当前我国政府公共信息服务传输体制创新研究[J].理论导刊,2008(7):19-22.

⑥ 刘国斌,毛晓军.我国新型城镇化进程中的公共信息服务保障问题研究[J].情报科学,2017(1):62-66.

⑦ 邓集文,肖建华.当前中国政府公共信息服务监督体制的创新[J].中南林业科技大学学报(社会科学版),2007(3):22-26.

⑧ 周毅,王杰.公共信息服务社会共治内涵与运行机理分析[J].情报理论与实践,2018(3):1-7.

韩晨昀①探讨了公共信息资源市场化的运行机制。许军林②论述数字信息资源区域性保障的可持续发展策略。汪雷③探讨了我国基层政府公共信息服务供给机制的一般理论模型。

　　管延斌等④提出在需求端建立需求表达机制,在供给端建立可竞争机制,重塑市场以重构政府公共信息服务的供求均衡并实现资源的有效配置。肖希明和曾粤亮⑤研究了公共数字文化资源整合与服务中信息交流机制的创新。刘昆雄和吕亚娟⑥探析了数字信息服务社会协调与管理的实现机制。樊露露和井水⑦提出信息服务机构为新生代农民工信息获取的完善信息推送机制等服务策略。孙红蕾和郑建明⑧研究新市民社区信息服务创新中的治理机制。明均仁⑨提出从品牌化、管理体制化、个性化三个方面对数字信息服务进行完善。

　　杭亚杨⑩梳理了欧美公共信息服务供给机制构建现状和特点;孙迎春⑪研究了国外政府跨部门合作机制;Blooma 等⑫调查发现社交问答(SQA)服务中的微观合作促进了知识,认知过程和社会三个维度的发展。Iverson⑬以数字图书馆为集成中心制定了一个统一的信息服务协作概念模型。

---

　　① 韩晨昀.公共信息资源市场化研究[D].郑州:郑州大学,2010.
　　② 许军林.数字信息资源区域性保障研究[J].图书情报工作,2012,56(5):47—50.
　　③ 汪雷.基层政府公共信息服务供给机制研究[J].情报理论与实践,2009(12):41—44.
　　④ 管延斌,孙静,王建冬.我国政府公共信息服务的供求曲线和供求均衡分析[J].现代情报,2016(6):16—20,26.
　　⑤ 肖希明,曾粤亮.公共数字文化资源整合与服务中的信息交流机制创新[J].图书馆论坛,2015(6):34—40.
　　⑥ 刘昆雄,吕亚娟.我国数字信息服务的社会协调与管理研究[J].图书馆学研究,2009(8):52—56.
　　⑦ 樊露露,井水.西安新生代农民工社会融合信息需求与服务对策研究[J].当代图书馆,2016(1):19—21.
　　⑧ 孙红蕾,郑建明.新市民社区信息服务创新与思考[J].图书情报知识,2015(5):74—81.
　　⑨ 明均仁.数字信息服务的问题分析及其完善研究[J].现代情报,2011(1):78—82.
　　⑩ 杭亚杨.我国公共信息服务供给机制研究[D].苏州:苏州大学,2015.
　　⑪ 孙迎春.国外政府跨部门合作机制的探索与研究[J].中国行政管理,2010(7):102—105.
　　⑫ Mohan J B, Jayan C K, Chua, A Y K, et al. Social question answering: Analyzing knowledge, cognitive processes and social dimensions of micro-collaborations[J]. Computers & Education, 2013, 69:109—120.
　　⑬ Iverson L. Collaboration in digital libraries: A conceptual framework[C]. 4th Joint Conference on Digital Libraries, 2004:380—380.

Delina 和 Drab[①] 认为信任是数字信息采用的关键因素之一,缺乏信任机制和战略影响着欧洲数字生态系统倡议的成果,提出建立信任机制,由专业托管服务公司开展服务整合。

国外的公共数字信息服务机制建设以比利时的探索为代表。比利时的公共数字信息一体化服务建立了一系列独特的市场化、社会化机制。除了充分利用自己建立的国家及各地方的信息中心,比利时大量采用了以"信息超市"为代表的市场机制。"信息超市"由独立信息机构设立,搜集整合世界各地的各类政务信息以及周边信息资料,政府部门从超市采购所需信息并按市场价格支付费用[②]。在对社会公众的数字信息服务过程中,比利时充分吸收和积极调动各种力量的参与。政府建立国家和地方信息中心对政府公共数字信息进行开发;各种社会力量则依据分类开发原则通过市场分层开展数字信息服务。代表性案例如美国 Diglog 公司被引入面向社会开展各种增值数字信息服务。

香港是我国公共服务机制较为成熟的地区,香港特区政府对公共信息服务极为重视,建立了"额外通道"相关机制,借助该通道而实现跨部门合作。"额外通道"是香港打造全新政府整体方案的一部分,主要覆盖城市公共信息服务领域,要求与公共信息服务有关的政府机构和部门加强沟通,建立协调合作机制,实现城市公共信息服务的全面覆盖[③]。

1.2.6　国内外研究评述

从现有新型城镇化进程中的信息服务研究来看,现有研究更多集中于信息化与城镇化结合的研究,以及智慧城市建设中的信息化应用,具体从服务设计和实现角度对城镇公共数字信息服务的研究尚不多见。总体而言,国内外已有研究具有如下特征。

①　Delina R, Drab R. Socio-economic aspects of trust building for the electronic business platforms[J]. E & M Ekonomie A Management,2010, 13(4): 110—122.

②　柳国炎.强化政府信息采集管理发挥决策支持系统作用——比利时政府信息收集和管理体制及启示[J].信息化建设,2001(7):32—34.

③　耿蕴洁.香港特别行政区信息化发展状况分析及启示[J].调研世界,2013(5):61—65.

(1)研究主题和成果数量丰富

如果借用雷晓庆的观点,将公共信息服务体系概括为服务的提供主体、公众、公共信息资源和公共信息服务平台4个子系统,则国内外研究集中于用户的组成、信息行为等主题,来自国外学者的相关研究尤其如此。对服务主体、服务平台及其一体化的研究更多见于国内,业已形成一定的研究基础,从而为本书的研究提供了一定的支撑。

在对服务体制机制的研究中,国内外学者已对政策体系、服务供给机制、部门协调机制、组织体制、运营模式、评价机制等主题开展了前期研究,产生了较多的研究成果;以城乡一体化、电子政务协同服务、数字文化资源整合等为研究重点,学界已对数字信息的一体化服务开展了一定的研究,为系统的数字信息一体化服务研究提供了有益的思路借鉴;对城镇公共数字信息服务的研究涉及的主题相当丰富,在社群信息服务、地区数字文化遗产、农民工一体化信息服务、大学城数字信息服务中心建设等方面均有涉猎,从各个方面论证了一体化公共数字信息服务的意义、运行与作用,为本书的研究提供了实践条件。

(2)国内外研究存在一定差异

就本课题研究而言,国内外研究存在一定差异,具体表现为国外研究更为细致,多针对具体问题而开展,国内研究更多关注框架设计。究其原因,可能在于国内外信息化的发展阶段和特点的不同。国外信息化起步早,目前进入普及和深入阶段,因而较多关注具体问题,而我国的体制为一体化信息服务提供了极为有利的土壤,但较为初级的发展阶段也决定了基本框架的构建更为迫切。

(3)研究热点贴近时代

从前述文献分析可见,当前本课题研究的热点有电子政务协同、数字图书馆资源整合、城乡一体化服务等。上述主题均具有鲜明的时代特性,也与本研究具有一定的耦合性。电子政务是我国在互联网时代为实施国家治理而大力推行的国家工程,有力促进了政务信息化程度的提升。数字图书馆是数字时代公共文化服务的重要实现方式,数字图书馆研究是图书馆学研究的热点分支,从国家到地方各个层面的数字图书馆工程已成为公共文化服务体系的重要组成。随着新型城镇化从加快速度进入到提升质量的新阶段以及乡村振兴战略的全面实施,我国城镇化进入城乡融合发展、社会综合治理的新阶段,也催生了新的理论研究和实践探索。

(4)基本理论探讨广泛,体系性不足

现有研究对公共数字信息服务的基本概念、特征、服务形态与经营模式、战略策略等进行了分析,并研究了信息集群理论、整体治理理论、社群信息学等理论的应用,但上述研究或着眼政府信息服务,或聚焦公共文化服务,或关注传统的非数字信息服务,与公共数字信息服务密切相关的研究尚不多见。基本理论问题探讨广泛,但需要体系化。有部分学者如周毅就公共数字信息服务的特点等开展了前期研究,虽然相关研究的发表已过去一定的时间,但仍有积极的借鉴作用。

(5)技术方法成为主流

现有研究较多从技术角度考虑,而从用户服务角度出发的一体化研究少见。在数字政务信息一体化服务研究中,已有对电子政务一体化信息服务的技术路线选择、方法改进、技术实现的研究。在数字文化信息一体化服务研究中,已有对图书、情报、档案数字信息一体化服务的元数据设计、平台实现的相关研究,已有对文化遗产的数字化加工技术及应用平台的研究。

(6)研究实例众多、真正跨系统实现少见

当前,相关研究实例众多,数字图书馆、电子政务等共同实现的少见。从现有新型城镇化进程中的信息服务研究来看,现有研究更多集中于信息化与城镇化结合的研究,以及智慧城市建设中的信息化应用,具体从服务设计和实现角度对城镇公共数字信息服务的研究尚不多见。

1.3 研究意义

公共数字信息服务是信息服务和公共服务的新兴研究领域,对城镇公共数字信息一体化服务的研究具有较高的理论价值,在新型城镇化快速推进、决胜全面建成小康社会的关键历史节点,相关研究又有着重要的实践意义。

1.3.1　理论意义

随着信息资源共享理论、协同论、现代治理理论、新公共服务理论等理论的发展,数字信息技术和互联网的普及,公共数字信息服务在城市公共服务研究中的重要性日益凸显。学界对公共数字信息及其一体化服务的研究逐渐增加,但研究领域主要集中在国内外比较研究、理论引进、个案分析等方面,对新型城镇化进程中公共数字信息一体化服务有系统的研究仍较为欠缺。

本书在城镇化快速推进和社会基本矛盾转变的背景下,较为系统地研究新型城镇化进程中公共数字信息一体化服务的理论构成、内在机理、技术方法、用户需求、体系构成、协同机制等问题,以提高和拓展我国公共信息资源一体化服务的研究水平和主题领域,推动新型城镇化和数字化条件下的信息服务理论研究发展。因而,本研究具有一定的理论新颖性,对于信息管理与信息服务领域的拓展研究具有理论价值。

1.3.2　实践意义

新型城镇化是中国实现现代化的必由之路,《国家新型城镇化规划(2014—2020)》为今后城镇化健康发展提供了战略性和基础性的规划。我国近年来城镇化率快速提高,目前已接近世界平均水平,但人的城镇化速度远低于物的城镇化速度,小城镇的发展水平尤其有待提高。究其原因,在于传统城镇建设注重圈地建城,新型城镇化受到公共服务水平等因素制约,作为实际城镇化率的"人的城镇化率"低于可统计的名义城镇化率。

信息化时代,公共信息服务在满足人们信息需求、培育新市民、促进城镇化健康发展过程中发挥着无可替代的引导和助推作用。忽视信息环境的建设,会导致城乡之间、部门之间、行业之间公共信息不对称,小城市和乡镇公共信息服务质量不高,加剧城乡二元化。《国家信息化发展战略规划》也要求完善一体化公共服务体系,整合服务资源,面向企业和公众提供一体化在线公共服务①。

因而,城镇化的质量与公共数字信息一体化服务水平息息相关。对新型城镇化进程中公共数字信息一体化服务机制进行深入研究,发挥政府主导作用的同时全面发挥社会力量的作用,是推动新型城镇化和信息化协同发展的基本要求。

本研究将有助于实现各类公共数字信息资源的协同建设和统一揭示,加快资源共享、均等服务,提升城镇公共信息服务能力,有效减少并缓和城镇发展矛盾,降低城市病的社会危害,推进智慧城市建设,改善人们的居住和生产环境,建立宜居、人性化的城镇,满足全体城镇居民的信息需求。

1.4　研究内容与思路

1.4.1　研究内容

结合研究背景、问题、意义以及国内外研究现状,本书的研究内容主要包括如下几方面。

第1章,绪言。本章从总体上对本书研究的问题、背景与意义进行论述,分析了公共数字信息、新型城镇化、城镇公共数字信息服务和一体化信息服务机制等基本概念,对国内外研究现状进行了文献综述,总结当前研究的基本特征,同时提出了本书研究的主要内容、基本思路和主要方法。

第2章,相关理论基础。本章主要阐述信息资源共享理论、现代治理理论、协同论、新型城镇化理论、信息流理论等理论的基本原理、应用领域与价值,以及对本研究的适用性。

第3章,城镇公共数字信息用户及服务需求分析。以用户为中心是公共数字信息服务的基本原则,本章通过专家问卷对城镇公共数字信息服务

①　国务院关于印发"十三五"国家信息化规划的通知[EB/OL].[2019－01－13].http://www.gov.cn/zhengce/content/2016－12/27/content_5153411.htm.

现状及发展态势进行调查,通过用户问卷对城镇公共数字信息服务需求及一体化状况进行调查,并与前人的调查结果进行对照分析。

第 4 章,城镇公共数字信息一体化服务体系构建。本章探讨城镇公共数字信息一体化服务体系的构建目标、原则与依据,分析体系的内容要素及其逻辑关联,研究体系的整体架构,并对政策制度、服务主体、服务对象、信息资源、服务设施和管理支持等公共数字信息一体化服务体系构成要素进行理论分析。

第 5 章,城镇公共数字信息一体化服务机制研究。本章对基于信息流的城镇公共数字信息一体化服务的微观运行机理以及城镇公共数字信息一体化服务的整体机制进行研究。首先,在调研和理论分析基础上,研究城镇公共数字信息服务信息流的环境、构成、属性、运行过程、机理以及基本类型,提出基于信息流的城镇公共数字信息服务优化原则、方法与对策。在此基础上,提出政策制度约束机制、资源导向机制、用户培育机制等方面的优化建议。

第 6 章,新型城镇化进程中公共数字信息一体化服务机制的实证分析。当前无法寻找到一个完美的城镇公共数字信息一体化服务实证对象,但相关实践在各地已有推进。本章以杭州市的公共数字信息一体化服务机制为例进行实证分析。杭州作为一个既新又老、城市快速发展、外来人口众多的城市,近年来在公共数字信息服务及其相关领域开展了机构改革、总分馆制、城市数据大脑建设等多方面实践,并取得了一定的一体化成效,对杭州市的一体化服务机制的分析可从一定程度上印证本书机制研究的有效性。

第 7 章,结论和展望。本章主要对全书进行总结,得出了主要研究结论,指出了本研究的局限性和未来研究的方向。

1.4.2 研究思路

全书的研究思路流程如图 1-4 所示。

新型城镇化进程中公共数字信息一体化服务机制研究

第1章	绪论
	研究问题、背景与意义　　国内外研究综述　　研究内容与研究方法
第2章	相关理论基础
	信息资源共享理论　治理理论　协同论　新型城镇化理论　信息流理论
第3章	城镇公共数字信息用户及其服务需求分析
	城镇基础数据　　　专家问卷　　　用户问卷
第4章	城镇公共数字信息一体化服务体系构建
	构建依据　构建目标　内容要素及逻辑关联　构建原则
	政策制度　信息资源　服务设施　服务主体　服务对象　管理支持
	整体架构
	城镇公共数字信息一体化服务机制
第5章	环境、构成与属性／运行过程、机理与类型／原则、方法和对策　公共数字信息服务信息流　协同治理模块　资源整合模块　服务融合模块
第6章	实证分析
第7章	结论与展望

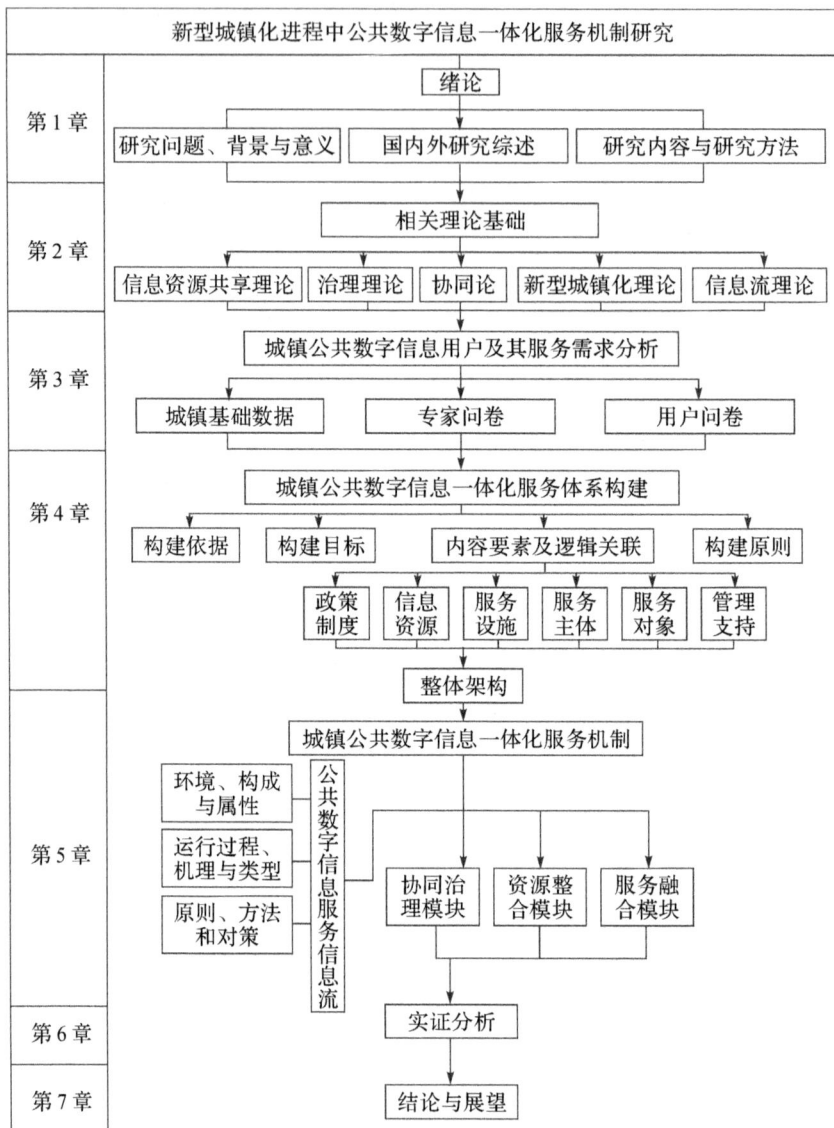

图 1-4　全书研究思路

1.4.3　创新之处

本研究可能的创新之处在于：

（1）新型城镇化进程中公共数字信息一体化服务是一个具有一定理论和应用价值的研究课题，但未见前人专门地、系统的研究报导，因而本书的研究主题和视角有一定独特性。本研究在借鉴已有的代表性实践工作和理论探索如各地政府正推进中的"互联网＋"一体化在线政务服务、文化和旅游部正推进的公共数字文化工程融合创新发展的基础上，在新型城镇化语境下，系统地开展城镇公共数字信息一体化服务机制研究，具有一定的新颖性。

（2）本研究将信息流理论和分析方法引入公共数字信息一体化服务的研究，在研究方法和理论上有一定创新。信息流带动着技术流、资金流、人才流和物资流，将信息生产者、信息服务机构、信息用户连接为一个整体，串联了公共数字信息服务各个要素、内容。本书通过信息流研究，从微观层面揭示了新型城镇化讲程中公共数字信息服务的运行机理。

1.5　研究方法

本研究以逻辑方法与哲学方法为基本方法。此外，在对具体问题展开研究时，还用到以下研究方法。

（1）文献研究法（Literature Study）

通过广泛的国内外相关文献、项目研究报告、实践总结的收集、分析和整体把握，为综述以及文章的总体框架设计作铺垫。着眼于理论整合，建立理论框架，在对前人的研究思路、方法以及相关理论的了解的基础上，对本研究的范畴予以明确，以深入开展研究工作。

（2）调查研究法（Survey Study）

对公共数字信息一体化服务的关键要素进行识别、确认和验证。调研法在问卷设计上采用李克特量表化，数据采集上采用抽样技术，利用分析工具处理数据。

（3）访谈研究法（Interview Study）

在理论探索的同时，开展实证研究。根据研究的需求，通过专家访谈和用户深度访谈洞察城镇公共数字信息服务的现状，掌握城镇居民公共数字信息的真实需求，发现存在的问题，检验理论模型以及相关假设。理论与实践紧密结合，科学设计研究命题，挖掘城镇公共数字信息服务的核心要素，分析内在机理。

（4）案例分析法（Case Study）

面向实际问题，基于对现存案例的分析，提炼与我国国情相适应的新型城镇化进程中公共数字信息一体化服务机制，并通过适应性分析进行修正。

（5）比较研究法（Comparative Study）

利用横向比较分析法，对不同国家、不同地区的公共数字信息服务的管理和运行进行比较，从中找出差别和特点，探索有益于我国现代公共数字信息服务体系构建的理论及实践。利用纵向比较法，对我国公共信息服务的理论和实践进行时间发展视野的研究。

第 2 章　相关理论基础

建立在信息资源共享理论、现代治理理论、协同论、新型城镇化理论、信息流理论等相关理论的最新进展的基础上,新型城镇化进程中的公共数字信息一体化服务是一个综合性、跨学科的研究课题。

2.1　信息资源共享理论

2.1.1　基本原理

信息资源共享(Information Resource Sharing),是指在特定范围内(如某一国家、某一区域、某一城市、某一社区、某一系统)的信息资源生产者、组织者以及信息资源服务提供者,基于一定的规则和具体的约定,将其所有或一些信息资源提供给特定的信息用户的共享[①]。

信息资源共享理论的基础在于信息资源的共享性。信息资源具有知识性、共享性、稀缺性、时效性、分散性、多样性等特征。信息资源与一般的自然资源不同,是人类精神活动的产物,是不断积累、不断增长的有机体,可供人类使用而不会在使用过程中损耗。同时,只有最大限度地共享,不断地进行利用,信息资源的价值才能得到真正体现。因而,同一信息资源可供多人同时使用,也能为不同时空的人们所利用,这就是信息的共享性。换言之,信息共享理论是信息资源管理理论的天然构成部分。

---

① 邓君.机构知识库建设模式与运行机制研究[D].长春:吉林大学,2008.

在与信息资源管理理论存在千丝万缕的联系之外,信息资源共享理论的发展与社会学、公共管理学、心理学、政治学、制度经济学、博弈论等学科和理论的发展密不可分,是综合了多学科知识的理论。相关学科也为信息资源共享理论提供了多元化的理论视角,如从社会性视角出发,信息资源共享是社会权力分散化的一种过程;从公共管理学视角出发,信息资源共享是公私合作、处置公共物品的过程;从博弈论视角出发,信息资源共享是各种主体博弈寻求最优解的过程。

信息资源共享概念脱胎于文献信息资源共享(Literature Resource Sharing),而文献资源共享是在图书馆资源共享(Library Resource Sharing)的基础上产生的。有资料记载,公元前200年,埃及别伽摩图书馆和亚历山大图书馆之间已形成图书的交换关系,其后,文献资源共享的研究和实践逐步深入。13世纪,在一些欧洲寺院图书馆间出现了手稿联合目录;18世纪,德国大学图书馆之间建立了正式的联合目录和图书交换关系;19世纪初,默尔提出了图书馆馆藏分工协调的思想,普鲁士的10个大学图书馆通过分工确定了各自的馆藏建设方向并建立了馆际互借网络;1938年,国际图书馆协会联合会IFLA(International Federation of Library Associations and Institutions)建立了国际互借规则,文献信息资源的共享从一个国家、一个地区走向了全球的共享。

文献资源共享将信息共享的范围从图书馆之间图书的联合目录和馆际互借发展到各类文献的共享,实现文献资源系统各个子系统间的广泛合作、共同开发和利用文献资源,充分发挥文献资源的社会效益和经济效益[①]。信息资源共享则将共享的内容从文献资源进一步扩展到各类信息资源,以适应网络社会、信息社会的发展。

信息资源共享的目的是使共享范围内的所有组织机构、企业、个人都可以在规则范围内快速、便捷地获取和利用信息资源,即通过协调信息资源在时间、空间、类型数量上的分布,优化信息资源的布局,让用户的信息获取和

---

① 肖希明.文献资源共享理论与实践研究[M].南宁:广西教育出版社,1997:61—62.

利用诉求得到最大限度的满足,将信息资源的作用发挥到极致①。中山大学程焕文教授总结指出信息资源共享的最终目标为 5 个 A,即:任何用户(Any User)享有平等利用信息资源的权利;任何时候(Anytime)用户都可以享有信息资源服务,尤其是网络环境下更是如此;任何地方(Anywhere)都是信息资源服务的场所;任何图书馆(Any Library)都应通过广泛共享具备为任何用户服务的能力;任何信息资源(Any Information Resource)都应对用户开放使用②。信息资源共享理论的基本逻辑是:一切信息资源都是有用的,不存在无用的信息资源;一切信息资源的价值都在于得到充分利用;利用信息资源是人们的基本权利。

　　当前,以图书馆为代表的信息资源服务和共享机构组织已形成了OCLC、CALIS、CADAL 等多种信息资源共享模式。联机计算机图书馆中心(Online Computer Library Center,OCLC)创立于 1967 年,通过会员制合作方式开展图书馆的馆际合作共享,形成了良性的循环发展模式;俄亥俄州图书馆与信息合作网(Ohia Library and Information Network,OhioLINK)则采用了合作图书馆集中投资、分散实施的模式,并设立一个专门的管理委员会负责工作协调;明尼苏达信息资源共享网(Minitex Library Information Network,Minitex)是一种完全分散式的信息资源共享模式,不设中心组织,利用参与图书馆的信息资源,采用馆际互借、文献传递等方式开展活动。

　　与早期信息资源共享不同,现代信息资源共享更多是在数字化、网络化的环境下的数字信息资源共享,常见的数字信息资源共享方法有如下几种。

　　1)形成统一规范的数据接口

　　数字信息资源来自不同的领域、不同的部门,类型的多元化和来源的多样性导致了数字信息资源来自五花八门的信息系统,信息资源有着很强的异构性,而在资源建设、数据安全、服务质量等层面缺乏统一的标准,影响了信息资源实现整合、共享。

---

　　① MBA 智库:信息资源共享[EB/OL].[2018－11－08].http://wiki.mbalib.com/wiki/信息资源共享.

　　② 程焕文,潘燕桃.信息资源共享(第 2 版)[M].北京:高等教育出版社,2016:20－21.

2)建立集中管理中心

信息资源共享需要实现不同部门、机构组织和个人的协同,各自为政的信息资源建设模式无法实现这一诉求,需要建立专门的集中管理中心,协调好各方利益并实现信息资源的集成。同时,明确共享过程中的各种规则,如利益分配规则、数据规范规则、信息价值判读规则。

3)从公益信息资源起步

历史上的信息资源共享是始于公共服务领域的图书馆的公益性活动。在数字信息时代,要实现信息的共享性,仍然要从公益信息资源起步,而不是直接推给市场。目前政府机关、企事业单位等所拥有的信息资源数量庞大且以公共信息为主,可以形成信息资源共享的核心资源,政府先行、公共信息资源优先共享是数字信息资源共享最重要的抓手[①]。

2.1.2 应用领域与价值

信息资源共享已经广泛应用于生活各领域的文字、数字、文化资源类目的分享和共用。早期各行各业开展的信息化建设都是各自为战的,各部门根据自身情况进行信息资源建设,信息资源建设的内容标准和技术手段千差万别,重复建设较多,共享基础较差,因而,信息资源共享理论存在广阔的应用领域和较高的应用价值。

如在政务信息服务中,信息资源共享理论一直作为基础性的理论依据而存在。早在 2006 年,我国已将电子政务工作的重心从政务管理系统的设计开发转向政务信息的跨单位共用、政务业务的跨部门协同上,将信息资源共享作为电子政务系统建设的基本原则和方法[②]。党和国家已多次就加强政务信息共享作出具体部署,要求加强信息资源开发利用,建立健全政务信息共享制度,推进传统政务信息资源的数字化工作。

基于信息资源共享理论,国家科技基础条件平台中心开展了大型仪器设备、自然科技资源、科学数据等科技信息资源的共享。通过共享,将分散

---

① 李郭钰.云计算与信息资源共享管理分析[J].大科技,2015(24):12—14.

② 佚名.电子政务建设的三大趋势[J].数码世界,2007,6(1):3.

各处的肿瘤放疗数据库、中医防治高血压病数据库、妇产科合理用药数据库、降血糖药数据库、中国苗药数据库等医学健康科学数据资源库,森林土壤数据库、森林生物病害数据、敦煌保护区植被图数据库、水土保持现状数据库等农业林业科学数据资源库,以及动物种质资源、微生物资源等自然科学资源库的内容进行了整合。通过科学数据、生物种质与实验材料等科学技术领域专门公共信息服务平台的建设,科学研究、技术创新、经济发展过程中的信息资源需求得到了有效保障,科学技术信息资源的整合水平、使用效益有了明显提升。

2.1.3　对本研究的适用性

信息资源共享是公共数字信息一体化服务的基本要求,信息资源共享理论对本研究具有极强的指导作用。信息资源共享应包含信息资源内容和信息服务两方面的共享。信息资源共享理论从早期的硬件共享发展到软件共享,从最初的资源共享发展至服务共享,这种发展进程对于本研究有极大借鉴作用。

本研究针对的是城镇公共数字信息的一体化服务,基于一体化的埋念开展数字信息资源的建设和基于公共数字信息的服务。在市场经济条件下,一体化服务过程中的各种服务主体均有着基于自身利益的考量,如果单纯依靠政府指令或市场调控,公共数字信息资源的生产和服务质量将会严重降低,损害城镇居民的信息权益。唯有在信息资源共享理论的指导下,建章立制、合理组织和规划,方能让城镇公共数字信息资源充分共享并得到有效利用。

根据程焕文教授提出的信息资源共享的 5A 理论,公共数字信息服务应该保障用户平等利用信息资源的权利,实现任何用户在任何时候、任何场所对来自任何信息服务机构的任何公共数字信息资源的利用,因而,服务的一体化是公共数字信息服务的内在要求,信息资源共享理论已经成熟的模式和方法对于公共数字信息一体化服务具有参考和指导作用。同时,在新型城镇化背景下,公共数字信息服务的用户构成、资源需求、服务手段都发生了变化,信息资源共享理论在城镇公共数字信息一体化服务中的应用又需要有选择地、发展性地开展。

2.2　现代治理理论

2.2.1　基本原理

治理(governance)一词源自领航(steering),指各种公共或私有的利益方共同发挥作用,在某一领域满足公众需要,维系社会秩序的过程和行动。各国研究机构和学者提出了对治理概念的多种解读,据统计共达近 200 种。传统的治理概念与统治内涵相近,各种国家统治活动也都视为治理,即治理是政府的行为。

治理理论兴起于国外,是在 20 世纪 90 年代公共管理理论新的进展基础上,社会组织对公共事务的影响不断扩大,政府与社会在公共事务中的关系被重新审视的背景下的产物。世界银行在 1989 年关于撒哈拉以南非洲发展问题的报告中提出非洲的问题出现了"治理危机"。与传统的政府管理有所区别,治理理论中的治理是一种社会力量参与到公共管理过程和公共管理活动,并运用公共权威来实施计划的进程。换言之,现代意义上的治理强调政府与社会各方力量之间的伙伴关系。世界银行用善治(good governance)取代治理(governance),以强调治理的过程应是公正和透明的,结果应是良好的。

1995 年,全球治理委员会发表《我们的全球伙伴关系》,认为治理的基本特征是:治理是一个过程,不是一套规则或一种活动;治理过程是协调而非控制;治理是多个部门的过程;治理是一种互动的过程。

治理理论在如下五个维度展开[①]:①治理空间,即政策法规划定的治理活动范围;②治理资源,即治理活动中所涉及的人力、财力、物力和智力资源;③治理结构,即各种治理主体之间在横向、纵向所形成的双向或单向关

---

① 孙涛.现代治理理论与实践及国内借鉴[J].理论学习,2016(11):52—55.

系结构;④治理理念,即治理过程中对治理目标、方法、路径等的理解和认识;⑤治理成本,即在治理路径的选择以及治理实施中,对资源消耗和成果的对比判断。

网络治理理论、整体治理理论和数字治理理论等构成了现代治理理论的基本框架。

(1)网络治理

网络治理兴起于 19 世纪 90 年代,在史蒂芬·戈德史密斯(Setphen Goldsmith)等出版的《网络治理:公共部门的新形态》一书中,开始出现了网络治理的概念。网络治理并非指基于信息网络如互联网(Internet)的治理,而是指基于网络化(Network)组织结构的治理,是一种非营利机构组织、企业广泛参与公共服务提供的治理模式。网络治理理论认为,政府并不是治理的唯一中心,各种治理主体处于同一平面中,治理过程中通过信息交换、资源共享形成治理主体间一种纵横交错、密不可分的合作网络。

网络治理体系由治理目标、治理结构、治理机制和治理环境组成。治理目标从协调、维护等出发;治理机制包括互动机制、整合机制等;治理环境包括任务的复杂性、需求的确定性等。

(2)整体治理

整体治理是在系统论基础上借鉴社会学整体主义研究方法所形成的治理理论,其产生的背景是新公共管理的式微和数字时代的到来。埃米尔·度肯恩(Emile Durkheim)首创了整体主义方法,将社会视为一个具有结构属性的独立系统,在其上派生了冲突理论、功能主义和结构主义。皮特·黑格斯(Perry Hicks)在此基础上提出整体治理理论,从社会整合和社会规则角度对社会组织进行了划分,提出通过求同和化异两种治理方法,实现跨部门、跨系统的协同合作。

(3)数字治理

数字治理理论是在数字化社会背景下,强调以需求为基础的整体主义和数字化变化指导公共部门改革,为公众提供更为便捷的公共物品与服务的治理理论①。对于数字治理,各国研究机构和学者提出了狭义和广义两种观点。狭义的数字治理观强调以数字信息技术的运用来简化政府运行环节,提高政府效能和公平正义。广义的数字治理观则认为信息技术变革带来的观念转变才是数字治理理论的精髓,而非单单是采用了多少现代数字信息技术。

基于上述的网络化治理理论、整体性治理理论和数字治理理论,现代治理存在多种治理理论模式。这几种治理模式从不同的路径指向同一治理目标,提供了更为丰富的治理方法,以促进治理目标的达成并保障公众权益②。现代治理理论的基本特征是:

1)以保障公众的权益为价值判断依据

治理方向是否正确、治理手法是否合适、治理措施是否有效,判断依据不在于产生了多少经济效益,而在于公众的基本权益是否通过治理得到了有效保障,是否让所有人享受到了发展带来的红利。

2)以多元化主体结构实现综合治理

在治理主体方面,社会协同和公众参与是现代治理体系的基本路径,现代治理要同时发挥市场和政府的作用,培育发展各种治理主体。其中,政府的作用自然不可或缺,各种企事业单位、社会组织以及个人也是公共事务自我管理、自主治理、协同合作的重要力量。

3)治理工具的现代化

信息化社会的治理具有鲜明的时代特征,在治理过程中,现代治理工具的地位越来越关键。治理工具现代化的突出表现如:各种现代信息技术如人工智能、物联网、云计算、大数据技术在治理体系中起着越来越大的作用;微信、微博、移动 APP 以及抖音短视频等新媒体形式都已成为现代治理的有效工具。

---

① 韩兆柱,马文娟.数字治理理论研究综述[J].甘肃行政学院学报,2016(1):23—35.
② 韩兆柱,单婷婷.网络化治理、整体性治理和数字治理理论的比较研究[J].学习论坛,2015,31(7):44—49.

2.2.2　应用领域与价值

20 世纪 90 年代以来,随着理论体系的逐步完善,治理理论不仅在学术界开始广泛传播,在政治学、社会学、管理学等领域产生了较大的学术影响,还深刻影响了政府、行政和社会各个领域的实践活动。

现代治理理论在各领域影响力的体现在以下几方面。

(1)国家治理层面

党的十八届三中全会提出要"推进国家治理体系和治理能力现代化"。此后,基于现代治理理论,学界对国家治理的概念、目标、原则、方法与措施进行了一系列研究。党的十九届四中全会总结了国家治理问题的关键和根本,在全会报告中强调要更好地发挥国家治理体系的优势,坚持和完善党的领导制度体系。

(2)社会治理层面

社会治理层面上,在社会消灭贫困过程中,现代治理理论"善治"概念被广泛使用,良好的善治过程被认为是社会力量全面参与、充分发挥治理潜力从而有效减少贫困的关键。学界也相应提出政府主导、社会自治与多元合作相结合,以制度规范为重点的治理思路。如国内学者娄成武等基于网络治理理论提出公共服务的"三圈网络治理"模型,认为:价值、能力和支持构成了治理的内容;政府、市场、第三部门和公民等构成了治理主体;治理的对象则包括了教育、医疗、社会保障、文化、体育、公共安全等。

(3)市场治理层面

市场治理过程中,在激发市场活力、推进公共服务发展的过程中,治理理论更被置于重要地位,影响了政府管理模式的转变、社会力量的参与方式以及用户服务需求的满足。

(4)其他领域的治理

其他领域的治理理论意义同样重要,比如,有学者基于现代治理理论提出大学治理有学术、行政和政治三个关键要素,并基于三边权力关系构建了学术治理模型、行政治理模型和政治治理模型①；为解决现代公司由于控制权和所有权分离所导致的代理问题，学界提出从企业资金、营利动机、竞争态势、所有者与经营者的法律地位等方面进行公司法律、政策、市场、财务的综合治理②③。

2.2.3 对本研究的适用性

治理理论在中国特定的社会背景下多应用于公共领域，这与我国行政管理体制、社会发展水平有较大关系。就公共信息服务领域而言，信息技术的发展为一体化和公共服务提供了技术基础，从而使普遍均等服务成为可能。这一变革也带来了政策的碎片化，传统公共信息服务管理模式的存在则加剧了这种碎片化。最终，公共信息服务内外各种因素的联合作用促使了公共信息服务治理问题的提出。

现代治理能有效解决公共数字信息服务碎片化以及社会政策复杂化等问题。

（1）问题症结类似

我国公共数字信息服务面临的主要问题与现代治理要解决的问题症状相类似，地区分割、人群分割和城乡分割阻碍了城镇公共数字信息一体化服务的开展，影响着新型城镇化的历史进程。现代治理理论提出了整体治理、网络治理、社会治理等观点，可实现对症下药，解决城镇公共数字信息服务存在的一系列问题。

（2）解决方法对口

信息治理作为一种公共政策，具有其复杂性。在现代治理理论中，社会政策碎片化的根源包含政府的自利性因素和体制性因素两个方面。同样，

---

① 周作宇，刘益东.权力三角：现代大学治理的理论模型[J].北京师范大学学报（社会科学版），2018(1)：5—16.

② 唐建强.现代公司治理理论文献综述[J].科技信息，2009(32)：435—436.

③ 李奇玥.现代公司治理中的利益相关者理论[J].重庆科技学院学报（社会科学版），2014(6)：47—49,68.

我国公共数字信息服务呈现碎片化的原因也包含上述两个方面因素。在改革开放的深入和信息技术革新加快这一背景下,我国公共信息服务治理方面面临着政策适用性的问题。由于改革具有极大的不确定性和风险性,同时又是渐进式地,我国公共信息服务相关改革积累了很多历史的欠账。老的制度被不断固化,却不能适应不断变化的公共数字信息服务现实;在制度转型过程中,处理不当又积累大量问题。大量弱势群体或被排斥在外,或在制度内遭受歧视,处于弱势。

因此,现代治理理论有助于更深刻地认识信息治理的碎片化问题及其危害,剖析这些问题产生的根源,并提出更具体的建议。近年来,政府正致力于实现公共信息服务的普遍化和均等化的发展目标,正通过努力实现全覆盖的目标,让公共信息服务成为广大人民群众最基本的一项权益。可以说,现代治理理论为解决我国信息发展面临的实际问题提供了可能。

2.3 协同论

2.3.1 基本原理

协同论(Synergetics)顾名思义即协调合作的理论,也称协同学或协和学,其创始人是德国学者哈肯(Hermann Haken),他于 1976 年出版了专著《协同学导论》,确立了协同论的科学方法。协同论一经提出,即在世界上产生了巨大影响。

哈肯认为,当今的整个世界就是一个协同运作的系统。协同学就是研究协同运作的系统中各个子系统在外在参量作用下相互影响的学科。协同论反映了各子系统之间结合力的大小和融合度的高低,系统中诸要素或子系统通过某种途径或借由某种手段有机地实行合作,可发挥"整体大于部分之和"的效应。

协同论的主要内容可以概括为"一个效应、两大原理","一个效应"是指协同效应,"两大原理"是指自组织原理和支配原理。

（1）协同效应

协同效应描述了一个系统中子系统协同的结果。根据系统的规模大小和复杂程度，每个系统中都存在着或多或少的子系统，结构越复杂、越开放的系统子系统数量越大。在系统外的因素作用下，这些子系统之间相互作用，产生了整体效应，这种整体效应甚至可以导致系统从非稳定状态走向稳定状态，从无序状态走向有序状态，即产生协同作用①。

（2）支配原理

支配原理，又称使役原理、伺服原理，简而言之即快变量跟随慢变量，序参量支配子系统的运行。支配原理认为在一个系统里，各个子系统、各个参量以及各个影响因子对系统的影响不尽相同，在系统运行的不同时期也有不同的特征。快变量和慢变量都是系统的内在参量，在阈值附近，快变量和慢变量两种变量的表现不同，快变量会随着慢变量的改变而改变②。

在衡量一个系统的有序程度时，存在一个被称为"序参量"的物理参数，在哈肯把"序参量"概念引入协同论领域后，序参量成为协同论的核心概念。哈肯认为，一个系统中存在着各种各样的子系统，系统中的变量数量庞大到无法计数，但可以依据系统在稳定和不稳定的边界点的阻尼量和衰减趋势，把系统中的变量分为快变量和慢变量两类。快变量的动力学特性是高阻尼高衰减；慢变量的动力学特性是不产生边界阻尼。慢变量是一个系统变化发展的主要因素，表征着一个系统的演进过程，决定了系统演进的方向和结果。

序参数是协同的核心概念。"顺序参数"是描述系统顺序程度的物理参数，是决定系统宏观结构的关键变量。简单地说，序参数是系统相变前后发生质跃迁的最显著标志。它是各子系统对协调运动的贡献之和，是各子系统干预程度的集中体现。哈肯将"顺序参数"的概念引入到自组织过程中。他认为一个由大量子系统组成的复杂系统可能有数千个变量，而且是无数的。根据系统中接近临界点的不同状态变量的阻尼幅度和衰减速度，哈肯将所有变量分为两类：一类是具有快速阻尼和快速衰减的快速松弛参数，即

---

① 朱鹏颐. 强化生态经济建设中协同效应的构思[J]. 东南学术，2012(5):136—142.
② 陈祥. 协同的基本原理及其应用概述[J]. 中国邮政，2019(1):20—21.

快速变量；另一类是临界变量，也称无阻尼变量、慢参数或慢变量。慢变量
控制着系统演化的全过程，决定着演化结果的结构和功能，是指示系统有序
程度的有序参数，系统的相变特性完全由有序参数决定。顺序参数控制子
系统的行为，快变量服从慢变量。多阶参数之间的合作导致了某种宏观结
构的形成，它们的竞争最终只会促进模型的存在。这些有序参数之间的使
用和竞争决定了系统从无序演化到有序演化。

支配原理从系统内部稳定要素和非稳定要素两种要素间的关系出发，
描述了一个系统是如何实现自组织的。支配原理的核心是明确了一个系统
在稳定边界的简化原则——"快衰减参数必须无条件服从慢增长参数"，即
一个系统在稳定与不稳定的临界点时，结构和动力学特性会由少量的集合
变量即序参数决定，其他系统参数的变化被这些序参数所控制。哈肯描述
这种过程为一种序存参数像泰山压顶一般覆盖了整个系统，控制着整个系
统的变化全过程。

（3）自组织原理

自组织原理解释了在相应的来自系统之外的能量流、信息流和物质流
综合作用下，一个系统会基于内部各个子系统之间的协同合作而呈现出一
种新的时间、空间或功能有序结构①。自组织机制是协同研究的重点之一。
哈肯指出，一个系统以一种由外部指令驱动的统一方式运行，属于有"组
织"的。与"组织"不同，"自组织"的形成并不是由于外部指令的作用，而是由系
统内部协调自动组织和操作所形成的，这种自我组织就是"自组织"。

2.3.2　应用领域与价值

协同论作为一种研究协同系统在序参量驱动下的自组织行为的分析框
架和研究视角，具有广泛的适用性，影响和运用越来越广泛。尤其是在社会
科学领域，协同论的运用可研究不同社会主体间的相互配合与协作，如组织
间的合作、地区间的协作、部门间的协调以及政府与企业、公民的协同等，寻
求社会中各主体共同探寻解决公共问题的合作路径，从横向和纵向上形成

---

① 白列湖.协同论与管理协同论[J].甘肃社会科学,2007(5):228-230.

开放的、弹性化的协作型网络组织。

从协同论的应用范围来看，它在自然科学、社会科学各种不同系统的自组织现象的分析、建模、预测以及决策等过程中已得到广泛应用。

（1）企业管理领域

在企业管理领域，可将每个企业都视为一个复杂的协作协同，而企业管理活动的最终目标就是维持好这个协同系统的运转，因而协同论理论和方法的应用对于企业加强管理、减少损耗并建立核心竞争力具有重要意义[①]。

（2）经济学领域

经济学领域中有着大量的协同论应用空间，研究者已在城镇发展、经济振兴、技术创新等方面开展了广泛的协同效应研究，如基于协同学理论和方法研究了区域经济领域中各个子系统的协同目标、协同要素、协同特点[②]。

（3）计算机科学领域

在计算机科学中，协同论的应用解决了学科发展的一系列关键问题。如采用自组织理论的并行计算方法规避了主计算机模式带来的各种弊端，大大提高了计算效率。又如在不可靠计算中，为了让计算机系统有效工作，可基于协同论的方法进行各个不可靠元件的串联组织，用不可靠元件构成可靠系统。

（4）社会学领域

社会学所研究的对象是人类社会，这一研究对象的基本属性是复杂性、开放性，不仅系统内部各子系统有着纵横交错的关联，还与周边环境有复杂的交互活动，在子系统之间的协同和外界环境的耗散中走向有序。由于社会学研究对象的复杂性，研究者们开始用协同论的观点和方法开展这样一个非平衡态的开放系统的研究。社会学研究的大量主题如舆论场研究、大众传媒模式、社会体制研究都是协同论的应用，当前热点的定量社会学则是协同学与社会经济系统相结合产生的一个新分支[③]。

---

① 兰宇,崔丽莎.协同论与现代企业管理[J].现代商业,2009(2):67.
② 马杉,伊亨云.区域经济系统的协同论研究——论成渝高速公路经济带的发展[J].重庆大学学报(社会科学版),1997(2):15—19.
③ 徐长山.科技发展简史[M].2版.北京:解放军出版社,2000:181—182.

（5）城乡发展领域

随着旅游小镇、文化小镇建设的兴起,旅游业与城镇化的协同发展问题正日益受到人们的关注。基于协同论,有研究认为旅游小城镇的协同发展模式分为核心产业链上相关企业的协同、产业集群协同、产业集群与生态、社会协同三个层次,并可通过建设目标、管理制度、机构组织、利益分配、信息管理等方面的协同来实现这一协同发展①。

（6）政策研究领域

在政策研究领域,有学者从协同论的角度来分析科技政策体系,指出科技政策体系只有产生协同效应才能发挥最佳功效②。已有研究指出,科技政策体系中存在着三种序参量,分别是国家/地区科技发展水平、科技对公众而言的需求程度、科技对社会发展的促进作用。

（7）社会管理领域

在社会管理领域,协同思想强调不同社会主体间的相互配合与协作。已有研究指出,应基于协同论的思想,总结国内外社会管理的经验,综合分析社会管理的发展历程、现状和趋势,构建新型社区,实行社区多元化主体管理③。

2.3.3　对本研究的适用性

协同论所揭示的系统结构与运行原理和规律为人们解决社会、经济、管理等领域中所存在的大量复杂系统的演化规律提供了一个全新的视角、思路、原则和方法,也为公共数字信息服务协调各方利益、创新服务手段并最终提高服务水平提供了直接的理论基础。

作为一个主体边缘难以清晰界定、组织运行开放的非线性系统,公共数字信息服务的数字信息资源生产、组织和服务过程中不可避免地会出现各

---

① 钟家雨,柳思维.基于协同论的湖南省旅游小城镇发展对策[J].经济地理,2012,32(7): 159-164.

② 王卉珏.科技政策体系的协同性分析[J].科技与管理,2003(3):52-54.

③ 马文静.基于协同论的我国社区管理模式创新[J].商业时代,2012(13):16-17.

种冲突和损耗,对公共数字信息服务产生不良影响,新型城镇化进程带来的内外环境巨大变化又加剧了这种倾向。要解决这一问题,就要求不仅要改进公共数字信息服务各子系统的运行质量,而且要加强相关主体和服务要素的协同,最终达到系统性的序化平衡,即实现协同式的公共数字信息服务。

协同式公共数字信息服务是在政府引导下,各种社会组织和个人充分参与,各自发挥长处和优势,实现资源和服务的互补,并形成整体的公共数字信息服务。根据协同论的观点,协同式公共信息服务的基本要求有如下几方面。

(1)发挥协同效应

在生产和组织公共数字信息资源、向城镇居民提供公共数字信息服务的过程中,涉及政府部门、第三部门、信息服务企业、个人等多种主体,形成了多个提供服务的子系统。基于协同论的观点,一个系统能否发挥协同效应,取决于各个子系统的协同程度,协同程度越高,系统整体功能越强。因而,要有效开展公共数字信息服务,需要创造一个各方主体平台参与的平台,不仅让系统内部各主体发挥积极作用,还需不断吸引系统外的力量加入协同工作并强化系统。同时,需要建立各个子系统分工合作、共商共议形成合力的工作机制,将各种冲突、摩擦控制在可接受的范围内,避免由于子系统的不协同导致整个系统陷于一种混乱无序的状态。

(2)重视序参量的作用

公共数字信息服务是一个由大量子系统构成,由众多影响因素决定的复杂系统,在新型城镇化进程这一语境下,这一系统的结构愈发复杂和多变。仅就服务主体而言,过往仅由政府及其职能部门构成的主体结构已演变为政府部门主导、各种社会力量综合参与的多元化主体结构。这种多元化带来了活力,也增加了系统的复杂性、碎片化,导致公共数字信息服务整体系统的运行是一个需要通过大量服务要素的协同来发挥整体功能的过程。

在这一过程中,研究梳理公共数字信息服务各种影响因素,找出其中本质性的、决定性的、必然性的因素,抓住决定系统由一种相变状态转化为另一种相变状态的关键因素,即准确识别出系统的序参量是把握问题核心的关键。公共数字信息服务的设计和管理活动需要充分重视序参量的作用,有效控制序参量,强化各子系统、各要素的协同,使得公共数字信息服务系统健康、有序、稳定地运行。

(3)实现系统的自组织

公共数字信息服务各子系统是变化的系统,子系统之间的联系以及系统整体也在不断变化中。这种不断变化的公共数字信息服务系统及其子系统,共同决定了公共数字信息服务也应当是动态发展的并从无序向有序演化[1]。协同论要求这种从无序的不稳定状态向有序的稳定状态演化的动态过程最终能实现系统整体的自组织。要推进系统从无序状态到达有序状态并实现自我完善,自组织是根本途径,协同是基本形式和手段。实现这种自组织要求公共数字信息服务系统具有维持生存和发展活力的开放性,同时内部结构具有非线性相干性,可有效协调合作,减少内耗[2]。

2.4　新型城镇化理论

2.4.1　基本原理

城镇化是一个中国化的社会学命题。不少国家将乡村以外的人口聚居地统一称为城市,由于我国的特殊国情,城镇的概念比城市更为宽泛。如果从黄帝"为五城十二楼"起计,我国的城镇化已有 5000 年的历史,其后逐步繁荣起郡县城市、草市、镇戍等各种城镇形态。新中国成立以来的 70 年间,我国城镇化经过长期的艰辛探索,取得了巨大成就,已进入了快速发展阶段。以 1949 年为起点,我国城镇化经历了 7 个阶段的发展:1949—1957 年为起步期,城镇人口从 5765 万人分别增长到 9949 万人,城镇化率从

---

①　周毅,孙帅.协同式公共信息服务——理论框架与运行规程[J].情报科学,2015,32(11):3—8.

②　潘开灵,白烈湘.管理协同论及其应用[M].北京:经济管理出版社,2006:60—62.

10.64%提高到15.39%;1958—1965年为曲折发展期,城镇数量、城镇人口和城镇化率有少量提升但几经波折;1966—1978年为停滞期,城镇化进程被暂时中止;1979—1984年为城镇化的恢复期,城市数量、城镇人口从203个、19495万人分别增长到300个、24017万人,城镇化率由18.96%提高到23.01%;1985—1991年为城镇化稳步前进期,建制镇从9140个增长到12455个,城镇人口由25094万人增长到31203万人,城镇化率由23.71%提高到26.94%;1992年至今,城镇化进入快速发展期,2000年正式提出走中国特色的城镇化道路,至2011年城镇化率超过50%,城镇人口首次多于农村人口①。城镇化不仅对中国的现代化起到了极大的促进作用,也影响了世界的经济、文化和社会发展,正如诺贝尔经济学奖得主斯蒂格利茨(Stiglitz)指出的,美国的高科技和中国的城镇化是21世纪的两大事件。

清朝时期,规定县治所在地为城,县以下人口超过5万人的乡为镇。在我国现行规定中,城镇的范围涵盖了城区和镇区两类区域,其中城区是指在市、区级政府驻地的公共设施、居住设施和其他设施连接到的居民委员会和其他区域,镇区则指在城区以外的县、镇级政府驻地的公共设施、居住设施和其他设施连接到的居民委员会和其他区域,这两类区域以外被称为乡村②。在此基础上,根据常住人口数量对城区进行二次分类,如常住人口50万以下的城区构成小城市,50万至100万的为中等城市③。

有学者考证,西班牙学者塞尔达是最早提出"城镇化"概念的学者,他在1867年出版了《城镇化基本理论》。也有部分学者认为马克思1858年出版的《政治经济学批判》才是城镇化研究的源头——其中写道"现代的历史是乡村的城镇化"。随着时代的演变,在实践的推动下,西方国家已形成较为系统的城镇化理论。我国现代意义上的城镇化起步较晚。改革开放后,我国出现了大规模的城镇化运动,学界提出照搬西方城市化的模式将会导致我国农村破产、社会动荡,必须让农民就地转变为工人,即"小城镇、大问

---

① 牛文元.中国新型城市化报告2012[R].北京:科学出版社,2012:14—18.
② 统计上划分城乡的规定,国务院于2008年7月12日国函[2008]60号批复[EB/OL].[2019—02—05]. http://www.stats.gov.cn/tjsj/tjbz/200610/t20061018_8666.html.
③ 国务院关于调整城市规模划分标准的通知[EB/OL].[2019—02—02]. http://www.gov.cn/zhengce/content/2014—11/20/content_9225.htm.

题"。这一学术观点也被国家决策层所接受。1991 年,辜胜阻在《非农化与城镇化研究》一文中首次使用了"城镇化"一词;1998 年,我国提出发展小城镇是带动农村发展的战略举措;2000 年,在中央文件中正式使用"城镇化"概念,提出走适合我国国情的大中小城市和小城镇协调发展的城镇化道路;2002 年,党的十六大报告提出"走中国特色城镇化道路";2012 年,中央文件开始使用"新型城镇化"的提法,其后在十八大报告中正式明确了以人为核心的新型城镇化的内涵、指导思想和路径;2014 年,《国家新型城镇化规划(2014—2020)》的发布,标志着我国新型城镇化的政策体系骨架已构建完成。

这里,我们可认为,"城镇化"是在从农业社会向现代社会转型过程中,乡村人口向城镇聚集的一种现象,而"新型城镇化"则是我国大中小城市和小城镇协调发展、城乡互动一体化发展,以人为本、"四化同步"的城镇化道路。

新型城镇化理论脱胎于传统城镇化理论,定位于我国社会主义初级阶段的特殊国情,借鉴城乡一体化理论、新兴古典城镇化理论、核心—边缘理论等相关理论的观点,形成了自成一体的理论内容体系。新型城镇化与传统城镇化有类似之处,更有其新颖之处,因而成其"新型"[①](图 2-1)。

2.4.2　应用领域与价值

新型城镇化、工业化、信息化、农业现代化"四化"同步是我国为了把"失去的两百年"找回来所必然要经历的一个"并联式"的过程[②]。"四化"叠加发展中,"四化"理论与方法也形成了交织,新型城镇化理论在工业化、信息化和农业现代化各种领域的理论探索和实践运用中均有着重大的价值。

(1)在工业化进程中的应用价值

在工业化进程中,新型城镇化理论起到了产业规划顶层设计的作用。

---

① 杨佩卿.新型城镇化的内涵与发展路径[N].光明日报,2015-08-19(015).
② 习近平.在十八届中央政治局第九次集体学习时的讲话[EB/OL].[2018-12-09].http://www.gov.cnldhd2013-10/01/content_2499370.htm.

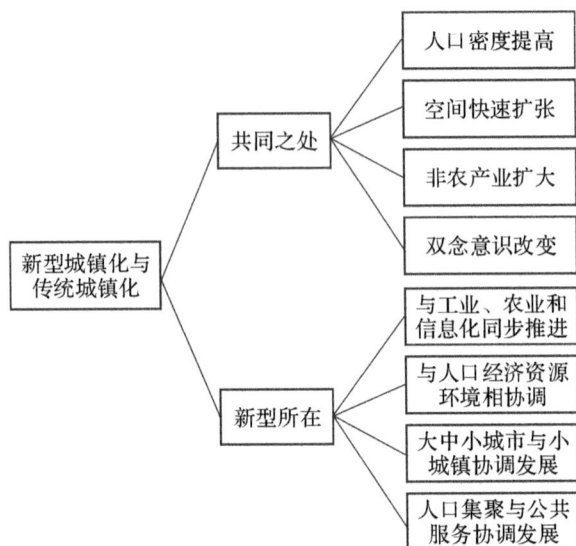

图 2-1　新型城镇化与传统城镇化的异同

新型城镇化是产城融合的城镇化,新型城镇化发展要求因地制宜进行产业布局,建设资源节约型、环境友好型城市,产业发展在城镇化建设中发挥了关键作用。新型城镇化条件下的工业化进程淘汰了各种高消耗、高污染的产业,强调发展新型工业,以高新产业的发展来促进城镇化的发展,实现产城融合[①]。

(2)在农业现代化进程中的应用价值

在农业现代化的进程中,城镇化是农村人口向城镇聚集的自然历史过程,新型城镇化更是注重城乡融合、推进人的城镇化的历史进程。在农村、农业、农民"三农"问题的解决过程中,新型城镇化理论为农业生产、农民增收、农村公共产品供给和公共服务保障等提供了全新的理论视角,支持着相关研究和实践的发展[②]。

---

① 王勇.中国新型城镇化推进过程中的主导产业选择及发展模式分析[D].北京:北京邮电大学,2014.

② 张婷婷.新型城镇化背景下地方政府农村公共产品供给制度创新研究[D].西安:西安建筑科技大学,2016.

（3）在信息化进程中的应用价值

在信息化进程中，新型城镇化理论与信息化理论两相结合，指导着城市信息化工作。在城市信息基础设施建设中，新型城镇化理论起到了顶层设计的作用。新型城镇化强调信息技术的充分应用，公共服务的全面、均衡和平等，以信息化推动人的城镇化，为信息化建设提供了实践平台和理论支持。正如《国家新型城镇化规划（2014－2020）》所要求的，新型城镇化是信息化充分发展的新型城镇化。

2.4.3　对本研究的适用性

本研究关注新型城镇化进程中的城市信息服务，与新型城镇化理论、信息化理论等理论均息息相关。其中，新型城镇化理论作为城镇发展的顶层设计，对本研究起着相当大的指导作用。

本研究的背景设定为新型城镇化进程中的城镇，对城镇的人口、经济、文化和社会特征的分析需要在新型城镇化理论的指导下进行。城镇人口、经济、文化和社会特征研究则对城镇居民公共数字信息需求及其信息行为特征的研究，以及城镇公共数字信息服务机制的研究起着基础性作用。作为公共服务的组成之一，城镇公共数字信息一体化服务的发展必须与新型城镇化的发展方向一致，并适应新型城镇化的发展水平。

正如《国家新型城镇化规划（2014－2020）》所要求的，新型城镇化是信息化充分发展的新型城镇化，是公共信息服务体系成熟的新型城镇化。新型城镇化理论对城镇公共数字信息一体化服务的指导作用主要体现在如下几方面的要求中。

（1）完善基本公共信息服务体系

新型城镇化要求根据城镇人口数量和空间分布变化趋势，本着以人为本的原则，统筹做好各类文化设施、体育场所等公共服务设施的规划布局与建设工作。以城镇居民的需求为导向，加强公共文化、公共体育以及各种便民利民公共服务设施的配套。创新公共信息服务的服务供给渠道结构，在服务供给中引入市场机制，扩大政府购买公共信息服务的规模，不断丰富公共信息服务的方式方法,形成多元化的服务供给主体结构,逐步提高城镇居民基本公共服务水平。

(2)推进智慧城市建设

新型城镇化进程中的公共数字信息服务是智慧城市建设相得益彰的信息服务。智慧城市建设要求统筹城市中的各种物质资源、信息资源和智力资源,借助物联网、云计算、大数据等现代信息技术,全面融合城市经济社会各方面的发展。智慧城市的建设形成了完善的网络管理中心、数据资源中心、大数据分析和处理中心等信息基础设施条件,有助于跨部门、跨领域、跨地区的信息共建和共享的实现,为智能化、便捷化、精准化的城镇公共数字信息一体化服务提供了强劲的基础设施条件支持。

(3)注重人文城市建设

新型城镇化是人全面发展、文化繁荣的城镇化,人文建设是新型城镇化建设的重要组成。新型城镇化建设要求充分挖掘城市特色文化资源,让城市成为有底蕴、有特色的人文魅力空间。在城镇化推进中,不仅对历史文化资源要深入挖掘,对城市文化生态要加强保存,还要在新城新区建设中融入更多的文化元素,发展城市地方特色文化。人文城市的建设就要求城市公共数字信息服务要形成较为完善的文化管理体制机制,建立健全新时代的公共数字文化服务体系,加强优秀传统文化与现代文化、本土文化与外来文化、数字文化与非数字文化的融合,建设多样化的现代城市文化。

(4)推进城乡规划、基础设施和公共服务一体化

新型城镇化要求统筹城乡经济、社会、文化各领域的发展,加大公共财政在城乡的全覆盖,统筹城乡基础设施建设和公共服务保障工作。信息基础设施的布局从城市向周边铺开,做好信息基础设施的互联互通、共建共享。公共服务力量往基层投入,往农村投入,实现公共服务的下沉式发展和全面覆盖,全面建成覆盖城乡居民的、可持续的基本公共服务体系,实现基本公共服务领域的城乡一体化。

(5)便捷公共服务

新型城镇化要求具有与城市发展水平相适应的公共服务,要求积极采用各种先进技术,不断探索多部门、多层面的协同合作,不断提高公共服务

治理水平,不断创新包括公共数字信息服务在内的公共服务。

2.5　信息流理论

2.5.1　基本原理

信息流理论是关于信息流动、干预、管理和控制的理论,源于申农所提出的通信理论。20 世纪 50 年代,在美苏冷战的大背景下,拉莫斯菲尔德、卡兹等美国学者开始研究如何识别信息传播的障碍,促进和加强信息流,让人们在面对各类事件时能获得更为全面和准确的信息,代表性的应用情景如应对可能的核攻击。

在其后的数十年间,来自传播学、哲学、经济学、数学等学科领域的学者们引入了信息经济学理论、信息生态链理论、传播学 5W 理论等的观点,从各个角度展开了对信息流的研究,并通讨一系列研究促使信息流理论不断成熟。

（1）熵增理论

熵增原理是由系统科学引入物理学中的热力学第二定律而形成的理论。根据热力学第二定律,在一个封闭的环境中,物质和能量只能从高能阶状态向低能阶状态转变、从有序走向无序,这一过程是不可逆的,最终导致熵趋向最大。其中,熵是用于度量这种过程的测量单位。根据熵增原理,当一个系统的要件之间既有的联系通道出现阻断或系统所处的环境输入大量不可控条件时,这个系统会往无序的方向演化,熵值不断增加。基于熵增原理,普里高津又提出了耗散理论。熵增理论可以用于系统中信息的产生、传递、变换、存储等活动规律。根据熵增原理,需要充分的信息量输入以减少系统的不确定性;信息量越大,熵越小,系统运行越有规律。

（2）信息通道理论

巴威斯（J. Barwise）和塞里格曼（Jerry Seligman）在 20 世纪 90 年代提

出了信息通道理论。信息通道理论认为,信息流一般作用在分布系统的不同组分之间,由这些组分之间的"日常"(regularity)激发或支持。其中,分类结构、局部逻辑和信息通道是后期信息通道理论的三个核心概念①。分类结构表示分布系统及其各组成部分,即信息在哪流动;局部逻辑表示一个分布系统中成立的"常规",即什么信息在流动的问题;信息通道是分布系统整体结构和各组分的内部结构之间的一组"信息态射"(infomorphism),即信息为何会流动②。根据信息通道理论,可以依靠"常规"来推知新信息,但由于条件不完备,"常规"所得到的推理不可能完全正确。

(3)5W 传播理论

拉斯韦尔(Lasswell)于 1942 年提出 5W 理论。5W 理论认为单向(线性)传播是 who say what through which channel to whom with what effect(谁借助什么渠道对谁说了什么并取得什么效果)③。后来,布雷多克添加了情景和动机两个 W,即"在什么情况或背景下"和"为了什么目的",将 5W 扩展为 7W。

(4)平衡认知理论

20 世纪 40 年代至 50 年代,海德(Fritz Heider)等提出了平衡理论。平衡理论对认知主体与两个态度对象之间的三角形关系进行解读。根据平衡理论,认知态度的两个实体之间的关系有两种情况,一种是平衡状态,另一种是不平衡状态。当两个认知主体互相欣赏对方而且发现与对方越来越多的共性时,就表现为一种平衡状态;当两个认知主体相互欣赏但发现双方存在较多差异时,则表现为不平衡状态。在平衡理论中,通常用符号"P"表示认知主体,用"O"表示态度的另一主体,"X"表示态度的某个对象,"＋"代表欣赏,"－"代表不欣赏,用 P—O—X 表示这种三角形关系④。平衡理论假定 P—O—X 三角形的平衡状态不受外界因素影响,会令人平静;不平衡状态则受外界影响,导致人精神紧张。

---

① 李娜,娄永强.信息流逻辑研究述评[J].贵州社会科学,2009(8):27—32.

② Barwise J, Seligman J. Information Flow: The Logic of Distributed Systems [M]. Cambridge: CUP, 1997:26.

③ 刘建明,王泰玄.宣传舆论学大辞典[M].北京:经济日报出版社,1993:3.

④ 俞国良.社会心理学[M].北京:北京师范大学出版社,2006:13—15.

(5)认知失调理论

认知失调理论系费斯汀格(Leon Festinger)在 1957 年率先提出。这一理论认为,当人们的信念遇到挑战时,他们的认知系统会进行相应的处置。此处的挑战表现为认知的失调,即两种或更多种不统一的认知并存。由于认知失调,人们会出现心理上的矛盾,并为化解这种矛盾而试图去改变或抛弃某种认知以适应与之矛盾的另一种认知。这种心理矛盾带来的压力强度则取决于认知失调对人们生活影响程度的大小。

(6)看门人理论

在海德的平衡理论和费斯汀格的认知失衡理论基础上,韦斯特利和麦克莱恩提出中介模式,在信息源与受众之间添加了大众传播者作为"看门人"。

学者们还给出了信息流的不同定义。从系统论角度出发,信息流是"虚拟的信号流",是社会系统中客观存在并在空间中相互作用的现象[①]。计算机科学中的信息流是信息在计算机系统和通信网络中的流动。从政府管理角度出发,信息流是政府通过各种渠道获取政府参考信息和决策信息,同时生产并向社会提供各种国家和地方政策、业务服务信息、社会治理信息等信息的一种信息连续流动活动及其内容[②],或者说是政府信息通过网络空间进行传递流动的运动过程[③]。从社会交流角度出发,信息流据信是人们以各种方式来进行的一种有价值的信息交互过程[④],分为信息流(Information Flow)和影响流(Effect Flow)两方面,信息传递过程构成信息流,产生的效果或影响成为影响流[⑤]。这里,可将信息流定义为从信息生产者/传播者(信源)经由信息传播通道(媒介)到达信息接受者(信宿)的信息内容以及反馈。

---

① 董志良,路紫,白翠玲.中国网络信息流的空间结构模式分析[J].地球信息科学学报,2005,7(3):5—11.

② 李曙光.论电子政务信息流[J].情报科学,2005,23(7):1019—1024.

③ 尹爱兰.电子政务信息流的传播机制及其控制[J].图书馆理论与实践,2009(1):58—60.

④ 胡媛.微博客中基于时序的非正式信息流机制研究——以 Sina 微博为例[J].图书情报知识,2011(4):111—117.

⑤ 王伟,靖继鹏,魏仲航.基于复杂特性分析的危机信息流及其动力机制研究[J].情报杂志,2007,26(10):105—106.

在上述研究基础上,1997 年,巴维斯出版了《信息流:分布系统的逻辑》一书,正式提出信息流理论。接下来的十多年间,信息流理论不断发展,并在众多领域得到应用。

网络时代,信息流具有如下特点:跨空间流动加速、知识价值共享与整合增值、信息积累与积聚、信息组合与联合、信息对象细分[①]。

信息流的基本功能包括了联结功能、传播功能、调节功能以及决策功能[②]。

从信息的本质出发,可将信息流分为对应自然界存在的源信息流和对应信息加工系统产出的知识信息流[③]。从政策议程角度,存在问题流、政策流和政治流三种信息流[④]。按照信息流通方式不同,又将信息流分为单向信息流、多向信息流、主动型信息流和被动型信息流。根据信息流向,信息流又分为纵向信息流和横向信息流;按照信息在交流过程所依仗的传播媒介的不同,可将信息流区分为直接型信息流和间接型信息流[⑤];按时空分布,信息流分为纵向的时间信息流和横向的空间信息流[⑥];从信息传播去向出发,可以认为一个系统中存在着内向信息流和外向信息流两种信息流[⑦]。

信息流存在 5 个基本要素,即信息生产者/传播者(信源)、信息传播通道(媒介)、信息接收者(信宿)、信息内容以及信息反馈[⑧][⑨]。

网络环境中,信息流主要包括信息的产生与搜集、加工和处理、传播、接

---

① 周勇闯.网络时代新闻信息流的若干特点与新对策[J].中国传媒科技,2002(6):8—9.

② 李隽.信息流的功能及加强信息流管理的建议[J].通信企业管理,2011(1):84—85.

③ 陈国能.信息科学的若干理论问题思考——定义、类型及信息流[J].中山大学学报(自然科学版),2004,43(6):131—134.

④ Kingdon J W. Agendas alternatives, and public policlicies[M]. Boston:Little, Brown and Company,1984:53.

⑤ 张天俊.信息流的类型及流通模型[J].南通大学学报(社会科学版),2000(3):94—97.

⑥ 周勇闯.网络时代新闻信息流的若干特点与新对策[J].中国传媒科技,2002(6):8—9.

⑦ 尹世兰.电子政务信息流的传播机制及其控制[J].图书馆理论与实践,2009(1):58—60.

⑧ 张凤梅.网络论坛突发公共事件的信息流模式研究——以天涯论坛为例[J].情报探索,2011(12):4—7.

⑨ 张天俊.信息流的类型及流通模型[J].南通大学学报(社会科学版),2000(3):94—97.

收和利用,以及反馈等活动过程①②。

信息流的结构框架可以分为金字塔结构和蛛网结构两种层级结构;也可分为逐级提交结构、广播传播结构和逆向回馈结构三种流向结构。电子政务服务的信息流还可划分为权力集中型、适度授权型、联邦分散型以及各自独立型等多种结构③。

政策、法律、技术等手段均为信息流的有效控制手段④。其中,政策手段包括数字信息治理标准规范、资金导向等⑤;法律手段主要是加快信息立法;技术手段从技术控制方面,对信息流的流向、流动速度、信息内容进行管理⑥。

值得一提的是,本书的信息流(Information Flow)与数字营销领域的信息流(Feed)是不同的。2006 年,FaceBook 中出现了信息流(News Feed)功能,用算法来实现信息内容呈现的自动调整。2016 年,又出现了智能信息流(Smart Feed)的概念,强调数字媒体与营销结合的未来。此外,曾经的RSS 资讯订阅(RSS Feeds),以及近年流行的信息流广告,也属于"Feed"范畴。

2.5.2　应用领域与价值

信息流理论已广泛应用于计算机科学领域、网络信息领域、宏观经济管理领域、政府行政管理领域、文化传播领域、社会学研究领域等众多领域,并起到了明显的积极作用。

(1)政务管理中的应用价值

政务信息流是政府运作的基础,信息流动存在于各级政府之间、政府部

---

① 胡媛.微博客中基于时序的非正式信息流机制研究——以 Sina 微博为例[J].图书情报知识,2011(4):111-117.

② 尹爱兰.电子政务信息流的传播机制及其控制[J].图书馆理论与实践,2009(1):58-60.

③ 朱晓峰.政府信息流研究及模型构建[J].中国图书馆学报,2005,31(3):42-46.

④ 郭素红.网络信息流控制理论与方法研究[J].上海高校图书情报工作研究,2003,22(4):16-17.

⑤ 刘永,杨伟政.信息空间拓展与信息流控制[J].档案管理,2000(3):4-5.

⑥ 王冠男.微博客的信息流动机制与传播形态[J].机电产品开发与创新,2010,23(6):74-76.

门与各企事业单位之间以及政府部门与社会大众之间。整个政务信息流动过程中,政府部门是活动的中心节点。我国传统的政务信息流动渠道单一、方式简单、范围有限,导致信息失真、信息超载、信息空转等问题常见[①]。因而,基于现代信息管理理论,借助最新网络和计算机技术来不断改进政务信息服务的信息流、提高政府信息管理的质量已成为各级各地政府的重要关注主题。其中,办公自动化(OA)系统的推广是改进信息流的重要措施,通过实现数字化和网络化在线协同工作,促进各级政府、各个部门内部和相互之间的即时信息互通和知识共享;在对社会服务时,借助现代网络技术实现政府部门与社会大众的双向沟通和流畅互动,并借助现代计算机技术实现政务信息系统与其他信息系统的互联互通,促进信息流在更为广泛的空间的流畅运行[②]。

(2)危机管理中的应用价值

危机管理过程中,信息流发挥着至关重要的作用。为了有效管控组织运行中的各类危机,需要对组织运行涉及的各自内外部信息流进行有效监管,并根据不同类型的信息流进行有针对性的预防[③]。在危机管理过程中,信息流形成了一个生态圈,各种各样的信息流在这个生态圈中并存。这一生态圈覆盖了来自组织内部和组织自身的信息流,也包括组织生存环境的信息流,以及这些类型信息交互的信息流,从而形成了一个具有复杂内部结构的信息流生态圈[④]。有学者认为,纵向信息流传递过程中的人为封锁、横向信息流传递过程中人为的信息隔离,以及环境信息交互的通道不畅,都会导致信息流系统中出现信息封锁,成为危机决策中信息偏差的三个重要因素[⑤]。

---

① 秦铭,杨春德,高林海.电子政务下的政府信息流再造[J].价值工程,2005,24(5):44—46.

② 肖荣莲,商晓帆.基于信息流的电子政务信息资源整合研究[J].情报资料工作,2009(3):15—19.

③ 吕斌,李国秋,杨国庆.组织危机管理过程中的危机信息流及其扩散研究——危机管理的信息流控制法研究[J].情报理论与实践,2009,32(1):30—34.

④ 蔡月亮.危机事件中的信息流探析[J].传媒观察,2010(3):33—34.

⑤ 钟开斌.危机决策:一个基于信息流的分析框架[J].江苏社会科学,2008(4):126—131.

（3）其他领域的应用价值

在政策管理中，基于信息流概念的整合决策框架是政策制定的关键因素[①]；在供应链研究中，信息流理论用于产品开发过程管理[②]、供应链策略[③]、供应链整合[④]以及基于数字技术的优化等方面[⑤]；在产业经济领域，信息流用于研究逆向物流信息并加强信息的整合[⑥]；在认知研究领域，信息流分析用于实现信息可视化功能，进行组件的整序，定位信息瓶颈，帮助相关决策活动[⑦]。

2.5.3　对本研究的适用性

信息流理论对本研究有天然的适用性，公共数字信息资源包括公共政务数字信息资源、公共文化数字信息资源、公共科教数字信息资源等。学者们前期已对其中部分主题进行了探讨，这些探讨可为本研究提供有益借鉴。在前人的工作基础上，可借由信息流理论对本研究主题开展多方面的工作。

以政府职能部门在政务信息平台上的信息管理、信息交换和信息共享过程中的政务信息流为例。政务信息平台将不同的信息系统的数据资源及

① Kua W H. Information flow and its significance in coherently integrated policymaking for promoting energy efficiency[J]. Environmental Science & Technology, 2007, 41(9):3047-3054.

② Macarena S D, Pedro G V, José M F. Mediating and non-linear relationships among supply chain integration dimensions[J]. International Journal of Physical Distribution & Logistics Management, 2018:IJPDLM-06-2017-0213.

③ Johannes S, Annelies D M, Marques A S, et al. Digital technologies for forest supply chain optimization: Existing solutions and future trends[J]. Environmental Management, 2018(1/2):1108-1133.

④ Nikolaos M. An analysis of supply chain issues relating to information flow during the automotive product development[J]. Journal of Manufacturing Technology Management, 2015, 26(8):1158-1176.

⑤ Vanpoucke E, Boyer K K, Vereecke, A. Supply chain information flow strategies: An empirical taxonomy[J]. International Journal of Operations and Production Management, 2009, 29(12):1213-1241.

⑥ Shi X, Li L X, Yang L, et al. Information flow in reverse logistics: An industrial information integration study[J]. Information Technology & Management, 2012, 13(4):217-232.

⑦ Humphrey, C M A. Cognitive information flow analysis. Cognition, Technology & Work, 2013, 15(2): 133-152.

服务应用整合成网信息网络,使之形成一个以政务信息平台为关键的星形信息流网络。网络环境下,政务信息流的表现形式包括 Intranet 信息流、Extranet 信息流和 Intemet 信息流三种[①]。这三种信息流在水平和垂直方向进行流动,运行在政务办公信息流、公共事务管理信息流、政府事务咨询信息流三种情景下,并展开为基础层、行业层和综合层三个层次[②]。上述研究与本研究有相当的契合度。

基于信息流理论的观点,信息的畅通流动对于公共数字信息服务具有基础性作用,决定了公共数字信息服务能否顺利展开。在公共数字信息服务的开展过程中,应加强服务环节设计,消除信息周转中存在的瓶颈。同时,信息流理论指出了增加熵值、加强融合的必要性和重要性。对于公共数字信息服务而言,不断壮大公共数字信息供给队伍、加强公共数字信息资源的融合,以一体化服务保障全体居民的信息需求,不仅是新型城镇化对公共信息服务的基本要求,也有了其理论支持和机制构建依据。

①　何振,唐荣林.基于信息流视角的电子政务信息资源共享[J].档案学通讯,2006(6):25—28.
②　陈氢.电子政务信息流模型探讨[J].情报杂志,2006,25(11):20—22.

第3章 新型城镇化进程中公共数字信息用户及服务需求分析

　　新型城镇化进程中的公共数字信息一体化服务本质上是面向用户、面向服务的,对城镇信息用户、用户信息需求、用户信息行为的研究是其他研究工作的基础。本书采取的研究方法是通过专家问卷和用户问卷,从多种角度对城镇信息用户及其服务需求进行研究,从而进一步明晰新型城镇化进程中公共数字信息一体化服务的服务目标、服务要素和服务方式。

3.1　新型城镇化基础数据

　　统计资料显示,1978 年以来,我国进入了快速城镇化时期,城市数量、城区面积及人口均明显增长(见表 3-1 和表 3-2)。城市数量从 1978 年的 193 个增长到 2019 年的 679 个,城市人口从 1978 年的 7682 万人增长到 2019 年的 43503.2 万人。

　　截至 2020 年年底,全国的城镇化率已达到 60％以上,将近 8 亿人生活在城镇中(见图 3-1)。北京、上海、天津等省份的城镇人口已超过总人口的 80％。

表 3-1 1978—2019 年全国城市数量及人口情况①

年份	城市数（个）			县及其他行政区划(个)	城区人口（万人）		
	总数	地级	县级		总数	非农业人口	城区暂住人口
1978	193	98	92	2153	7682.0		
1979	216	104	109	2153	8451.0		
1980	223	107	113	2151	8940.5		
1981	226	110	113	2144	14400.5	9243.6	
1982	245	109	133	2140	14281.6	9590.0	
1983	281	137	141	2091	15940.5	10047.2	
1984	300	148	149	2069	17969.1	10956.9	
1985	324	162	159	2046	20893.4	11751.3	
1986	353	166	184	2017	22906.2	12233.8	
1987	381	170	208	1986	25155.7	12893.1	
1988	434	183	248	1936	29545.2	13969.5	
1989	450	185	262	1919	31205.4	14377.7	
1990	467	185	279	1903	32530.2	14752.1	
1991	479	187	289	1894	29589.3	14921.0	
1992	517	191	323	1848	30748.2	15459.4	
1993	570	196	371	1795	33780.9	16550.1	
1994	622	206	413	1735	35833.9	17665.5	
1995	640	210	427	1716	37789.9	18490.0	
1996	666	218	445	1696	36234.5	18882.9	
1997	668	222	442	1693	36836.9	19469.9	
1998	668	227	437	1689	37411.8	19861.8	
1999	667	236	427	1682	37590.0	20161.6	

---

① 中华人民共和国住房和城乡建设部.中国城市建设统计年鉴 2019 版[EB/OL].[2021-07-20]. http://www.mohurd.gov.cn/xytj/tjzljsxytjgb/jstjnj/.

续　表

年份	城市数（个）			县及其他行政区划（个）	城区人口（万人）		
	总数	地级	县级		总数	非农业人口	城区暂住人口
2000	663	259	400	1674	38823.7	20952.5	
2001	662	265	393	1660	35747.3	21545.5	
2002	660	275	381	1649	35219.6	22021.2	
2003	660	282	374	1642	33805.0	22986.8	
2004	661	283	374	1636	34147.4	23635.9	
2005	661	283	374	1636	35923.7	23652.0	
2006	656	283	369	1635	33288.7		3984.1
2007	655	283	368	1635	33577.0		3474.3
2008	655	283	368	1635	33471.1		3517.2
2009	654	283	367	1636	34068.9		3605.4
2010	657	283	370	1633	35373.5		4095.3
2011	657	284	369	1627	35425.6		5476.8
2012	657	285	368	1624	36989.7		5237.1
2013	658	286	368	1613	37697.1		5621.1
2014	653	288	361	1596	38576.5		5951.5
2015	656	291	361	1568	39437.8		6561.5
2016	657	293	360	1537	40299.2		7414.0
2017	661	294	363	1526	40975.7		8164.1
2018	673	302	371	1518	42730.0		8421.7
2019	679	301	381	1516	43503.7		8911.9

表 3-2　2019 年年底各地区人口的城乡构成①

地区	总人口（万人）	城镇人口		乡村人口	
		人口数（万人）	比重（%）	人口数（万人）	比重（%）
全国	140005	84843	60.60	55162	39.40
北京	2154	1865	86.60	289	13.40
天津	1562	1304	83.48	258	16.52
河北	7592	4374	57.62	3218	42.38
山西	3729	2221	59.55	1508	40.45
内蒙古	2540	1609	63.37	931	36.63
辽宁	4352	2964	68.11	1388	31.89
吉林	2691	1568	58.27	1123	41.73
黑龙江	3751	2284	60.90	1467	39.10
上海	2428	2144	88.30	284	11.70
江苏	8070	5698	70.61	2372	29.39
浙江	5850	4095	70.00	1755	30.00
安徽	6366	3553	55.81	2813	44.19
福建	3973	2642	66.50	1331	33.50
江西	4666	2679	57.42	1987	42.58
山东	10070	6194	61.51	3876	38.49
河南	9640	5129	53.21	4511	46.79
湖北	5927	3615	61.00	2312	39.00
湖南	6918	3959	57.22	2959	42.78
广东	11521	8226	71.40	3295	28.60
广西	4960	2534	51.09	2426	48.91
海南	945	560	59.23	385	40.77

---

① 国家统计局人口和就业统计司编.中国人口和就业统计年鉴 2020 版[M].北京:中国统计出版社,2021:68—69.

续　表

地区	总人口（万人）	城镇人口		乡村人口	
		人口数（万人）	比重（%）	人口数（万人）	比重（%）
重庆	3124	2087	66.80	1037	33.20
四川	8375	4505	53.79	3870	46.21
贵州	3623	1776	49.02	1847	50.98
云南	4858	2376	48.91	2482	51.09
西藏	351	111	31.54	240	68.46
陕西	3876	2304	59.43	1572	40.57
甘肃	2647	1284	48.49	1363	51.51
青海	608	337	55.52	271	44.48
宁夏	695	416	59.86	279	40.14
新疆	2523	1309	51.87	1214	48.13

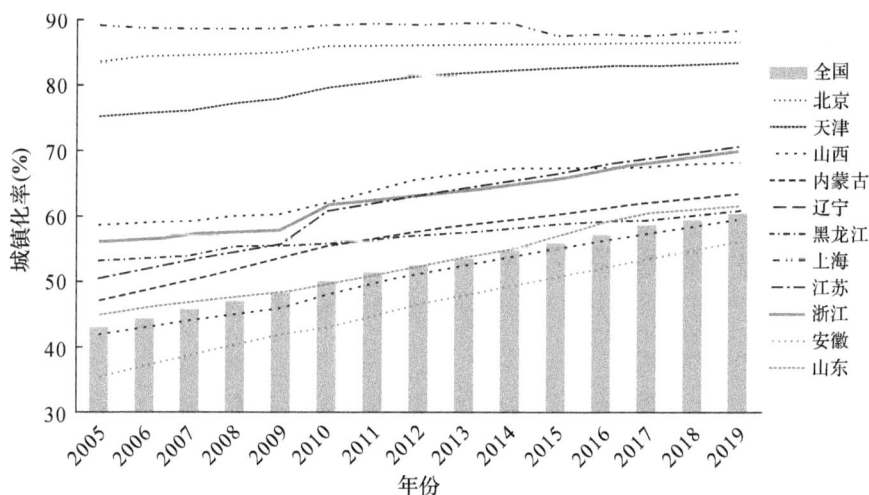

图 3-1　2005－2019 年部分省、自治区、直辖市城镇化率①

----

① 国家统计局人口和就业统计司.中国人口和就业统计年鉴 2020 版[M].北京:中国统计出版社,2011:11－13.

但是,要达到让人们真正市民化,真正以"人的城镇化"达成新型城镇化战略之"新型"的总体目标,城镇化尚有很长的一段路要走。有较大比例的城镇居民不能真正适应城镇生活,更有大量的人口在城镇和乡村之间流动。统计数据显示,近年来流动人口的数量维持在2.5亿人左右(见表3-3)。

表3-3　2000－2019年流动人口数[①]

年份	人户分离人口(亿人)	流动人口(亿人)
2000	1.44	1.21
2005	—	1.47
2010	2.61	2.21
2011	2.71	2.30
2012	2.79	2.36
2013	2.89	2.45
2014	2.98	2.53
2015	2.94	2.47
2016	2.92	2.45
2017	2.91	2.44
2018	2.86	2.41
2019	2.80	2.36

注:2000年、2010年的数据为该年人口普查数据,其他年份的数据为该年抽样调查数据。

从文化程度上看,仍有较大比例的城镇居民没有接受过大学及以上的教育。从所在产业看,从事农业相关职业的城镇居民仅为约5%,将近七成的城镇居民从事第三产业(见表3-4)。

---

① 国家统计局人口和就业统计司编.中国人口和就业统计年鉴2020版[M].北京:中国统计出版社,2021:24－25.

表 3-4　2014—2019 年城镇居民家庭基本情况①

指标	单位	2014 年	2015 年	2016 年	2017 年	2018 年	2019 年
一、基本情况							
(一)户均常住人口	人/户	3.0	3.0	3.0	3.0	3.1	3.0
(二)户均常住从业人口	人/户	1.8	1.8	1.7	1.7	1.7	1.6
(三)平均每户家庭从业人口比重	%	58.4	57.6	56.9	56.5	54.0	53.1
(四)平均每一从业人口负担人数(包括从业者本人)	人	1.7	1.7	1.8	1.8	1.9	1.9
二、户主文化程度							
(一)未上过学	%	2.8	2.4	2.0	2.0	23.0	2.1
(二)小学	%	20.0	19.1	18.2	18.0	20.5	20.2
(三)初中	%	42.0	42.5	43.3	43.3	40.9	41.3
(四)高中	%	20.0	20.3	20.3	20.4	18.3	18.5
(五)大学专科	%	8.9	9.2	9.5	9.6	10.0	9.9
(六)大学本科及以上	%	6.3	6.6	6.8	6.8	8.1	7.9
三、常住从业人员就业类型							
(一)雇主	%	1.6	1.3	1.1	0.9	1.0	0.8
(二)公职人员	%	3.0	2.9	2.8	2.8	2.5	2.5
(三)事业单位人员	%	5.9	6.0	6.2	6.2	6.0	6.0
(四)国有企业雇员	%	5.0	4.9	4.9	4.8	4.1	4.0
(五)其他雇员	%	40.1	42.5	43.4	45.1	46.9	49.2
(六)农业自营	%	33.7	32.9	31.5	30.0	29.4	27.4
(七)非农自营	%	10.7	9.5	10.1	10.1	9.9	10.2

---

① 国家统计局住户调查办公室.中国住户调查年鉴[M].北京:中国统计出版社,2020:3—5.

续 表

指标	单位	2014 年	2015 年	2016 年	2017 年	2018 年	2019 年
四、常住从业人员从事主要行业							
（一）第一产业	%	34.8	33.9	32.7	31.3	30.8	29.1
（二）第二产业	%	23.0	23.2	22.9	23.2	22.5	22.8
（三）第三产业	%	42.2	42.9	44.4	45.5	46.7	48.2
五、居民收入与支出情况							
（一）居民人均可支配收入	元/人	20167.1	21966.2	23821.0	25973.8	28228.0	30732.8
（二）居民人均可支配收入中位数	元/人	17569.8	19281.1	20882.9	22408.0	24336.4	26523.2
（三）居民人均现金可支配收入	元/人	18747.4	20424.3	22204.5	24201.9	26291.4	28612.1
（四）现金可支配收入占可支配收入比重	%	93.0	93.0	93.2	93.2	93.1	93.1
（五）居民人均消费支出	元/人	14491.4	15712.4	17110.7	18322.1	19853.1	21558.9
（六）居民人均现金消费支出	元/人	11975.7	12988.7	14142.0	15122.3	16174.8	17526.0
（七）现金消费支出占消费支出比重	%	82.6	82.7	82.6	82.5	81.5	81.3

从城镇居民的收支结构看（表 3-5 和 3-6），虽然人均收入已有明显增长，但城镇居民的信息消费支出并没有太多增长，公共信息服务有着较大的发展空间。

表 3-5　2014—2019 年城镇居民人均收支情况[①]　（单位：元）

指标	2014 年	2015 年	2016 年	2017 年	2018 年	2019 年
一、城镇居民人均收入						
（一）可支配收入	20167.1	21966.2	23821.0	25973.8	28228.0	30732.8
1.工资性收入	11420.6	12459.0	13455.2	14620.3	15829.0	17186.2

---

① 国家统计局住户调查办公室.中国住户调查年鉴[M].北京：中国统计出版社,2020:12—15.

指标(单位:元)	2014 年	2015 年	2016 年	2017 年	2018 年	2019 年
2.经营净收入	3732.0	3955.6	4217.7	4501.8	4852.4	5247.3
3.财产净收入	1587.8	1739.6	1889.0	2107.4	2378.5	2619.1
4.转移净收入	3426.8	3811.9	4259.1	4744.3	5168.1	5680.3
(二)现金可支配收入	18747.4	20424.3	22204.5	24201.9	26291.4	28612.1
1.工资性收入	11352.7	12386.2	13379.0	14537.8	15746.4	17096.9
2.经营净收入	3571.5	3782.7	4111.4	4424.1	4880.3	5269.7
3.财产净收入	621.8	689.5	739.8	811.5	877.8	1001.5
4.转移净收入	3201.3	3565.9	3974.3	4428.6	4786.9	5244.0
二、城镇居民人均支出						
(一)消费支出	14491.4	15712.4	17110.7	18322.1	19853.1	21558.9
1.食品烟酒	4493.9	4814.0	5151.0	5373.6	5631.1	6084.2
2.衣着	1099.3	1164.1	1202.7	1237.6	1288.9	1338.1
3.居住	3200.5	3419.2	3746.4	4106.9	4646.6	5054.8
4.生活用品及服务	889.7	951.4	1043.7	1120.7	1222.7	1280.9
5.交通通信	1869.3	2086.9	2337.8	2498.9	2675.4	2861.6
6.教育文化娱乐	1535.9	1723.1	1915.3	2086.2	2225.7	2513.1
7.医疗保健	1044.8	1164.5	1307.5	1451.2	1685.2	1902.3
8.其他用品及服务	358.0	389.2	406.3	447.0	477.5	524.0
(二)现金消费支出	11975.7	12988.7	14142.0	15122.3	16174.8	17526.0
1.食品烟酒	4185.6	4505.0	4846.7	5073.0	5366.2	5798.1
2.衣着	1098.6	1163.5	1202.2	1237.0	1288.3	1337.6
3.居住	1215.7	1251.9	1359.8	1519.0	1615.1	1755.7
4.生活用品及服务	882.6	943.8	1036.1	1110.8	1211.0	1266.9
5.交通通信	1866.2	2083.7	2332.9	2495.3	2669.1	2857.4
6.教育文化娱乐	1534.9	1722.0	1914.3	2085.3	2224.1	2511.7
7.医疗保健	367.6	404.1	447.9	488.7	523.8	511.6
8.其他用品及服务	209.5	224.9	218.7	240.4	242.3	263.3

表 3-6   2014—2019 年城镇居民消费支出构成①

指标(单位:%)	2014 年	2015 年	2016 年	2017 年	2018 年	2019 年
消费支出构成	100.0	100.0	100.0	100.0	100.0	100.0
(一)食品烟酒	35.0	34.7	34.3	33.5	33.2	33.1
1.食品	24.7	24.2	24.0	23.1	21.9	21.3
2.烟酒	3.7	3.7	3.5	3.5	3.5	3.4
3.饮料	0.8	0.8	0.8	0.8	0.7	0.7
4.饮食服务	5.7	5.9	5.9	6.1	7.1	7.6
(二)衣着	9.2	9.0	8.5	8.2	8.0	7.6
1.衣类	7.1	6.9	6.6	6.4	6.4	6.1
2.鞋类	2.1	2.1	1.9	1.8	1.5	1.5
(三)居住	10.2	9.6	9.6	10.0	10.0	10.0
1.租赁房房租	1.3	1.1	1.1	1.1	1.4	1.3
2.住房维修及管理	3.2	3.2	3.3	3.8	3.6	3.9
3.水、电、燃料及其他	5.6	5.3	5.2	5.2	5.0	4.7
4.自有住房折算租金	7.4	7.3	7.3	7.3	7.5	7.2
(四)生活用品及服务	1.2	1.2	1.2	1.3	13	1.3
1.家具及室内装饰品	1.9	1.8	1.9	1.9	2.0	1.9
2.家用器具	0.7	0.7	0.6	0.6	0.6	0.6
3.家用纺织品	2.2	2.1	2.0	1.9	1.7	1.6
4.家庭日用杂品	1.0	1.1	1.2	1.3	1.4	1.5
5.个人护理用品	0.4	0.3	0.4	0.4	0.4	0.4
6.家庭服务	15.6	16.0	16.5	16.5	16.5	16.3
(五)交通通信	10.4	10.8	11.4	11.7	12.2	12.4
1.交通	5.2	5.2	5.1	4.8	4.4	3.9
2.通信	12.8	13.3	13.5	13.8	13.8	14.3

---

① 国家统计局住户调查办公室.中国住户调查年鉴[M].北京:中国统计出版社,2020:16—17.

续　表

指标(单位:%)	2014 年	2015 年	2016 年	2017 年	2018 年	2019 年
(六)教育文化娱乐	7.2	7.4	7.9	8.2	8.6	9.5
1.教育	5.6	5.8	5.7	5.6	5.1	4.8
2.文化和娱乐	7.0	7.2	7.4	7.7	8.2	8.5
(七)医疗保健	3.1	3.1	3.2	3.2	3.2	2.9
1.医疗器具及药品	3.9	4.1	4.2	4.4	5.0	5.5
2.医疗服务	3.0	3.0	2.8	2.9	2.9	2.9
(八)其他用品及服务	1.7	1.7	1.5	1.6	1.5	1.5
1.其他用品	1.2	1.2	1.3	1.3	1.4	1.4
2.其他服务	0.5	0.5	0.2	0.3	0.1	0.1

3.2　专家问卷调查

3.2.1　问卷设计过程

问卷设计步骤如下:

(1)基于相关理论和本研究的问题核心,开展新型城镇化背景下公共数字信息一体化服务的国内外文献阅读和分析,梳理本研究的主要问题分支、变量及变量的相互关系,借鉴并吸收相关研究成果中的问卷设计,形成初步的专家问卷。

(2)城镇公共数字信息一体化服务是一个与实践充分结合的课题,需要充分听取业界专家尤其是在公共数字信息服务一线的专家的意见。在形成初步的专家问卷基础上,对一些长期在公共图书馆负责相关管理和服务工作的专家进行访谈,根据访谈结果对问卷进行了适当调整,使其与本研究更为契合,最终形成测试问卷。

（3）测试问卷设计完成后,邀请部分公共数字信息服务从业人员、图书情报专业博士生进行试填,发现问卷设计中的不合理之处,修改后形成最终专家问卷。

（4）形成的专家问卷共设 19 个问题,涉及专家身份、研究兴趣、公共数字信息资源建设、一体化服务等方面,具体问卷见附录 A。问卷形式以单选、复选以及李克特 5 级量表为主。李克特 5 级量表题设计依次为给予"非常不重要→比较不重要→一般→较为重要→极为重要"5 种态度倾向 1～5 分的分值。

3.2.2　调查过程

本研究设计的专家问卷借助问卷星平台发放和统计分析。笔者于 2017 年年底借助微信、QQ、电子邮件等途径向北京、浙江、江苏、安徽等地的数十位来自政府相关部门、信息服务单位、企业和高校的公共信息服务专家发放了问卷网络链接,了解其对城镇公共数字信息一体化服务的认识。

调查过程持续约 2 个月,来自国家图书馆、省图书馆、高校的 35 位公共数字信息服务专家填写了问卷。由于问卷设置了未完整填写无法提交,因此收回的问卷均为答题完整的问卷。

3.2.3　调查结果分析

（1）专家情况

参与问卷调查的专家来自浙江、安徽、北京、江苏等省、直辖市,专家地理位置分布情况见图 3-2。

上述专家以来自公共图书馆、博物馆、文化馆等公共文化服务机构为主,同时也包括部分高校研究人员、政府部分工作人员以及信息服务企业从业人员,具体分布见表 3-7。其中,有两位受访者在问卷中选填的身份是"其他"并备注高校图书馆,在此归并为高校研究人员。

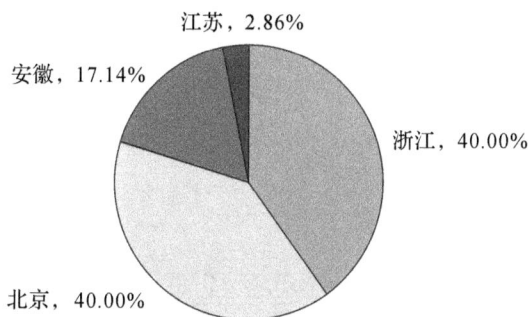

图 3-2　专家地理位置分布

表 3-7　专家身份统计

身份	人数(人)	占比(%)
公共图书馆/博物馆/文化馆等单位工作人员	13	37.14
高校研究人员	10	28.57
公共图书馆/博物馆/文化馆等单位负责人	7	20.0
政府部门工作人员	3	8.57
信息服务企业从业人员	2	5.71

　　问卷设定了公共信息服务的若干主题,其中,受访者最为关注的 3 个问题依次是:公共信息服务一体化、公共信息服务网络化数字化、公共信息服务均等化。详细结果见图 3-3。

　　(2)专家对公共数字信息服务的态度

　　从问卷结果看,一体化问题在不少公共信息服务领域的专家看来已成为关键问题,当然数字化、网络化和均等化等涉及公共信息服务基本任务、代表公共信息服务发展方向的问题也得到重视。

　　比较统一的是,多数专家都认可公共数字信息服务在城市公共信息服务中有着重要地位(见图 3-4),而对所在公共信息服务的评价,专家则以中等评价为主(见图 3-5)

　　对城市公共数字信息服务影响因素的诊断,资源太分散、获取困难以及服务提供者间缺乏合作机制成为关注焦点,详见表 3-8。

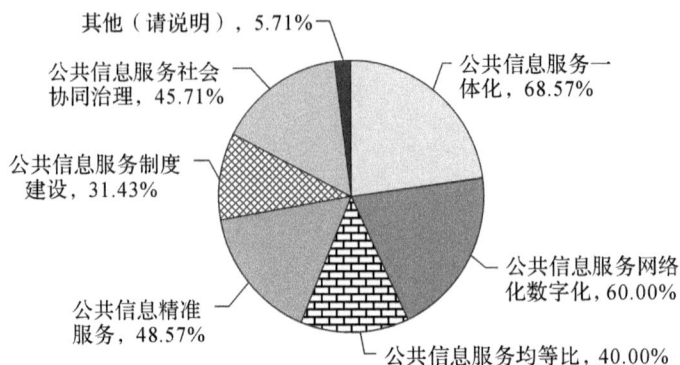

图 3-3　专家对不同公共信息服务主题的关注度

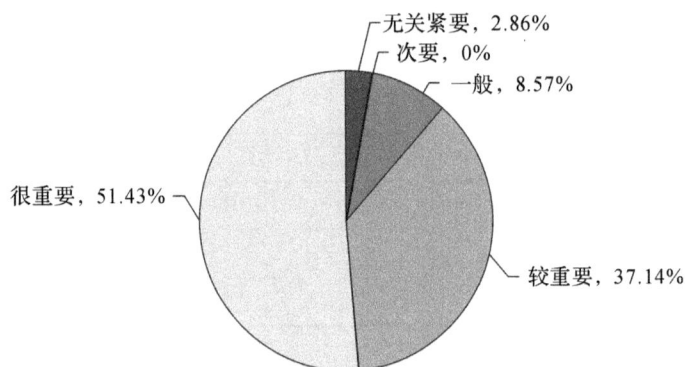

图 3-4　专家对公共数字信息服务在城市公共信息服务中的地位界定

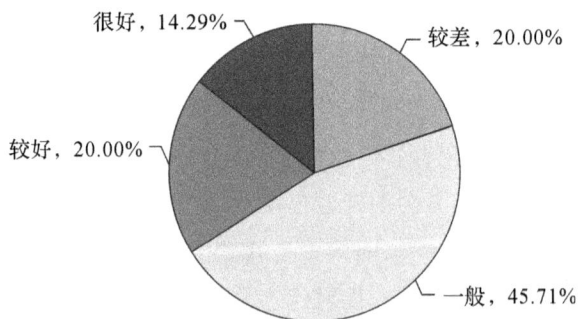

图 3-5　专家对所在城市公共信息服务的总体观感

表 3-8　专家眼中影响城市公共数字信息服务质量的主要因素（N=35）

选　项	问卷数（份）	占比（%）
资源太分散、获取困难	21	0.6000
服务提供者间缺乏合作机制	21	0.6000
网络速度、网站及程序设计不佳	18	0.5143
用户互动不够	17	0.4857
资源针对性、时效性差	16	0.4571
政府职责不清	16	0.4571
社会参与度低	15	0.4286
制度建设不到位	13	0.3714
服务不能覆盖所有城市居民	11	0.3143
用户信息能力与意识不足	11	0.3143
资源数量不足	9	0.2571
服务人员数量和能力不足	8	0.2286
服务成本过高	6	0.1714

（3）专家眼中的公共数字信息服务一体化机制

从问卷结果看，专家对一体化的评价一般，以 5 分制计（1→5 分表示"很差→极简"），该问题得分仅为 2.77，见图 3-6。

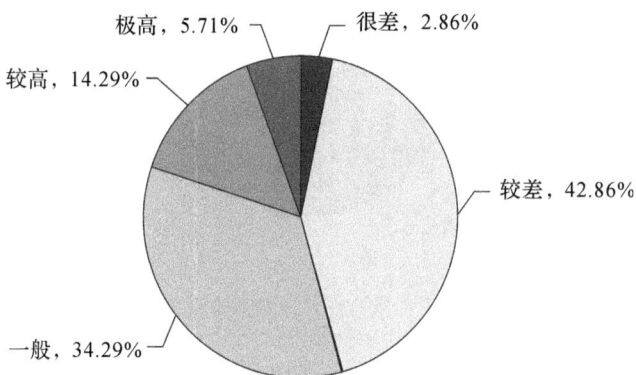

图 3-6　专家对所在城市公共信息一体化服务程度的评价

多数专家认为提升城市公共数字信息一体化服务水平应优先加快改进服务机制,并深化管理体制改革、提高全民信息素养,而认为引进更多技术手段相对次要,见图 3-7。

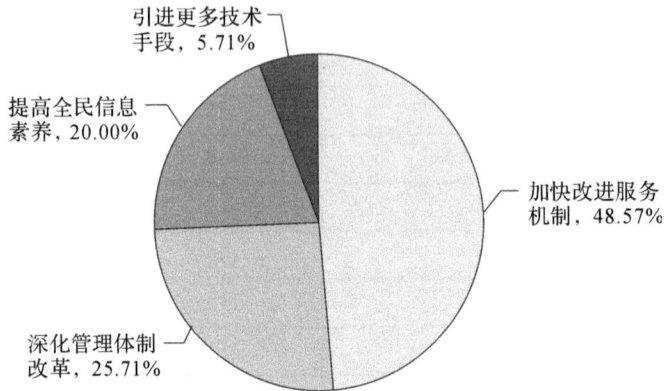

图 3-7　专家对提升城市公共数字信息一体化服务水平的优先选择

在专家看来,法制化建设、协同供给机制、反馈协调机制、宣传推广机制以及目标导向机制等制度机制建设诸方面都比较重要,见图 3-8。

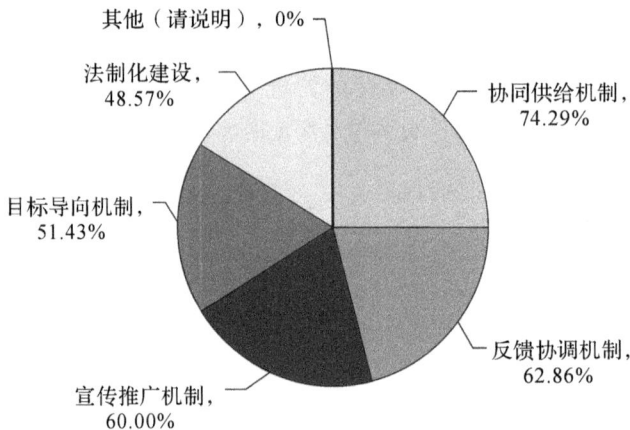

图 3-8　专家眼中公共数字信息一体化服务制度机制建设各内容的重要性

具体到各方面内容的重要性,专家给出了他们的排序,结果见表 3-9。信息平台整合被认为是最为关键的机制建设,资源共建共享、制度约束与目标导向、异构数据资源融合机制在专家心目中也是重要的机制设计内容,队伍建设、用户培育与反馈以及评价与监管机制稍显次要。此外,有专家补充:"政府要科学作为"。

表 3-9　城市公共数字信息一体化服务机制设计内容重要程度的专家排序

选项	平均综合得分
信息平台整合机制	5.20
资源共建共享机制	5.17
制度约束与目标导向机制	4.89
异构数据资源融合机制	4.34
服务队伍建设机制	2.94
用户培育与反馈机制	2.51
评价与监管机制	2.06

关于公共数字信息服务应提供哪些信息资源,专家总体上认可各类信息资源都应纳入一体化服务机制的范围之内。其中,得分 1 为满分,最低为 0 分,详见表 3-10。

表 3-10　专家认为公共数字信息服务应提供的信息资源

选项	问卷数(份)	比例
医疗保健类	28	0.8000
文体活动类	30	0.8571
政策法规类	28	0.8000
新闻热点类	23	0.6571
生活百科类	26	0.7429
科学普及类	27	0.7714
政务公开类	31	0.8857
城市生活类	25	0.7143
技能学习类	26	0.7429

问卷还就公共数字信息服务在移动与固定终端模式之间的选择收集了专家观点,绝大多数的专家认为移动终端模式应成为公共数字信息一体化服务的重点模式,见图 3-9。

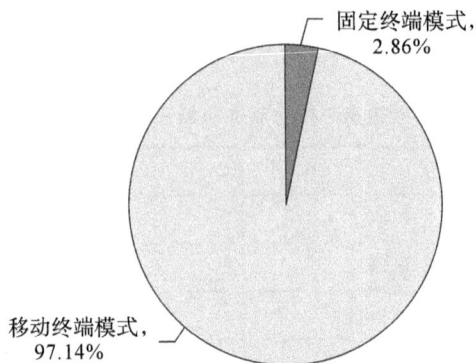

图 3-9 固定终端模式和移动终端模式专家的倾向

对于一体化服务的具体实现方式,专家认为各类 APP、微信应成为城市公共数字信息一体化服务的主要方式,见表 3-11。

表 3-11 专家眼中城市公共数字信息一体化服务的主要方式

方式	问卷数(份)	占比(%)
APP 等客户端	30	85.71
微信	30	85.71
网页	25	71.43
地铁公交等移动传媒	24	68.57
微博	18	51.43
电视广播	16	45.71
读报机等数字终端	13	37.14
贴吧等网络社区	7	21.00

当被问及"以网站建设和服务为例,您认为公共数字信息服务应采取哪种模式?"时,约一半的专家认为应建设一个中心网站和多个分中心,资源内容以自行建设和统一供给并行(见表 3-12)。

表 3-12　专家眼中城市公共数字信息一体化服务的主要方式

服务方式	问卷数(份)	占比(%)
建设一个中心网站和多个分中心,资源内容以自行建设和统一供给并行	17	48.57%
集中建设一个中心网站,将分散提供的信息资源进行整合	12	34.29
集中建设一个中心网站,集中建设信息资源	4	11.43
建设多个个性化的网站,资源内容以自行提供为主	1	2.86
建设多个个性化的网站,在统一建设的资源中选取	1	2.86

在数字信息资源整合服务中,近九成专家认为应优先从合并服务平台、提供统一入口来加强机制建设(见图 3-10)。

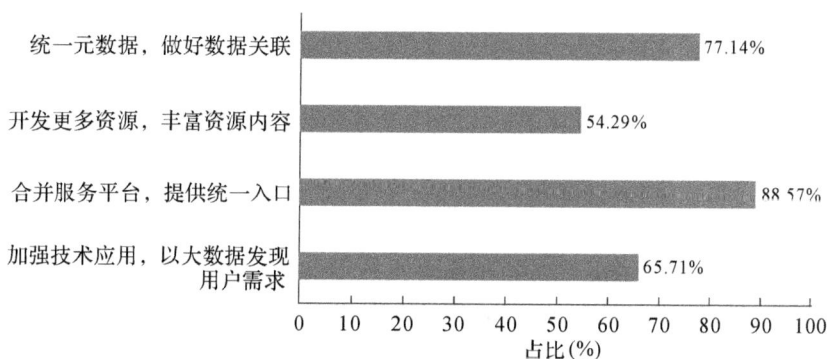

图 3-10　数字信息资源整合服务中机制建设的专家意见

表 3-13 统计了专家对公共信息服务各类提供者的重要程度的打分情况,1~5 分表示"很不重要→非常重要"。从问卷结果可见,政府部门仍然应该是城镇公共信息服务的主力,相关企事业单位、社会组织也有其重要的一席之地。

鼓励社会力量参与公共数字信息服务并实现有效管理是解决公共服务最后一公里问题的重要手段,公民、法人和其他组织的作用就此凸显。专家们认为,在我国当前历史发展阶段,类似英国"一臂之距"分权管理的方式可能是最为有效的方式,如图 3-11 所示。

表 3-13　专家的公共信息服务提供者重要程度排序

题目/选项	1	2	3	4	5	平均分
政府部门	4(11.43%)	1(2.86%)	2(5.71%)	5(14.29%)	23(65.71%)	4.20
公共图书馆等信息服务单位	3(8.57%)	1(2.86%)	5(14.29%)	6(17.14%)	20(57.14%)	4.11
信息服务相关企业	1(2.86%)	4(11.43%)	4(11.43%)	16(45.71%)	10(28.57%)	3.86
信息服务社会组织	2(5.71%)	4(11.43%)	6(17.14%)	16(45.71%)	7(20.00%)	3.63
社会个人	2(5.71%)	3(8.57%)	17(48.57%)	9(25.71%)	4(11.43%)	3.29

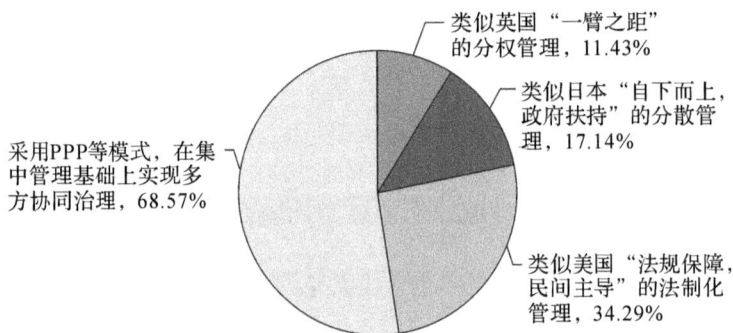

图 3-11　专家对鼓励社会力量参与公共数字信息服务方式的意见

　　城镇公共数字信息一体化服务过程中,各种弱势用户群体是重点对象和难点所在。如表 3-14,按弱势程度大小排序依次是外来务工人员、残障人士、老年人以及使用其他文字的少数民族、外国人。

表 3-14　专家的城镇公共数字信息一体化服务用户群体弱势程度排序

人群	强度
外来务工人员	2.69
残障人士	2.66
老年人	2.49
使用其他文字的少数民族、外国人	2.17

3.3　用户问卷调查

3.3.1　问卷设计过程

问卷设计步骤如下：

（1）基于相关理论和本研究的问题核心，结合专家问卷的内容设计以及对专家问卷的分析，梳理问卷研究的主要问题分支、变量及变量的相互关系，形成初步的用户问卷。

（2）以用户为中心是本研究的基本宗旨，在形成初步用户问卷的基础上，开展针对普通市民、图书馆员、高校师生的访谈，根据访谈结果对问卷进行了适当调整使其与本研究更为契合，最终形成测试问卷。

（3）测试问卷设计完成后，在小范围内进行试调查。开展试调查主要基于两方面考虑：一是验证问卷的信度和效度，以保证问卷研究的可信、有效；二是通过问卷分析发现问卷设计中的不合理之处。在此基础上，汇总问题并修改后形成最终用户问卷。

（4）形成的问卷共设 20 个问题，涉及用户个人基本信息、信息需求、一体化服务建议等方面，具体问卷见附录 2。问卷形式以单选、复选以及李克特 5 级量表为主。李克特 5 级量表题设计为依次给予"非常不重要→比较不重要→一般→较为重要→极为重要"5 种态度倾向 1～5 分的分值。

3.3.3　调查过程

本研究设计的用户问卷借助问卷星平台发放和统计分析。笔者于 2017 年年底至 2018 年年初借助微信、QQ、电子邮件等途径向浙江、江苏、北京、重庆、安徽等地的城市公共数字信息用户发放了网络问卷，了解其对城镇公共数字信息一体化服务的需求和认识。部分不会使用手机、电脑等电子设备的用户，或者对在线问卷不熟悉的用户，其问卷填写则委托具备较好信息能力和信息条件的亲友帮助完成。

在将近半年的调查过程中,来自高校、图书馆、社会的 400 余位用户填写了问卷。地域分布上,受访者来自全国约 20 个省份及海外,地域覆盖面较广泛。由于问卷设置了未完整填写无法提交,因此最终收回的问卷均为答题完整的问卷。

由于问卷推送范围的限制,受访者以高校在校师生、公共图书馆用户、图书馆工作人员、小城镇经商务工人员等为主,具有一定的代表性,但全面性稍有不足。

3.3.3　问卷检验

在做正式数据分析之前,笔者对问卷的信度和效度进行检验,研究定量数据(尤其是李克特量表题)调查结果的可靠性,以验证问卷研究的可信、有效。

(1)信度检验

本研究的信度检验结果见表 3-15。

表 3-15　Cronbach 信度分析

名称	校正项总计相关性(CITC)	项已删除的 α 系数	Cronbach α 系数
我能有效表达自己的信息需求	0.568	0.800	
我能通过各种途径找到所需要的信息	0.606	0.781	0.816
我能熟练使用微信、QQ、微博等社交软件及优酷、爱奇艺等手机视频软件	0.650	0.782	
我能熟练使用手机学习功能(看电子书、听网上公开课、百度资料)	0.616	0.778	

本研究的信度分析采用的是 SPSS 软件,具体过程如下。

1)α 系数分析

通常情况下,α 系数越高,信度越高。$0.8 < \alpha$,可视为高信度;$0.7 < \alpha \leqslant 0.8$ 时可视为信度较高;$0.6 < \alpha \leqslant 0.7$,问卷信度一般;$\alpha < 0.6$,则问卷的信度不够。本问卷的 α 系数为 0.816,说明研究数据信度质量高。

2)CITC 值分析

当某一项的 CITC 值低于 0.3 时,会对信度产生不良影响。本研究的几个选项的 CITC 值普遍超过 0.6,因而可视为有效项。

3)"项已删除的 α 系数"值

当某一项的"项已删除的 α 系数"$>\alpha$ 系数时,需要删除该项并再次进行分析。本研究的"项已删除的 α 系数"值均小于 α 系数,说明题项均应保留,可直接进行后续分析。

4)总结分析结果

本问卷的信度系数值为 0.816,大于 0.8,意味着是一份信度高的问卷。CITC 值均高于 0.3,不存在对信度的不利影响,去除"项已删除的 α 系数"对信度系数值不产生明显影响,表明研究数据信度水平高。

(2)效度检验

效度即通常所说的有效性,可用来评价问卷获得的结果与期望考察内容实际的符合程度。问卷结果与考察内容实际越一致则效度越高。

本研究采用因子分析法对问卷中的定量题表进行检验,检验结果如表 3-16 所示。

本研究所使用的效度检验过程如下。

1)KMO 值分析

在效度检验中,KMO 值越高效度越高。0.8<KMO 值,可视为高效度;0.7<KMO 值≤0.8 时可视为效度较高;0.6<KMO 值≤0.7,问卷效度一般;KMO 值≤0.6,则问卷的效度不够。本问卷的 KMO 值为 0.784,说明研究数据效度在可接受范围内。

2)题项与因子对应关系分析

当题项与因子对应关系与研究预期无偏差或偏差不大时,视为效度良好。

3)分析项对应的共同度值分析

共同度值用于排除不合理研究项,各分析项对应的共同度值一般应不低于 0.5,低于 0.5 时该分析项属于可去除的项。

表 3-16　效度检验结果

	因子载荷系数因子 1	共同度
我能有效表达自己的信息需求	0.709	0.503
我能通过各种途径找到所需要的信息	0.729	0.531
我能熟练使用微信、QQ、微博等社交软件及优酷、爱奇艺等手机视频软件	0.802	0.643
我能熟练使用手机学习功能(看电子书、听网上公开课、百度资料)	0.788	0.621
我能熟练使用电脑查找信息和办公	0.826	0.683
特征根值(旋转前)	2.980	—
方差解释率(旋转前)(%)	59.606	—
累积方差解释率(旋转前)(%)	59.606	—
特征根值(旋转后)	2.98	—
方差解释率(旋转后)(%)	59.606	—
累积方差解释率(旋转后)(%)	59.606	—
KMO 值	0.784	—
巴特球形值	287.974	—
df	10	—
p 值	0	—

4)删除影响效度的项

将共同度值低于 0.5 以及题项与因子对应关系偏差较大的项进行删除。

5)KMO 值校准

当 KMO 值不达标时,重复步骤 1)到 4),直至 KMO 达标。

6)总结分析结果

本书的效度检验结果如表 3-16 所示,分析了 KMO 值、题项与因子对应关系、分析项对应的共同度、方差解释率值、因子载荷系数值等指标。本问卷涉及的各个分析项,其相应的共同度都超过了 0.5 的限值,表明本书各项的信息得到正确提取。从 KMO 结果看,本问卷结果为 0.784,效度处于正常水平。此外,本问卷相关因子的方差具有 59.60％的解释率,进行累加后的解释率达到 59.606％,超过 50％的观测标准,说明问卷的信息内容能被切实使用。根据因子载荷可知,本问卷的结果和设计目标基本符合,本研究具有效度。

3.3.4　调查结果分析

在确认调查的信度和效度后,分析得出如下结论。

(1)受访者来自各种人群

图 3-12 为根据受访者填写的地址所统计的地理位置分布情况,参与问卷调查的用户来自浙江、安徽、江苏等省份及海外。

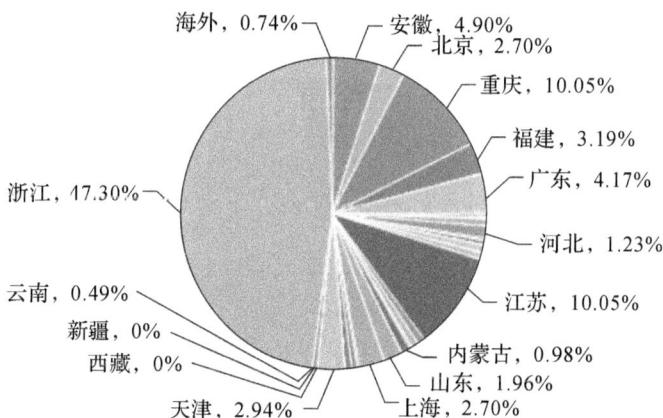

海外,0.74%　安徽,4.90%
北京,2.70%
重庆,10.05%
福建,3.19%
广东,4.17%
河北,1.23%
江苏,10.05%
浙江,47.30%
内蒙古,0.98%
山东,1.96%
上海,2.70%
云南,0.49%
新疆,0%
西藏,0%
天津,2.94%

图 3-12　受访者地理位置分布

受访用户男女比例为 1.18,基本符合我国当前男女比例,见图 3-13(国家统计局数据显示,2017 年男性人口 71137 万人,女性人口 67871 万人,以女性为 100,总人口性别比为 104.81[①])。

---

① 　国家统计局.中国统计摘要 2018[M].北京:中国统计出版社,2018:58.

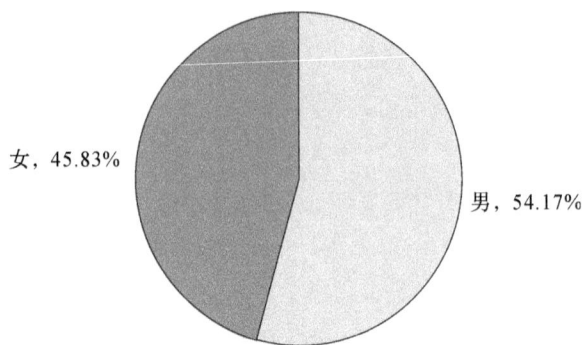

图 3-13 受访者性别分布

受访用户年龄段分布见图 3-14。从对受访用户年龄段分布的观察可见,90 后、80 后和 70 后人群是受访的主要人群。

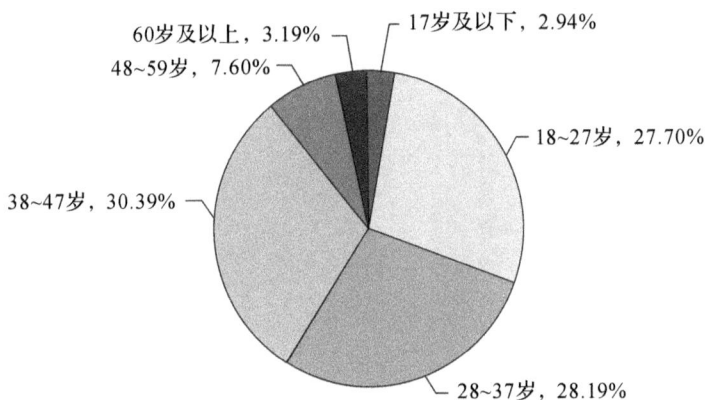

图 3-14 受访者年龄分布

对受访用户年龄段分布与受访者家乡的交叉分析结果见图 3-15。从图可见,我国城市化进程在近年得到快速推进,半数以上的 00 后受访者来自各小城镇和城市,来自农村的受访者比例则随着年龄段的增加而增加。

受访者受教育程度普遍较高,超过八成的受访者受过大学及以上教育,具体受访者学历分布见图 3-16。

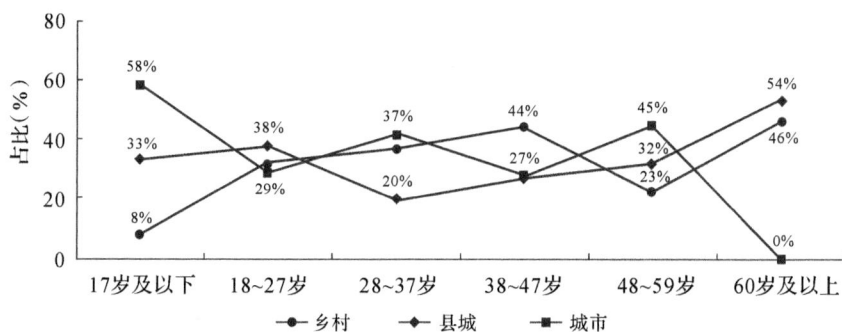

图 3-15　受访者年龄分布与家乡类型交叉分析

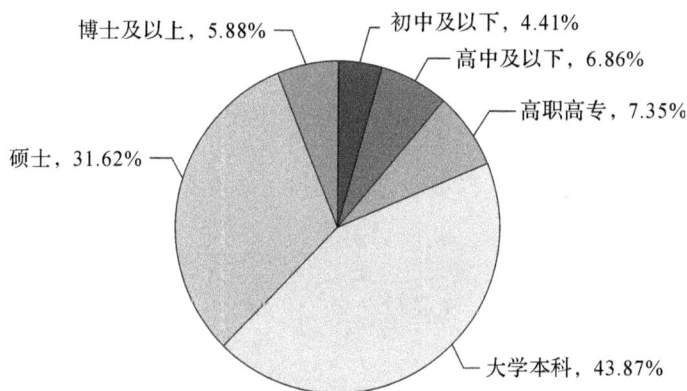

图 3-16　受访者学历分布

　　从受访者年龄结构看,60 后、70 后、80 后的受教育程度逐步提高(00 后多数正在接受中学教育),见图 3-17。

　　问卷将城镇公共数字信息用户来源分为城市、城镇和农村,结果见图 3-18。

　　交叉分析可见,现在生活在城市中的受访者多出生于农村地区,见表 3-17。

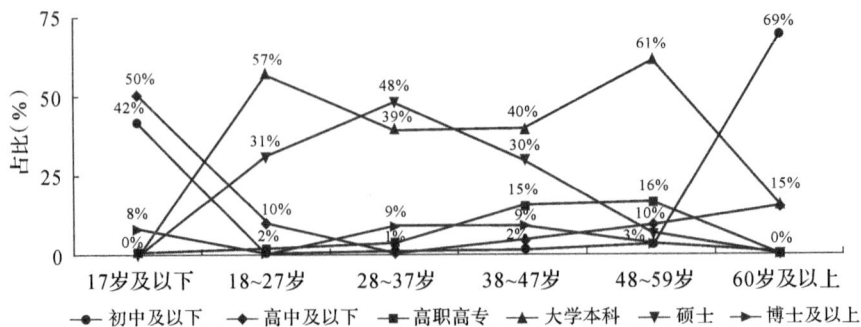

图 3-17 受访者学历与年龄交叉分析

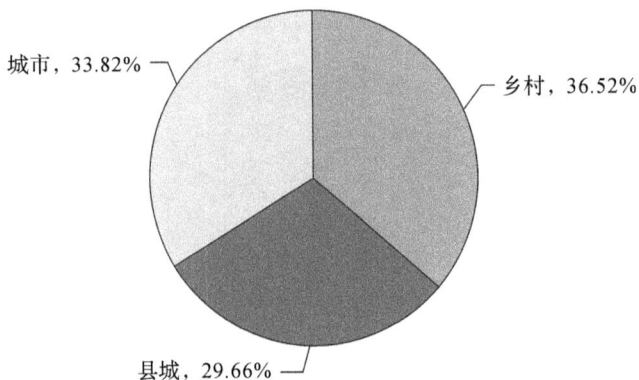

图 3-18 受访者家乡分布

表 3-17 受访者居住地/出生地地区

居住地/出生地	乡村	县城	城市	小计
安徽	8(40.00%)	5(25.00%)	7(35.00%)	20
北京	3(27.27%)	1(9.09%)	7(63.64%)	11
重庆	9(21.95%)	13(31.71%)	19(46.34%)	41
福建	3(23.08%)	5(38.46%)	5(38.46%)	13
甘肃	0(0.00%)	0(0.00%)	0(0.00%)	0
广东	14(82.35%)	2(11.76%)	1(5.88%)	17
广西	1(100.00%)	0(0.00%)	0(0.00%)	1
贵州	1(100.00%)	0(0.00%)	0(0.00%)	1

续　表

居住地/出生地	乡村	县城	城市	小计
海南	1(33.33%)	0(0.00%)	2(66.67%)	3
河北	2(40.00%)	1(20.00%)	2(40.00%)	5
黑龙江	0(0.00%)	0(0.00%)	1(100.00%)	1
河南	2(100.00%)	0(0.00%)	0(0.00%)	2
香港	0(0.00%)	0(0.00%)	0(0.00%)	0
湖北	0(0.00%)	0(0.00%)	3(100.00%)	3
湖南	3(100.00%)	0(0.00%)	0(0.00%)	3
江苏	18(43.90%)	6(14.63%)	17(41.46%)	41
江西	1(33.33%)	0(0.00%)	2(66.67%)	3
吉林	1(33.33%)	0(0.00%)	2(66.67%)	3
辽宁	0(0.00%)	0(0.00%)	1(100.00%)	1
澳门	0(0.00%)	0(0.00%)	0(0.00%)	0
内蒙古	1(25.00%)	1(25.00%)	2(50.00%)	4
宁夏	0(0.00%)	0(0.00%)	0(0.00%)	0
青海	0(0.00%)	0(0.00%)	0(0.00%)	0
山东	5(62.50%)	0(0.00%)	3(37.50%)	8
上海	5(45.45%)	3(27.27%)	3(27.27%)	11
山西	1(100.00%)	0(0.00%)	0(0.00%)	1
陕西	1(50.00%)	1(50.00%)	0(0.00%)	2
四川	0(0.00%)	1(33.33%)	2(66.67%)	3
台湾	0(0.00%)	0(0.00%)	0(0.00%)	0
天津	6(50.00%)	1(8.33%)	5(41.67%)	12
新疆	0(0.00%)	0(0.00%)	0(0.00%)	0
西藏	0(0.00%)	0(0.00%)	0(0.00%)	0
云南	0(0.00%)	0(0.00%)	2(100.00%)	2
浙江	61(31.61%)	80(41.45%)	52(26.94%)	193
海外	2(66.67%)	1(33.33%)	0(0.00%)	3

受访者当前职业以事业单位工作人员、在读学生、企业员工为主,详见图 3-19。

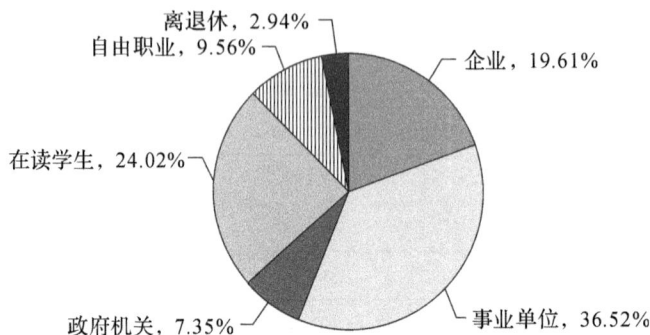

图 3-19 受访者职业分布

交叉分析可见,受访者职业与其学历存在一定的关联,如事业单位工作人员的学历高于其他职业,自由职业(如个体工商业)的学历相对要低,见图 3-20。

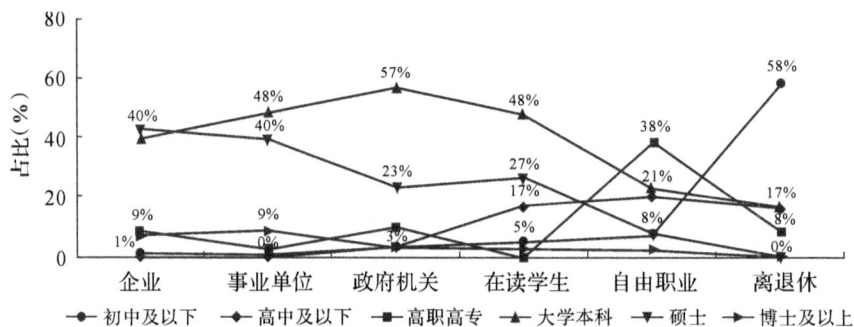

图 3-20 受访者职业与学历关系

受访者收入情况见图 3-21,超过 80% 的受访者家庭人均月收入在 3000 元以上,并有 24% 的受访者家庭人均月收入超过 8000 元,但仍有约 4% 的受访者表示月收入不超过 2000 元。

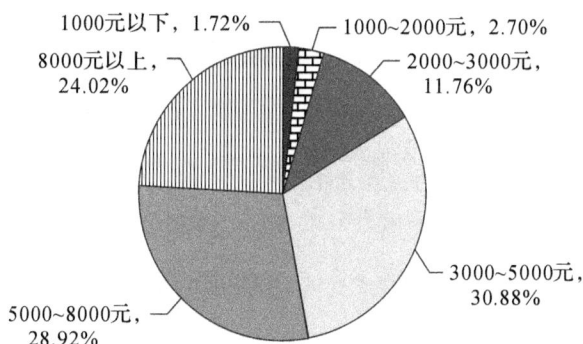

图 3-21　受访者家庭人均月收入分布

　　通过对受访者收入与职业的交叉分析可见（图 3-22），来自企业的受访者收入相对较低，来自自由职业、政府机关的受访者相对而言收入较高（受访者中有部分为来自浙江义乌的个体工商户，这里分类到自由职业）。

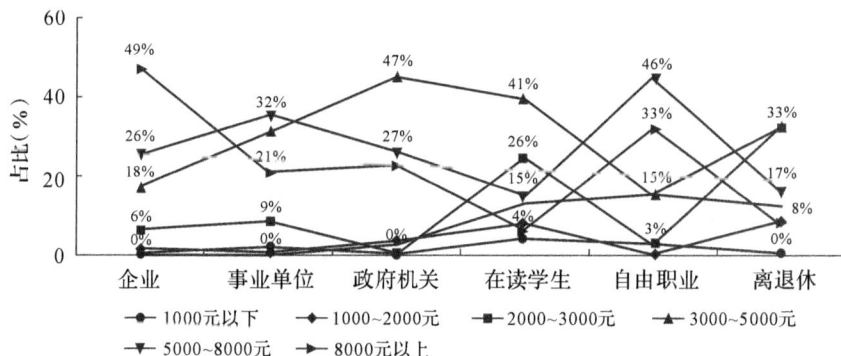

图 3-22　受访者收入与职业关系

（2）受访者信息需求强烈

　　受访者信息能力自我鉴定情况如图 3-23，得分"1→5"表示"不认可→认可"。本问卷平均得分超过 4，可见用户整体信息能力较强，尤其是移动应用熟练。

　　受访者对"公共数字信息服务"内容的认知见图 3-24，值得关注的是"免费上网"这一并不在公共服务范围内的议题也有超过 1/3 的受访者选中。此外，不同人群对公共数字信息服务内容的认知也有差距（见图3-25），如学历越高，对权威、官方信息的需求越发强烈。

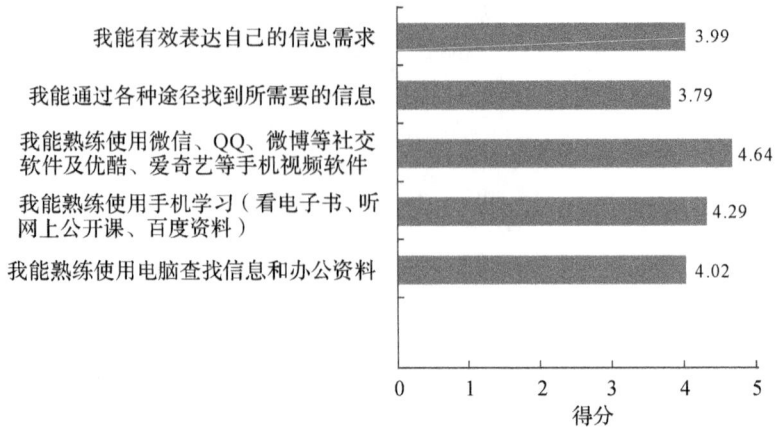

图 3-23 受访者信息能力自我鉴定

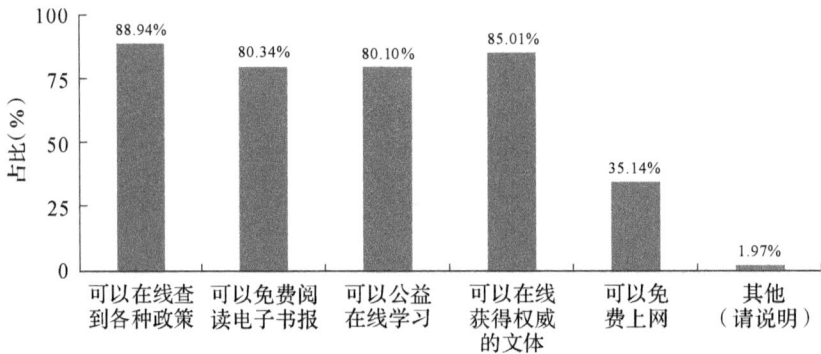

图 3-24 受访者对"公共数字信息服务"内容的认识

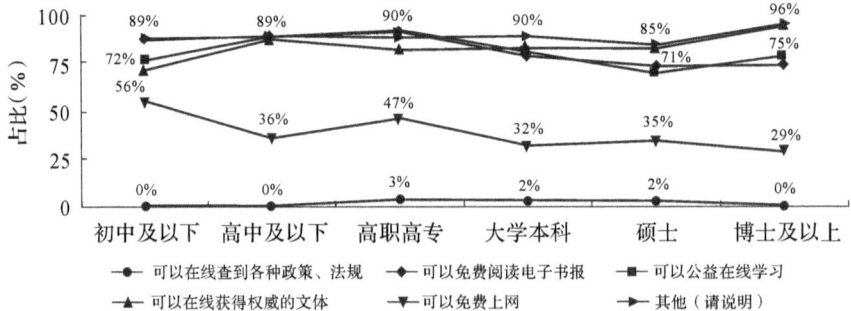

图 3-25 受访者教育程度与对"公共数字信息服务"内容认识的关系

　　以"1→5"计分从弱到强表示受访者对各类公共数字信息的关注程度，最终平均计分为 4.02，各类公共数字信息都落入了"密切关注"区间或在其边缘，可见各类公共数字信息均为城镇居民的"刚需"。

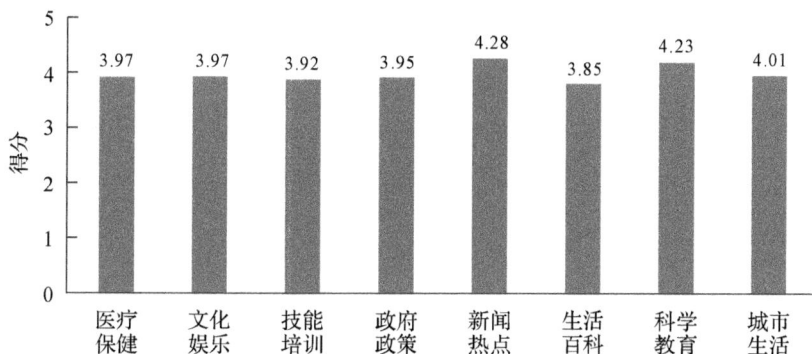

图 3-26　受访者对各类公共数字信息的关注程度

　　受访者公共数字信息获取行为的动机可见图 3-27。了解社会动态、提升自我能力是受访者较为集中的诉求。

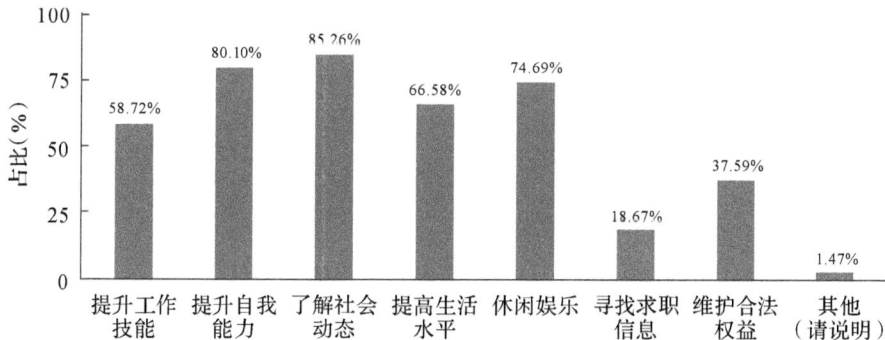

图 3-27　受访者公共数字信息获取行为的动机

　　问卷请受访者以 1～5 分对所在城市的公共数字信息服务进行打分。5 分为满分，最终得分为 3.24，相对偏低并低于专家评分，可见对大众而言，城市公共数字信息服务的接受度不高。具体得分情况可见图 3-28。

　　图 3-29 揭示了受访者对所在城市公共数字信息服务存在问题的认知。由图可见，信息分散、缺乏宣传是最受受访者关注的城市公共数字信息服务问题。

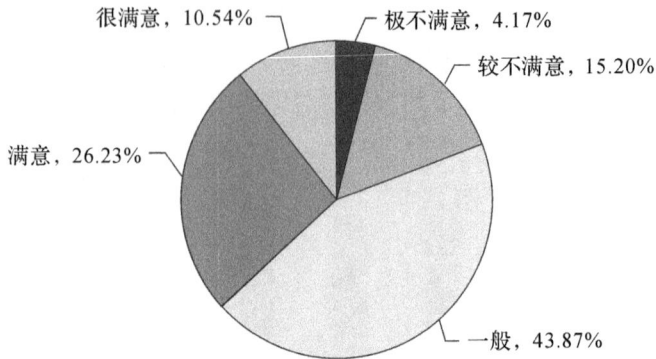

图 3-28 受访者对所在城市的公共数字信息服务的满意度

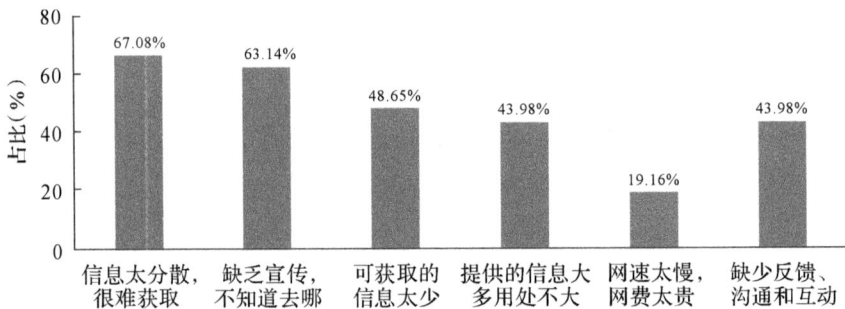

图 3-29 受访者对所在城市公共数字信息服务的问题认知

受访者对各种数字信息服务方式的使用频率存在较大差异。移动应用如微信、QQ 以及各类 APP 的频率极高,电脑应用位居次席,值得关注的还有各类公共电子屏的用户接受程度仍然较低,详见图 3-30。

受访者对各种数字信息来源的使用频率见图 3-31。由图可见政府网站、文化部门官方信息较低,在 3 分上下徘徊(满分 5 分),低于媒体平台、微信号等社会信息来源。

(3)受访者对一体化服务呼声较高

受访者普遍认为有必要将上述公共数字信息来源进行统一,认为有必要或者非常必要的比例超过 75%,5 分制标准下得分高达 4.23 分(见图 3-32)。

当问及受访者对公共数字信息及服务提供整合方式的建议时,九成受访者希望将现有的公共数字信息服务进行整合,见图 3-33。

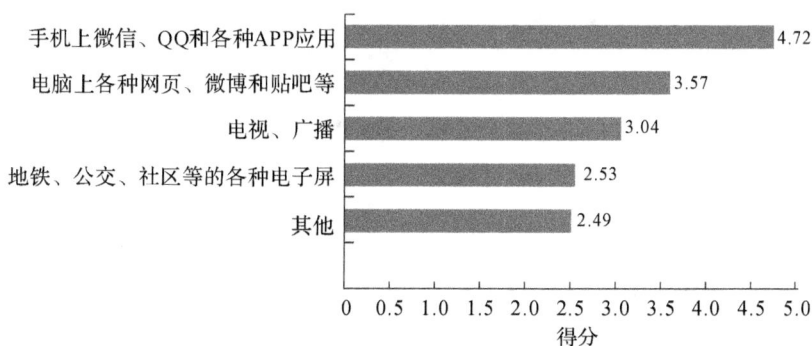

图 3-30　受访者各种数字信息的服务方式的使用频率

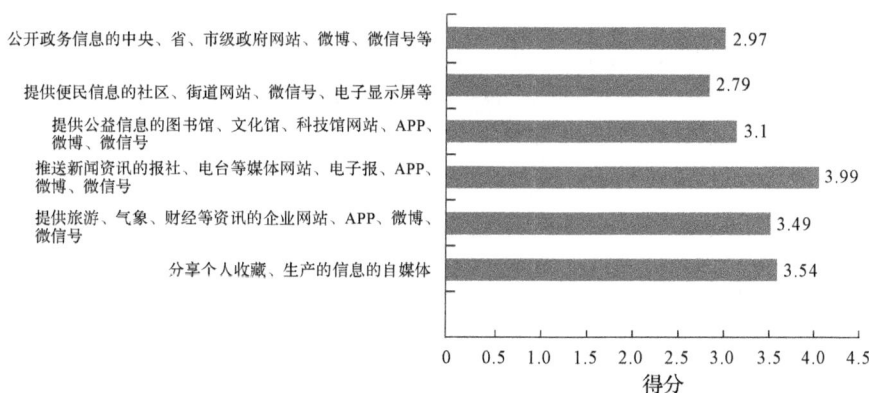

图 3-31　受访者各种来源数字信息的使用频率

受访者对付费公共数字信息服务多持保留态度,整体付费倾向不强,见图 3-34。

受访者参与公共数字信息服务的倾向性呈现出一定的分化,愿意参与和不愿意参与的各占一半,见图 3-35。

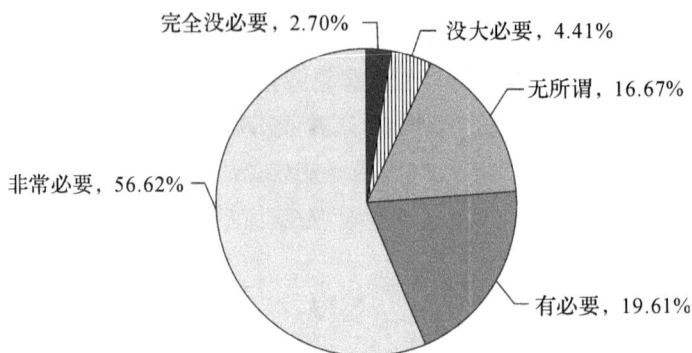

完全没必要，2.70%   没大必要，4.41%

无所谓，16.67%

非常必要，56.62%

有必要，19.61%

图 3-32　受访者对统一公共数字信息来源的观点

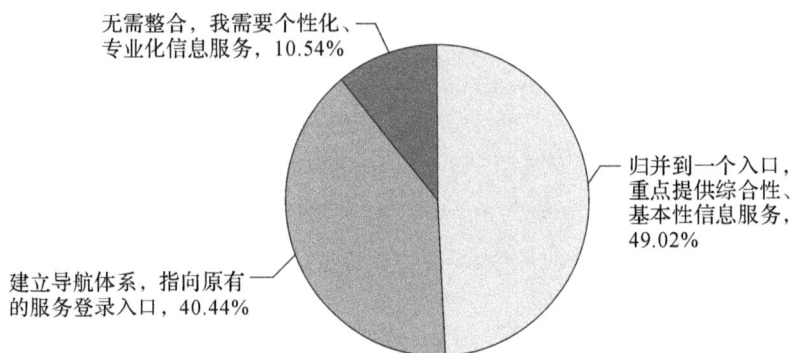

无需整合，我需要个性化、
专业化信息服务，10.54%

归并到一个入口，
重点提供综合性、
基本性信息服务，
49.02%

建立导航体系，指向原有
的服务登录入口，40.44%

图 3-33　受访者对公共数字信息及服务提供整合方式的建议

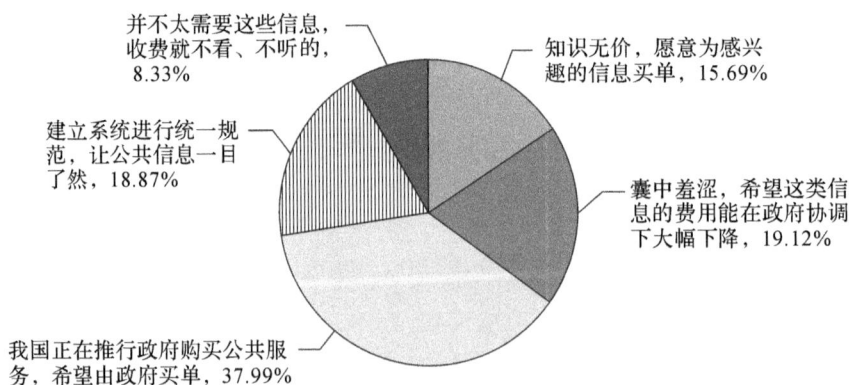

并不太需要这些信息，
收费就不看、不听的，
8.33%

知识无价，愿意为感兴
趣的信息买单，15.69%

建立系统进行统一规
范，让公共信息一目
了然，18.87%

囊中羞涩，希望这类信
息的费用能在政府协调
下大幅下降，19.12%

我国正在推行政府购买公共服
务，希望由政府买单，37.99%

图 3-34　受访者对付费公共数字信息服务的态度

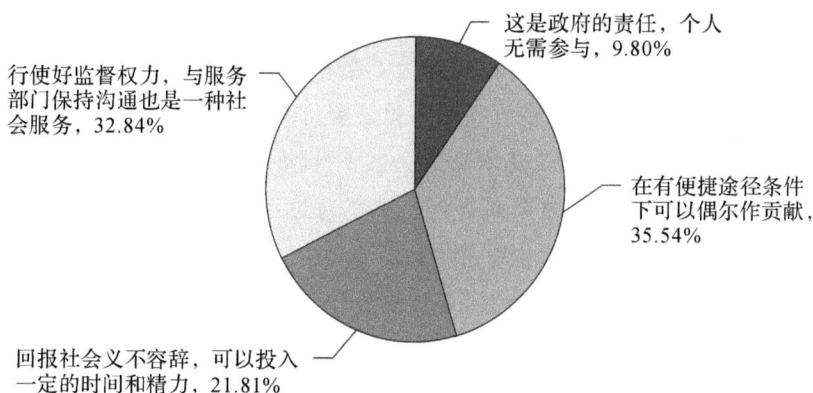

这是政府的责任，个人无需参与，9.80%

行使好监督权力，与服务部门保持沟通也是一种社会服务，32.84%

在有便捷途径条件下可以偶尔作贡献，35.54%

回报社会义不容辞，可以投入一定的时间和精力，21.81%

图 3-35 受访者参与公共数字信息服务的倾向性

3.4 前人的用户调查

3.4.1 前人的调查结果

(1)针对公共数字文化服务使用情况的调查

汝萌和李岱①对公共数字文化服务的认知及使用情况以及对公共数字文化服务的看法和期望进行了调查。该问卷以网络问卷调查法在网络中传播发放，问卷不设答卷门槛，最终回收有效问卷 404 份。调查问卷涉及受调查者的基本信息。

调查结果显示如下几方面情况。

1)受访者对公共数字文化服务的认识不深、使用意愿并不强烈

受访者对公共数字文化服务没有清晰的概念，有 60.51% 的受访者并不了解甚至从没听说过公共数字文化。虽然接触过或使用过电子阅览室、参考咨询、预约借还书等公共数字文化相关服务的受访者占到八成以上，但仍有大量受访者没有兴趣尝试和使用。

---

① 汝萌,李岱.我国公共数字文化服务使用情况调查研究[J].图书馆建设,2017(2):84—89.

2)受访者对公共数字文化服务的利用尚处于基础阶段

基础服务建设颇见成效,使用过公共数字文化服务的受访者对获得的服务大多持"比较满意"的观点。图书馆是受访者最为常用的公共文化服务机构,享受文化馆、博物馆、美术馆等公共文化服务的受访者较少。受访者使用公共数字文化服务的频率不高。主要通过手机、电脑、iPad等终端获取数字文化服务的受访者占九成以上。

3)受访者对公共数字文化服务的看法较为正面、期望较高

近八成受访者认为手机、pad等移动终端的普及对于公众通过移动网络更为便捷地获取公共数字文化服务有明显的帮助。近六成的受访者认为借助互联网来提供数字化服务是公共文化服务的大势所趋。受访者还提出了增加服务内容、加大推介力度、新增服务项目等期望。

(2)针对智慧城市建设中民生需求的调查

卜子牛[①]针对广州地区一些平面媒体和网络平台上反馈的公众的需求,设计了广州智慧城市建设中的民生需求调查问卷对广州市民进行调查。调查问题来自大粤网、广州大洋网、广州人论坛、广州视窗、广州之声等,调查方式为现场调查和网络调查相结合,发放了300份问卷,回收有效问卷245份。

调查结果表明如下几方面情况。

1)受访者对智慧城市各方面建设都有较高需求

受访的广州市民对智慧服务的诸多方面都有需求,尤其是在出行难、空气污染较多、食品安全事件多发的背景下,他们对于公共交通、环境保护、医疗健康和政府治理方面的需求尤为明显,而相对需求较少的项目是智慧旅游。

2)受访者对文化、教育资源比较关注

超过1/3的受访者认为网络教学和数字图书馆是智慧城市建设的重要组成,要求整合共享城市优质教育资源并提供移动设备上的教育资源访问,要求加快建设文化信息数据库,网络联通之处就有触手可及的文化、教育资源的公共服务是其诉求。

---

① 卜子牛.智慧城市信息服务体系建设研究[D].长春:吉林大学,2014.

（3）针对失地农转非居民的调查

杨玺①为了解失地农转非居民在搬迁前与搬迁后日常生活信息查询行为特征是否发生变化，选取了位于德阳市的洛河小区和石桥新村的居民作为调查对象，通过问卷调查的方法对其搬迁前后的信息需求、查询信息的目的、信息获取渠道进行了调查。

调查结果显示如下几方面情况。

1）搬迁前后日常生活信息查询行为特征存在差异

在搬迁之前，失地农转非居民最为关心的信息类型是农业劳动信息、农业销售信息、工作岗位信息和时事新闻。在搬迁之后，失地农转非居民开始关注医疗健康、休闲购物、求职招聘等方面的信息，原有的关切点除了时政新闻类信息外，都被列入了第二梯队。

搬迁前后，电视节目和人际沟通都是失地农转非居民所常见的信息获取途径。在搬迁之后，图书馆和网络的应用开始有所增加。

在信息搜寻目的上，搬迁前后并没有发生太大的变化，日常生活中遇到的各种困难是促使失地农转非居民进行信息搜寻的主要原因。

2）不同性别、年龄和文化程度的失地农转非居民的信息搜寻行为存在显著差别

不同性别的失地农转非居民的信息需求有显著差异，男性更为关注时政新闻，女性更为关注购物信息；不同年龄的失地农转非居民的信息获取渠道有显著差异，人际沟通和广播电视是各年龄段失地农转非居民的主要信息来源，随着年龄的减小，对图书馆、网络以及报刊杂志的需求开始增加；不同文化背景的失地农转非居民在日常生活中的信息获取障碍有显著差异，随着文化程度的提高，失地农转非居民的信息获取障碍从手足无措、无从下手转变为时间和精力的不足。

3）多种因素综合影响失地农转非居民信息搜寻行为意向

个人因素、信息与信息环境因素、社会因素三种内外因素呈现一种相互作用的关系，并影响着失地农转非居民的信息搜寻行为。个人因素如信息能力影响着信息质量，信息环境也对其获得的信息质量形成影响，社区信息

---

① 杨玺.失地农转非居民日常生活信息查询行为研究[D].重庆：西南大学，2014.

服务状况改变着失地农转非居民信息搜寻的安排。

（4）针对农民工的调查

卢喜梅[①]对吉林长春、江苏无锡、湖北襄樊等地的农民工进行问卷调查，分析农民工信息需求与信息行为的现状调查及特点。

调查结果显示如下几方面情况：

1）医疗健康、养老保险、求职招聘等信息是农民工需求最为旺盛的信息，对回乡创业、房屋租售、金融理财等类型信息的需求则较少；

2）技能培训、子女教育是农民工信息获取的主要动机，结识朋友、休闲娱乐则是排位比较靠后的信息获取动机；

3）电话、手机、电视、电脑是农民工最为频繁使用的信息获取途径，另外一些信息获取途径则甚少使用，如培训讲座，板报、宣传栏；

4）农民工对本地区信息服务的满意度测评以基本满意和比较满意为主；

5）对于付费信息服务，多数农民工的态度是无所谓，非常愿意或反感的比例不高；

6）性别对农民工的信息需求影响不大，男性和女性农民工都对养老保险、医疗保健以及劳务需求信息较为关注；

7）不同文化程度的农民工的信息需求有其共性又有所差别，医疗保健、养老保险信息是几乎所有农民工的关切点，随着学历的提升，法律法规和权益保护信息开始被重视。

（5）针对老年人的调查

李菲[②]选择武汉几个不同经济发展水平的社区作为调查点，调查了城市中老年人的信息需求与服务保障情况。

调查结果显示如下几方面情况：

1）城市老年人目前最需要的是有助于自己开展社会交往活动的信息；

2）人际交流是城市老年人获取信息最常用的渠道，其次是大众媒体，而

---

① 卢喜梅.我国农民工信息需求与信息行为的现状调查及特点分析[D].武汉:华中师范大学,2014.

② 李菲.城市老年人信息需求与服务保障研究[D].武汉:华中师范大学,2015.

图书报刊、网络的使用率比较低；

3) 城市老年人的信息需求动机较为随意，不存在集中的诉求；

4) 经济收入对城市老年人的信息需求存在较大影响，收入很高的老年人的阅读、网络信息需求高于经济收入一般的城市老年人。

另一个针对城镇老年人信息服务现状的调查是腾讯网产品中心酷鹅用户研究院在 2018 年 10 月针对中老年人群（其中 4240 位 60 岁以上老年人、6740 位中年人）所进行的在线调查[①]。

调查结果显示如下几方面情况：

1) 老年人网民资讯来源主要渠道是互联网；

2) 老年人上网获取渠道以微信、QQ 和新闻 APP 为主（图 3-36），知名网站、新闻 APP 是他们最为信任的渠道（图 3-37）；

3) 老年人信息浏览内容以时政新闻为主（图 3-38）。

（6）针对少数民族的调查

周劲[②]对少数民族聚居地公共信息资源的用户需求进行了调查。调查对象主要为在高校就读的少数民族学生及其亲友。

调查结果显示如下儿方面情况：

1) 少数民族用户常用的信息渠道是电视广播和图书报刊，网络的利用还不是非常普遍；

2) 少数民族用户的阅读时间较少，72％的受访者每天的阅读时间小于0.5 小时，部分受访者甚至没有过阅读行为；

3) 少数民族用户的主要阅读目的是休闲娱乐，基于学习知识目的的阅读比例较低；

4) 少数民族用户获得书刊的主要方式是从他人处借阅，自己购买或去图书馆阅读的比例较低；

5) 少数民族用户最为感兴趣和经常阅读的信息类型是休闲娱乐类信息，教育学习、历史地理类信息比例较低。

---

① 中老年网民图鉴：社交圈里圈外的互联网生活洞察[EB/OL].[2019－01－30].https://users.qq.com/a/? id=502.

② 周劲.少数民族地区公共信息资源用户信息需求研究[J].中国信息界,2010(12):34－35.

中老年网民各种资讯获取途径的使用频率

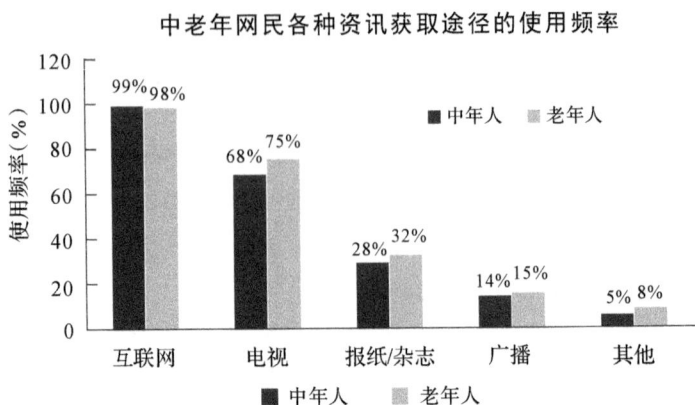

中老年人上网对各种资讯渠道的接受程度

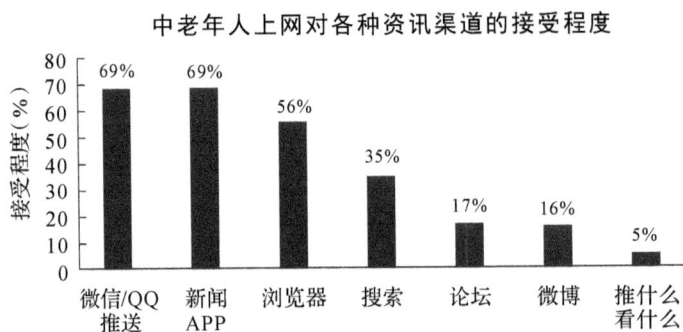

图 3-36　中老年人信息获取的主要渠道

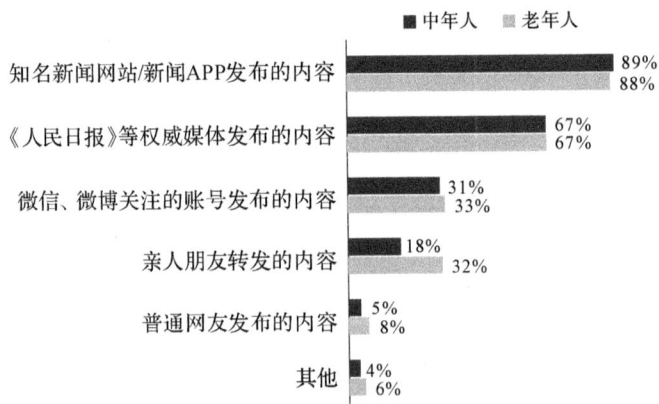

图 3-37　中老年人信任的信息获取渠道

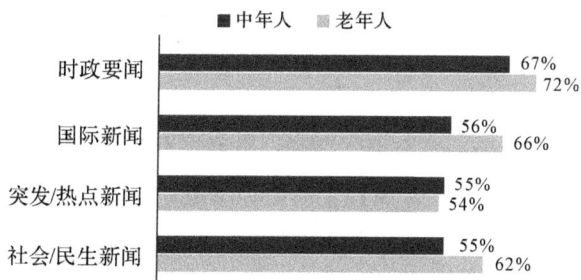

图 3-38　中老年人信息偏好类型

3.4.2　与本研究的契合度

综合分析前人的调查研究结果,并与本研究的调查结果进行对比,可以发现本研究揭示的城镇居民公共数字信息服务需求一定程度上与前人的研究成果相互印证。结合前人研究成果,可认为当前公共数字信息服务用户需求表现出如下特点:

(1)对公共数字信息服务的评价较为中庸,不会很高,但也不是太差。其背后原因或许在于整体信息素养尚处于较低层次,未能充分激发出信息需求,又或许是公共数字信息服务的宣传推广力度太小,认知度太低。

(2)对公共数字信息的整合呼声较高,希望能轻松快捷地获取信息,而非辗转在各个信息服务平台进行注册、登录、检索和获取所需信息。

(3)以手机为代表的移动信息服务已成为公共数字信息服务的主要阵地,各种传统的服务方式遭到冷落。

(4)各种类型的信息都有很高的用户需求,区别仅在于不同用户群体对各种类型的信息的需求顺序存在不同。

(5)对信息质量、时效性、需求匹配程度等方面的不满,导致了用户公共数字信息服务的体验不高。

前人的调查从不同角度验证了本研究调查的有效性,但前人的工作多是针对特定数字信息、特定人群而展开的,本研究则是针对数字信息尤其是公共数字信息整体及全体城镇居民展开的,无论是研究方向还是研究内容均与前人存在一定的差异,上述较高契合度的结论不仅是对前人成果的综

合,也是求同存异的结果。此外,本研究还在一些方面有了新的发现,如:

(1)上网费用、上网设备等信息基础设施条件对城镇居民的信息服务采用意愿具有较大的影响;

(2)付费信息已有一定的用户基础,但高额的收费和不稳定、杂乱的付费信息内容亟须政府的引导和社会的综合治理;

(3)不同年龄段、不同性别和不同职业人群的公共数字信息需求有其差异又存在共同之处,可通过基本服务保障机制来服务最广泛的城镇居民群体。

3.5 主要结论

基于前述城镇人口、经济与社会状况的分析,问卷调研获得的城镇公共数字信息一体化服务用户现状和需求信息,结合前人的调研分析数据,可以认为城镇公共数字信息一体化服务的基本面貌如下。

(1)城镇公共数字信息一体化服务整体状况一般

随着新型城镇化、乡村振兴战略的实施,我国城镇化率得到快速提升,但实际城镇化率要低于统计意义上的城镇化率,其中的一个重要原因是包括信息服务在内的公共服务没有跟上。当前城镇居民的收入水平、学历层次已有较大提高,但信息消费在消费结构中的比重不高,对公共服务的依赖程度较高。

整体而言,当前城镇公共数字信息服务的用户接受程度不高,包括建设力度较大的公共数字文化信息服务在内,很多城镇居民使用过其中的某些服务内容,但对服务自身的认知极为有限。由于不熟悉,城镇居民对公共数字信息服务的相关评价以无关痛痒的中性评价为主。

但是,城镇居民的信息需求是真实存在的,因而对各项服务内容均表现出一定的兴趣,对当前的信息内容的数量和质量评价不高,也对碎片式、分散化的服务表达了担忧,希望能以一体化的方式获取便捷服务。

(2)城镇公共数字信息服务对象复杂

城镇公共数字信息服务面向所有城镇居民,包括长期居住在城镇中的市民、短期居留的人口，也包括临时停留的游客等，每一类型的城镇居民都有其特点和个性化的需求。

城镇公共数字信息服务对象的主要特征包括：

1)高学历高收入人群相对于其他人群，信息素养较高，对信息品质要求更高，对技能提高、法律知识等信息需求更强，更容易接受付费信息服务等新生事物。

2)进城务工人员、失地农民等人群对自己的信息能力定位较低，信息需求偏向休闲娱乐方面，对医疗保健、养老保险、子女教育等方面的数字信息较为关心，并对无线网络等信息服务基础设施的免费或低价开放期望较高。

3)女性人群对自己的信息能力认可度相对稍低，对休闲娱乐、子女教育类的信息较为关注，较男性人群更乐于参与公共数字信息服务建设。

4)老年人群的信息获取更多是一种随意行为，追求的信息类型以有助于了解社会万象、加强人际沟通为主，不少老年人在数字信息获取过程中存在较多的信息障碍。

5)残障人士、少数民族、外国居民等人群由于教育程度、语言、文化背景等方面的差异，对数字信息服务的采用程度不高，需要在服务功能设计、服务项目普及等方面下更多功夫。

（3）城镇居民整体信息需求旺盛

虽然不同人群之间存在着明显分化的公共数字信息兴趣爱好，但仍然存在大量的共性，这也是一体化服务的动力所在。简单而言，城镇居民的信息行为及公共数字信息需求存在如下共性：

1)随着智能手机等移动设备的普及，首选信息服务方式已转移到微信、QQ 以及各类 APP，对来自互联网的各类自媒体的关注程度也很高；

2)对于整合各式各样的公共数字信息，实现一体化服务有着较强的期望；

3)各类公共数字信息都属于城镇居民的需求范围，区别在于不同人群有不同的刚需信息，并非意味着他们不需要其他类型信息；

4)公共数字信息资源的数量不足、更新较慢、重复率高以及不良信息、不实信息较多，都已成为一体化服务过程中备受城镇居民吐槽之处；

5)专业的、权威的公共数字信息来源是城镇居民的首选。

（4）城镇公共数字信息一体化服务趋势明显

一些基本信息服务条件限制了城镇居民的信息需求实现，随着智慧城市建设深入所带来的免费 WiFi 网络的广泛覆盖、大数据和云计算的应用等利好，城镇居民对公共数字信息服务的采纳程度会越来越高。

此外，更多的数字信息资源将搭上公共数字信息服务的列车。随着社会治理的深入，将有越来越多的公益性数字资源出现，同时，一些非公益性的付费资源也会成为公共数字信息服务的有益补充。

第4章 新型城镇化进程中公共数字信息一体化服务体系构建

体系与机制是一对相互关联、相互影响的概念。根据辞海的定义,机制即"一个工作系统各组成部分之间相互作用的过程和方式,如竞争机制"[①],体系则是"若干有关事物相互联系、相互制约而构成的一个整体"[②]。

机制研究是在一定工作系统框架内的研究,对公共数字信息一体化服务机制的研究需要建立在对公共数字信息一体化服务各个要素以及要素间关系的深入研究基础上。

在对新型城镇化进程中公共数字信息一体化服务体系的构建目标、构建原则、构建依据进行分析的基础上,我们研究公共数字信息一体化服务的制度环境、服务主体、服务对象、信息资源、服务设施、管理支持等内容要素及其逻辑关联,形成新型城镇化进程中公共数字信息一体化服务体系的整体架构。

4.1 构建目标

从以城市广场布告栏公开信息的古代,到移动网络得到普遍应用、数字媒体盛行的今天,公共信息服务发生的变化可谓翻天覆地,但究其本质仍是为社会提供公共信息资源服务的一种活动。

---

① 夏征农,陈至立.辞海:第6版缩印本[M].上海:上海辞书出版社,2010:827.
② 夏征农,陈至立.辞海:第6版缩印本[M].上海:上海辞书出版社,2010:1857.

一方面,城镇公共数字信息服务理论出发点和终点都在于以公共信息资源的开发利用来满足城镇居民的信息诉求,达成新型城镇化进程中实现"人的城镇化"核心目标。另一方面,公共数字信息服务的不充分、不均衡与城镇居民快速增长的信息需求之间的矛盾是当前我国社会基本矛盾在公共信息服务领域的投影,一体化服务、做大做强公共数字信息服务则是化解这一矛盾的基本方法。

因而,城镇公共数字信息一体化服务体系构建的主要目标是吸引和接纳更多力量加入到公共数字信息服务中,丰富公共数字信息资源,建立健全一体化服务机制,满足全体城镇居民的公共数字信息需求。

具体而言,新型城镇化进程中公共数字信息的一体化服务体系构建应达到如下目标。

(1) 形成各方主体共同参与公共数字信息服务的格局

长期以来,公共服务被视为一项专属各级政府的事务。随着信息化、数字化、网络化时代的到来,公共服务的社会环境发生了巨大变化,政府包办公共服务已不再具有可操作性①。同时,现代治理理论、新公共服务理论等新理论的逐步成熟为公共服务主体结构的改变提供了理论依据,新型城镇化的快速推进又将发展公共服务这一问题提升到一个迫切需要解决的位置。因而,新型城镇化进程中公共数字信息服务需要走出政府包办的陈旧模式,构建起各级政府、社会组织、企业和个人共同参与的一体化服务体系,在政府引导下,各种社会力量以政府购买公共数字信息服务、资本合作、志愿参与和慈善服务等丰富多样的形式参与到城镇公共数字信息服务中。

(2) 以丰富多样的服务手段提供信息资源服务

新型城镇化语境下,城镇公共数字信息服务的服务对象即城镇居民的结构和信息需求越来越复杂和多元化,仅仅通过传统数字信息服务手段提供的公共数字信息服务已无法满足居民的需求。借助人工智能、物联网、云计算、大数据技术等现代信息技术的应用,受城镇居民喜爱的微信、微博、移动 APP 以及抖音短视频等各种信息服务方式都是公共数字信息服务进一

---

① 金钰麒. 政府公共服务市场化过程中的问题与对策[D]. 上海:复旦大学,2009.

步满足城镇居民信息需求和城镇化发展要求的基本工具和手段。

（3）一体化服务水平稳步提高

新型城镇化的核心是人的城镇化，是以全面、均等的公共服务保障全体城镇居民基本需求的城镇化，是城镇居民素质全面提升的城镇化。长期以来，我国城市建设存在着较为严重的城乡二元化现象，公共信息服务不仅在农村地区存在大量空白，在城市中也有很多失地农民、就地城镇化的居民、进城务工人员无法获得所需的公共数字信息，因而需要加大支持力度，有重点地加强治理，将一体化服务水平逐步提高。

（4）公共数字信息服务质量显著提升

从数字文化推广工程、电子阅览室普及项目等开始，公共数字信息服务多以项目、工程等形式启动，以经费使用完毕为建设目标达成的标准，以传输多少数据量、安装多少台次设备等技术性指标来衡量其建设质量。这种质量评价方法和指标体系存在的最大问题是与城镇居民的实际体验存在较大偏差，并不能真正衡量出公共数字信息的服务质量。在新型城镇化进程中，公共数字信息服务需要以用户体验为核心建立测度体系，基于用户的反馈有针对性地提升服务质量，促使城镇公共数字信息服务的质量稳步提升。

4.2　构建过程

4.2.1　新型城镇化进程中公共数字信息一体化服务体系的构建原则

根据新型城镇化进程中公共数字信息一体化服务的目标要求，其体系构建的基本原则为如下。

（1）以用户为中心

以用户为中心是信息服务的基本原则，也是现代社会治理对城镇公共数字信息服务的基本要求。因而，城镇公共数字信息一体化服务必然应该围绕信息用户来开展,以满足用户信息诉求为目标。

（2）保障基础性需求

保障基本需求的满足是公共服务的首要任务,在公共数字信息服务还不充分的背景下,加强基础性的公共数字信息资源建设、丰富资源内容,仍然是城镇公共数字信息服务体系构建的基本原则。

（3）坚持平等服务

不充分、不均衡是包括公共数字信息服务在内的公共服务的主要症结,数字时代的不均衡会带来新的数字鸿沟,化解这种不均衡的关键在于坚持平等性原则,采取各种措施让所有城镇居民享受到公共数字信息服务的红利。

（4）实现协同与融合

一体化服务要求公共数字信息服务全流程的协同合作、充分融合。从信息生产节点开始,也包括信息组织和发布、信息传播各个节点,加强协同建设,实现一体化的服务,是改变数字信息服务不均衡局面的基本要求。在信息生产环节加大力度培育和吸收各种社会力量的参与并加强协同,在信息的组织和发布环节实现各种信息介质、表现形式的充分融合,是城镇公共数字信息一体化服务的基本原则之一。

（5）注重系统性

城镇公共数字信息一体化服务本质上是一个复杂的信息生态系统的运行过程,因而其体系构建要在系统论指导下,全面综合分析影响公共数字信息服务成效的各种影响因素,并系统考量各种影响因素之间的相互关联,使之成为一个自洽的、可持续的系统。

4.2.2 新型城镇化进程中公共数字信息一体化服务体系的构建依据

国家从不同角度对城镇公共数字信息一体化服务作出的部署是一体化服务体系构建的基本依据。新型城镇化进程中公共数字信息一体化服务体系构建的出发点是以信息用户为中心,适应我国当前社会的主要矛盾,与国家新型城镇化、信息化建设大政方针一致,并与城镇经济、社会、文化各领域现状及城镇居民的信息能力和信息需求相适应。具体而言,其依据在于如下几方面。

(1)公共数字信息服务时代的要求

新时代中国特色社会主义的主要矛盾在于人们日益增长的美好生活需要和不平衡不充分的发展之间的矛盾,这一矛盾在城镇公共数字信息服务中的集中体现就在于城镇居民的公共数字信息需求无法得到满足。因而,以一体化提供更充分更均衡的公共数字信息服务、以城镇居民及其信息需求为中心进行架构设计成为时代对城镇公共数字信息服务的基本要求。

(2)国家各领域的建设目标

国家对新型城镇化、信息化、公共数字文化等各项工作的部署中,强调了信息基础设施、信息服务主体、公共数字信息资源以及制度和管理的作用。比如,《国家新型城镇化规划(2014—2020 年)》要求强化信息网络、数据中心等信息基础设施建设,加强信息资源的社会开发和利用,更多使用智慧信息服务和新型信息服务;《文化部"十三五"时期公共数字文化建设规划》要求以文化资源建设和服务推广为重点,丰富文化资源,促进基本公共文化服务的标准化和均等化;《"十三五"国家信息化规划》要求实现信息跨部门跨层级共享共用,建立公共数据资源开放共享体系,建成一体化公共服务体系。

由此可见,国家对城镇公共数字信息一体化服务体系建设的目标要求主要体现在《国家新型城镇化规划(2014—2020 年)》、《文化部"十三五"时期公共数字文化建设规划》以及《"十三五"国家信息化规划》等规划的要求中。

《国家新型城镇化规划(2014—2020 年)》要求:"强化信息网络、数据中心等信息基础设施建设。促进跨部门、跨行业、跨地区的政务信息共享和业务协同,强化信息资源社会化开发利用,推广智慧化信息应用和新型信息服务……[①]"

[①]　人民出版社编.国家新型城镇化规划(2014—2020 年)[M].北京:人民出版社,2014:13—17.

《文化部"十三五"时期公共数字文化建设规划》指出：要"以资源建设和服务推广为重点，进一步完善公共数字文化服务网络，丰富服务资源，提升服务效能，全面提高公共文化管理和服务的信息化、网络化水平，促进基本公共文化服务标准化、均等化，更好地满足广大人民群众快速增长的数字文化需求[①]"。

《"十三五"国家信息化规划》的要求为："打破信息壁垒和孤岛，实现各部门业务系统互联互通和信息跨部门跨层级共享共用，公共数据资源开放共享体系基本建立，面向企业和公民的一体化公共服务体系基本建成[②]"。

（3）城镇居民的信息能力与信息需求

从本书对专家的调查结果可发现，影响城市公共数字信息服务质量的诸多因素中，重要性排名前三的依次是：资源太分散、获取困难；服务提供者之间缺乏合作机制；网络速度、网站及程序设计不佳。这三大因素分别对应了一体化服务体系中数字信息资源、信息服务主体和信息基础设施这三大模块，而提升城市公共数字信息一体化服务水平的优先选择有加强法制化建设、完善协同供给机制、建立反馈协调机制等，对应了一体化服务体系中的制度环境和管理保障。

从城镇居民角度看，公共数字信息服务意味着各种服务内容，如可以在线查找到政策、法律知识；可以免费阅读电子书报；可以公益在线学习；可以在线获得权威的文体、医疗、金融、时政和生活信息；可以免费上网。这些需求包括了基本的公共数字资源需求，也包括对信息来源、信息设施方面的要求，本研究的一体化服务体系架构吻合了城镇居民的这一系列需求结构。

4.3 内容要素

由前述专家问卷和城镇居民问卷分析结果，结合相关文献的阅读，以用户

---

① 文化部发布《"十三五"时期公共数字文化建设规划》[EB/OL].[2019－02－05].http://www.ndcnc.gov.cn/zixun/xinwen/201709/t20170915_1356861.htm.

② 国务院关于印发"十三五"国家信息化规划的通知[EB/OL].[2019－02－05].http://www.gov.cn/zhengce/content/2016－12/27/content_5153411.htm.

及其信息需求为中心,可将城镇公共数字信息一体化服务的内容要素分为包括制度环境、服务组织与人才、服务对象、信息资源、服务设施以及管理支持。

(1)相关主体

城镇公共数字信息一体化服务的主体包括政府部门、信息服务机构、企业和个人等,他们饰演了城镇公共数字信息一体化服务过程中的信息资源生产者、信息资源组织者、信息资源发布者、信息资源传输者以及信息服务监管者等角色。其中,政府部门是公共信息资源的主要生产者和提供者,也承担着服务监管的责任,公共服务的公益性、非排他性使得公共信息服务,尤其是基本公共信息服务必须以政府的刚性制度来保障;图书馆、文化馆、博物馆等非营利性信息服务组织则在各自专业领域内开展公共信息资源的开发和社会化利用;各种数据公司、信息服务企业等营利性信息服务组织为城镇居民提供更为深入、专门化的公共数字信息资源;一些专注信息开发和利用的企业和个人也开始参与到公共数字信息资源的供给和服务中。

(2)服务对象

城镇公共数字信息一体化服务的对象指全体城镇居民。如前所述,公共数字信息的服务对象可分出众多的群体,如男性/女性群体、老年人/中年人群体、公务员/学生/自由职业/企业员工以及经济/文化/生理障碍人群等。不同群体有其自身的社会、经济、文化特征,对各个数字信息服务的要求也有所区别。不同城镇的居民也会有着不同的公共数字信息服务诉求,如少数民族聚居或有较多外国人居留的城镇对多文化、多语种的服务会明显强过一般城镇。但是,各种人群对公共数字信息服务仍然存在较多的共同诉求,且在不少情景中这些共性要强过个性需求的作用。

(3)服务内容

政府部门、信息服务机构、企业等信息生产者基于公益目的所生产的各类数字信息资源构成了公共数字信息一体化服务的主要内容。这些数字信息资源以信息流的形式在一体化服务体系中流转,串联起城镇公共数字信息一体化服务的整个过程。政务公共数字信息资源、公共文化数字信息资源、公共科教数字信息资源、公共法律数字信息资源等数字信息资源构成了服务内容的主体。这些数字信息资源的来源多种多样,可能来自信息生产者的直接供给、信息组织者的挖掘、信息用户的分享以及其他途径。

(4)服务设施

城镇公共数字信息一体化服务的设施包括各种有形和无形的信息化设施,有形的如服务器、存储设备、网络交换设备、电子展示屏、用户终端设备,无形的信息化设施如 web 服务平台、移动服务平台、互联网连接、安全网关等。与传统信息服务不同的是,公共数字信息服务过程中无形的信息化设施更为重要,尤其是一体化服务平台对于城镇居民而言是最为直接和最为重要的公共数字信息服务设施。

(5)服务保障

城镇公共数字信息服务的保障来自两方面,一是各种法律法规、标准规范以及政府部门的各种规范性文件,另外一方面是政策、资金、技术、人才等方面的管理保障。

4.3.1　公共数字信息一体化服务制度环境

(1)城镇公共数字信息服务的制度及其类型

城镇公共数字信息服务的制度环境包括各种法律、制度、规章、规划、规范以及标准。公共数字信息一体化服务的困难往往不在于服务的技术要求,而在于服务的管理不力。一些地区信息一体化建设的半途而废,以及一些信息服务组织的积极性不高,均与政府部门对公共信息服务的重视程度不高有关。唯有相关政府部门把公共信息服务摆在重要位置,建立健全公共信息一体化服务的相关制度、政策、法规,方能实现城镇化、信息化的协调发展和相互促进。

城镇信息服务的相关法律、行政法规、规章制度以及标准规范,可促进城镇公共信息服务的规范性,保障信息服务和促进信息化的制度体系框架,创造鼓励信息服务一体化建设的环境。无论从管理层面还是技术层面看,当前公共信息一体化服务的管理制度、数据标准和技术规范还相当欠缺,在新型城镇化语境下的一体化服务制度、标准和规范更是有待完善。

按适用范围,城镇公共数字信息一体化服务标准规范可分为国际性、全国性、地区/组织性标准规范。国际性标准如国际标准化组织(ISO)、国际电工委员会(IEC)、国际电信联盟(ITU)三大国际标准化组织制定的信息化技术领域的相关管理标准[①]、国际图联(IFLA)等国际专业组织对各自专业领域制定的信息服务规范;全国性标准规范包括国家标准化管理委员会下属各技术委员会修制订的国家标准,国务院、工业与信息化部、住房和城乡建设部等颁布的规范性文件;各地政府、社会组织则根据实际情况制定的城镇公共数字信息一体化服务具体工作机制、资金管理、人员队伍建设、综合评价等方面的地区/组织性标准规范。

　　按信息内容类型,可将城镇公共数字信息服务制度环境分为:政务信息化管理标准,如城镇规划、政策法规、三公经费公开的管理标准;城镇管理信息化标准,如社区治安、社保的信息化管理;社会信息管理标准,如旅游资讯、气象信息、文体活动信息的管理规范;其他信息服务标准,如信息资源组织标准(数据格式、标引与描述语言)、通讯协议、行业信息管理、信息安全标准。

　　按信息面向群体,可分为城镇基本信息管理标准规范和城镇非基本信息管理标准规范。城镇基本信息,指政府和社会力量为满足城镇居民基本的信息需求而生产和发布的各类信息,公共管理、普遍覆盖、均等服务是其主要特征,注重城镇居民基本信息权利的保障,也有学者称为"最低纲领",由各政府部门为主负责,统一性、规范性为基本要求[②]。城镇非基本信息,指针对城镇居民中特定群体、特定用途的信息需求而生产和发布的各类信息,如经济作物供需信息、企业发展信息等,这些信息对城镇发展整体影响相对较小,但信息质量要求更高,因而需要更为严格的约束。

　　按城镇信息管理流程,城镇公共数字信息一体化服务管理标准规范的结构包括城镇信息采选、信息组织、信息存储、信息检索服务、信息传输、信息反馈和统计等环节的标准规范。城镇信息采选标准规范包括政务、旅游、就业、气象等城镇信息采集、生产、选择过程的管理规范,应杜绝虚假信息、偏颇信息、残缺信息的出现;组织管理标准规范则涵盖了数据分类、编码、整

---

①　张琳.世界三大国际标准化机构介绍[J].中国标准化,2004,12(10):46-47.
②　赵永振.公民权利与最低限度自由的实现[J].理论导刊,2010(7):32-35.

序、标引等过程的标准化,也是城镇信息协同管理的关键;城镇信息来源于政务、教科、文化、体育等多种体系,又以文件、图像、图书、档案、数值等多种类型存在,因而在存储管理中需注重充分共建共享、便于统一检索和高效管理;城镇信息检索服务作为城镇公共服务的重要组成,应基于公共服务的通用标准规范,结合信息化的特点具体实施;城镇信息的传输与城镇基础建设密切相关,其管理规范建设需与三网融合、智慧城市建设发展要求相一致;信息反馈与统计管理是信息生态链管理闭环的最后和重要一环,应建立城镇信息服务的居民用户沟通反馈规范和统计标准,以支持科学决策实现城镇信息化健康持续发展。

以弱势群体信息服务为例,依照《中华人民共和国宪法》,我国已陆续制定出台《中华人民共和国残疾人保障法》、《政府信息公开条例》、《中华人民共和国"十二五"残疾人事业发展纲要》等相关法规和一些配套的标准规范①,但现有法律法规一般都从宏观层面对保障信息无障碍进行规定,没有具体细则进行落实,导致效力减弱。已有的规定更新缓慢,跟不上城镇信息环境的变化,如对残疾人的保障尚停留在要求图书馆等物理信息服务场所建立无障碍通道的阶段。此外,整个体系完整程度较差,尚无专门规范信息服务的法律法规,也未有保障阅读障碍者、儿童等人群信息公平的规定,数字信息环境下的保障更是亟待形成。

(2)城镇公共数字信息服务的制度环境构成

城镇公共数字信息服务的制度环境主要包括如下几部分。

1)法律体系

公共数字信息服务法律体系包括公共数字信息服务的宏观整体性政策法规、公共数字信息服务的经济支持类政策法规、公共服务设施政策法、公共数字信息产品创作和生产政策法规、公共数字信息产品和服务供给政策法规等方面。

《宪法》作为国家根本法,明确了"国家发展为人民服务、为社会主义服务的文学艺术事业、新闻广播电视事业、出版发行事业、图书馆博物馆文化馆和其他文化事业,开展群众性的文化活动。国家保护名胜古迹、珍贵文物

---

① 王盾.中国残疾人权利与保障的几点建议[J].才智,2012(6):7.

和其他重要历史文化遗产"的宗旨。2016 年,第十二届全国人民代表大会常务委员会第二十五次会议通过的《中华人民共和国公共文化服务保障法》成为城镇公共文化信息服务的基本法律。涉及公共数字信息服务的政策法规还有全国人大通过的《公共图书馆法》、《文物保护法》、《中华人民共和国网络安全法》(2016)、《非物质文化遗产法》、《公益事业捐赠法》(2005),以及国务院颁布实施的《公共文化体育设施条例》、《广播电视设施保护条例》等行政法规。

2)标准规范

整体而言,我国对城镇公共数字信息一体化服务标准规范已有一些基础研究成果,但限于起步较晚,对标准规范建设一般规律性的概括和揭示涉及不多,论述管理标准规范及其体系建设的尚不多见。

我国信息化标准规范建设以政府为主导,内容构成上包括标准文件和规范性文件。由于尚未设立专门的城镇公共数字信息一体化服务标准技术委员会,我国目前是由各相关标准化技术委员会、各相关部门根据业务分工实施城镇信息化的标准规范制定。在城镇公共数字信息一体化服务标准规范制定过程中,主要涉及住建部、工信部等城镇化、信息化主管部门,政府标准主管部门——国家标准化管理委员会及其下属专业委员会和工作组,以及各地政府、质量技术监督局等。

城镇公共信息服务主管部门在对城镇公共数字信息一体化服务现状和趋势充分调研的基础上,提请国家标准化管理委员会及下设专业标准化技术委员会启动制定全国性的城镇公共数字信息一体化服务管理标准。全国专业标准化技术委员会在对标准起草工作组递交的标准进行评估、审查、公开征求意见后,向标准主管部门递交标准,国家标准化管理委员会、国家质检总局等政府主管部门对标准进行发布和出版①。我国没有专设的城镇信息化技术委员会,由各相关技术委员会根据负责专业范围开展标准的修制订。表 4-1 列举了目前已发布或在制定中的有代表性的城镇公共数字信息一体化服务标准。值得注意的是,政务、城市公共设施服务等相关领域的管理标准尚存在不少空白。

---

① 于帆.《全国专业标准化技术委员会考核评估办法(试行)》要点解读[J]. 信息技术与标准化,2017(8):44—47.

表 4-1　部分标准技术委员会及其修制订城镇公共数字信息一体化服务标准

技术委员会	TC号	负责专业范围	制修订标准
服务技术委员会	TC264	服务方面的基础国家标准(服务术语、服务标准化指南、服务分类等);社会公共服务国家标准。	《乡镇基本公共服务通则》(计划)、《高技术服务业 服务质量评价指南》(计划)、《服务信息公开良好行为规范》(计划)、《公共服务评价》、《市、县、乡、村四级政务服务网络建设规范服务业术语》(计划)、《政府热线服务规范》(计划)、《公共服务标准化指南》(计划)等
电子业务技术委员会	TC83	行政、商业等领域电子化涉及的数据元与代码、电子文档格式、业务过程、数据维护与管理、关键支撑技术等	《社区信息化术语》、《社区基础数据元》、《政务服务中心信息公开业务规范》、《社区信息化》(第1、4、7部分)
智能建筑及居住区数字化技术委员会	TC426	智能建筑物数字化系统	《数字化城市管理信息系统》(第1、2部分)
信息分类与编码专业委员会	TC353	信息分类与编码领域国家标准制修订工作	《智慧安居 信息资源描述规范》(计划)等
信息安全专业委员会	TC260	国内信息安全	《信息安全技术 信息安全管理体系审核指南》、《信息安全技术 政府部门信息安全管理基本要求》、《信息安全技术 智慧城市建设信息安全保障指南》(计划)、《〈信息安全技术 政府部门信息安全管理基本要求〉补篇:信息安全管理制度参考模板》(计划)等

　　在国家标准之外,各地的标准,如北京、天津等地的质量技术监督局根据本地的实际,制定了一批地方标准,如:《北京市信息化项目软件开发费用测算规范》、《江苏省政务服务管理信息化规范》、《辽宁省信息化工程监理实施方法(软件工程监理)》、《辽宁省信息化工程监理实施方法(信息化工程安全监理)》、《天津市社区管理和服务信息化规范(总则)》、《江苏省信息化工程验收规范》、《辽宁省信息化工程监理实施方法(电子设备机房系统工程监

理)》、《辽宁省信息化工程监理实施方法(通用布缆系统工程监理)》、《广东省中等城市信息化指标体系》、《天津市社区管理和服务信息化规范》、《广东省信息化项目验收规范》。

　　3)规范性文件

　　标准文件之外,各地对城镇信息化的管理规范要求更多通过各级政府颁布的规范性文档来体现,表 4-2 列举了部分有代表性的规范性文档。

表 4-2　部分城镇公共数字信息一体化服务管理规范性文档

规范性文档	发文部门	发文年度	规范内容
《国家信息化"九五"规划和 2010 年远景目标》	国务院	1997	将信息化标准建设正式纳入国家建设的进程中,政策、法规和标准是信息化体系的基本要素
《国家"十五"计划信息化重点专项规划》	信息化领导小组	2002	进行信息化的中长期规划,提出了"十五"推进信息化的发展方针、发展目标、主要任务和政策措施
《关于我国电子政务建设指导意见》	国务院	2002	改变各自为政,重复建设现状;加快信息资源开发利用和互联互通,促进共享;统一标准,完善法制
《2006—2020 年国家信息化发展战略》	国务院	2006	信息化发展中要重视信息化管理体制的完善,深化电信监管体制改革,加快信息化法制建设
《北京市信息化促进条例》	北京市人大	2007	规范信息化工程建设、信息资源开发利用、信息技术推广应用、信息安全保障以及相关管理活动,加快信息化建设
《省级农村信息化示范县(市、区)标准(试行)》	浙江省信息产业厅	2008	形成工作机制、基础设施、综合服务站点、电子商务应用、社会管理信息化等指标
《重庆市国家级统筹城乡信息化试验区建设工作意见》	重庆市政府	2008	分两个阶段统筹推进城乡信息化建设,明确分阶段目标
《镇、村(居)信息化示范点标准》	湛江市政府	2008	制定了乡镇信息化水平的评价标准

续　表

规范性文档	发文部门	发文年度	规范内容
《信息化建设专项资金管理办法》	合肥市财政局	2008	对城市信息化发展专项资金加强针对性管理
《关于加快电子政务外网建设的意见》	重庆市政府	2010	推动管理创新,完善标准规范,构建协同机制,充分发挥电子政务公共设施的作用和效能
《数字湖南建设规划》	湖南省政府	2011	加强组织领导;完善信息化法律法规和政策体系;建立工作考核与项目管理制度;健全信息化标准和知识产权体系
《国务院关于大力推进信息化发展和切实保障信息安全的若干意见》	国务院	2012	建成全国统一、互联互通的国家电子政务网络,完善项目前期规划、建设过程和成果评价的管理,建立健全运行维护机制。推动重点领域信息共享和业务协同①
《国务院关于"十二五"国家政务信息化工程建设规划的批复》	国务院	2012	以需求为主导,以效能为抓手,强化顶层设计,着力推进国家政务信息化工程建设,加强政务信息化建设的业务协同②
《基层信息服务站点信息员、任职资格与工作要求》	山东省政府	2012	明确了农村信息服务专业知识、从业经验、工作任务、服务时间等的要求
《湖南省信息化条例》	湖南省人大	2012	规范信息化行为,促进信息化发展,提高信息化水平
《"宽带中国"战略及实施方案》	国务院	2013	明确"宽带中国"信息化发展目标与发展时间表
《关于征选信息消费试点市(县、区)的通知》	工信部	2013	制定了城镇信息消费水平的指标
《关于加快推进信息化促进"四化"同步发展的意见》	河南省政府	2013	推进信息化与城镇化协同发展,实施智慧城市示范工程,促进城市建设规范化、城市服务智能化

① 国务院关于大力推进信息化发展和切实保障信息安全的若干意见[EB/OL]. [2019-03-06]. http://www.gov.cn/zwgk/2012-07/17/content_2184979.htm.

② 国务院关于"十二五"国家政务信息化工程建设规划的批复[EB/OL]. [2019-03-06]. http://www.gov.cn/zwgk/2012-04/26/content_2123804.htm.

续　表

规范性文档	发文部门	发文年度	规范内容
《广东省信息化发展规划纲要（2013 — 2020 年）》	广东省政府	2013	强化信息化在城镇化进程中的作用，建立健全数据采集、交换共享、开发利用相关标准体系
《关于印发促进智慧城市健康发展的指导意见的通知》	发改委、工信部等	2014	着力改进智慧城市建设暴露出的缺乏顶层设计和统筹规划、体制机制创新滞后突出等问题
《北京市信息化发展规划（2016 — 2020 年）》	北京市经信委	2016	加强规划实施的组织领导和统筹协调；完善政府与市场开放合作的政策法规和标准规范

（3）城镇公共数字信息服务的制度环境体系

如前所述，城镇公共数字信息一体化服务的管理标准规范是一个复杂而庞大的集合系统，可用多种方式进行解读，在构建其体系过程中应基于系统工程方法论的观点，按照一定的结构，实现统一的规划、组织。当前城镇公共数字信息一体化服务标准规范建设的突出问题在于缺乏组织，不成体系，因而建立管理标准规范体系对于城镇化、信息化建设及其协同发展具有重要意义。

标准规范体系内部要素的逻辑组合常见的表现形式有层次结构和线性结构两种。层次结构可以有效抽取各个对象的共性，同时科学反映各个对象的具体个性，但面对复杂的标准规范集合时，会产生过多的层级，导致构建困难而可理解性差。线性结构则在反映管理标准化的流程性上具有明显优势，可以根据信息生命周期各阶段的特点进行针对性规划建设，但对多类型、多线程任务处理效果不理想。这两种结构都无法完美诠释管理标准规范之间的复杂关系，因而，系统工程方法论的引入或将提供一种更为合理阐释城镇公共数字信息一体化服务管理标准规范体系结构的思路。

美国学者霍尔于 1969 年提出的三维结构坐标法，也称硬系统方法论（Hard System Methodology，HSM），是一种公认有效的复杂系统规划、组织和管理的思想方法，在构建标准体系过程中已得到较多应用。霍尔三维结构将系统工程活动过程分为七个阶段和七个步骤，这些阶段和步骤再加上必需的各种专业知识和技能，形成了由时间维、逻辑维和知识维所组成的三维空间结构①。这一方法论的出现,为解决类似管理标准规范体系建设这样的复杂系统的规划、组织、管理提供了一种统一的思想方法,可以构建更为科学的体系结构。

借鉴硬系统方法论的思想,本书构建了由建设环节、适用范围、内容类型三个维度构成的城镇公共数字信息一体化服务制度环境图(图4-1)。

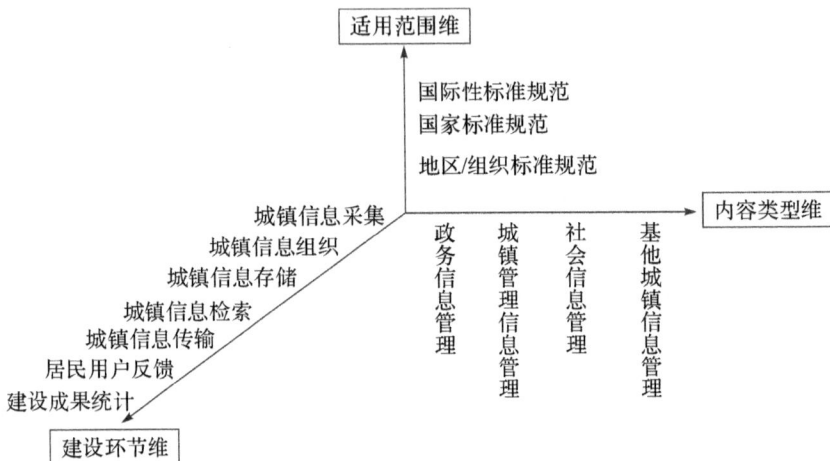

图 4-1　城镇公共数字信息一体化服务制度环境

图 4-1 描述的城镇公共数字信息一体化服务制度环境图中,建设环节维与霍尔的时间维相近,以城镇信息生命周期为主线,展开为对其采集、组织、存储、检索服务、传递、反馈和统计的管理规范;适用范围维借鉴了霍尔的逻辑维观点,将城镇数字信息服务的标准规范分为国际性、国家、地区/组织三个层面;内容类型维基于知识范畴,将城镇信息组织为政务信息、城镇管理信息、社会信息和其他信息四种。三个维度中的任意项目,又可进一步展开,形成了各自层面的树状知识体系,如城镇信息的存储管理,可按政府、文化、体育、教育等来源不同而进行规范,也可以按照政策文件、图书、视频、数值信息等类型进行统一标准化,还可按信息的服务性质区分城镇基本信息管理标准规范和城镇非基本信息管理标准规范。

---

① 喻正义,周园源. 基于霍尔三维结构的企业绩效评价机制的建立与完善研究[J]. 中国经贸,2013(24):82.

4.3.2　公共数字信息—体化服务主体

(1)城镇公共数字信息服务的主体结构

公共数字信息服务的基本特征在于公共性、广泛性和互动性,一体化则是公共数字信息服务的内在要求,也是新型城镇化进程带来的外在需求。自 Drucker 提出新公共物品管理模式(1069 年)后,公共服务的多元化和市场化改革在全球蔓延,并衍生了 PPP 模式等政府与民间组织合作的模式。

过往,公共服务主体常与政府等同,公共信息也仅指政府部门产生或以其他方式拥有的信息。这一观念已随着社会的发展而被改变。当今意义上的公共信息服务,是政府机构、社会组织、个人共同为社会提供的信息服务集,服务主体呈现出多元化的特征。国家信息化战略规划也明确要求:形成在政府的正确引导下,企业、社会组织和全体公民积极参加,各方力量协同合作的治理机制。基本的城镇公共数字信息服务主体结构见图 4-2。

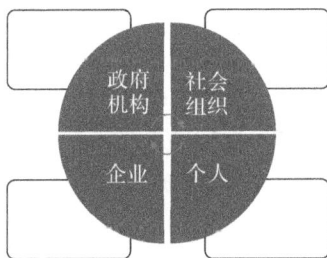

图 4-2　城镇公共数字信息服务主体结构

(2)主要的城镇公共数字信息服务主体

1)政府部门

现代意义上的公共数字信息服务,是政府、公民、法人和其他社会组织共同为社会提供的信息服务集,服务主体呈现出多元化的特征。其中,地方政府无疑是城镇信息服务的主心骨,相关部门和机构不仅是城镇信息主要提供者,掌握大量的服务设施,同时也拥有专业的服务队伍。公共服务的公益性、非排他性也使得公共信息服务,尤其是基本公共信息服务,必须以政府的刚性制度来保障,避免"搭便车"现象和"公共悲剧"现象。从国内外实践看,地方政府的实施力度决定了信息服务的成败,新型城镇化进程中,政府应以新的姿态参与并主导公共信息服务,与各种社会组织、信息服务企业和个人一道,为城镇用户提供公益性、便利性、均等性、普遍性的信息服务。

2)信息服务专门机构

图书馆、文化馆、档案馆、科技馆、博物馆、信息中心、科技情报机构等非营利性信息服务组织是公共服务的重要力量,在各自专业领域内开展公共信息资源的开发和社会化利用。

图书馆、文化馆等事业单位是信息服务的主力,这是由我国基本国情所决定的。事业单位是公共信息服务的法定单位,根据我国《事业单位登记管理暂行条例》(1998年发布、2004年修订)的规定,所谓事业单位,即指:"国家出于繁荣社会公益事业的目标,由国家有关部门或其他机构利用国有资产举办的,开展教、科、文、卫等方面工作的社会服务组织"①。由于事业单位往往隶属于某个党政机关,与政府关系密切且具备一定的行政职能,从狭义的非营利组织定义出发,也有学者认为事业单位是独立于非营利组织的存在。本书从国家实际和广义的非营利组织定义出发,仍然将事业单位列为公共数字信息服务的非营利组织。

此外,各大高校、医疗服务机构等具备一定信息服务功能的机构组织也在公共数字信息服务体系中起着不可忽视的作用。这类机构组织的代表是高校图书馆,高校图书馆面向市民开放已成为图书馆社会化发展的大趋势。

3)企业

公共数字信息资源来自社会也服务于社会,随着公共服务管理模式的变革,各种数据公司、信息服务企业等营利性信息服务组织为城镇居民提供更为深入、专门化的公共信息服务,成为综合性、基本面的公共信息服务之外的有益补充。新公共管理理论认为,城镇居民的信息需求日趋多样化,仅依靠政府和非营利组织来实现信息服务是不现实的,市场模式可以也应该成为城镇信息服务很好的补充。

---

① 国务院关于修改<事业单位登记管理暂行条例>的决定[EB/OL].[2018-07-19]. http://www.gov.cn/zhengce/content/2008-03/28/content_6422.htm.

4）社会组织与公众

随着社会发展，一些专注信息开发和利用的行业协会、基金会、民办非企业单位等社会力量和个人也已开始向公众提供公共信息服务，成为公共信息服务的活力所在，对形成社会各界全面参与公共信息服务的格局具有积极意义[①]。

提供公共数字信息服务的社会组织包括营利性组织与非营利性组织两种。前者如各种行业协会、学会、咨询委员会、研究会，以及企业、事业单位和其他社会力量举办的从事公益性信息服务活动的非营利性民间组织。后者如一些私有资本支持的会员制的社会组织。可预期的是，随着社会的发展，各种基金会、民间团体将成为提供公共数字信息服务的活跃力量。扶持社会力量的发展，推动社会力量的加入，不仅是对信息服务体系的完善，更是公共信息服务的活力所在。

社会力量与政府都是公共数字信息服务的重要力量，应加强管理，构成一种政府部门主导，市场化运作，第三部门等社会组织辅助，企业、个人积极参与的公共信息服务综合体系。对于构成上述服务主体的公共信息服务人才个体，《国家信息化战略规划》、《"十二五"推进基本公共服务均等化规划》等都提出了具体要求，包括如下几方面。

1）推进政府购买公共服务

现代治理体系下，政府的定位进一步明晰，可以向社会购买的服务，都应面向社会选择有资质、信誉好的企业、事业单位和社会组织来具体实施。政府更多关注购买公共服务指导性目录的修订、财政预算的制订、各类信息的公开、项目的日常监管和评估等活动[②]。

2）加强政府和社会资本合作

在公共服务环境复杂化、需求精细化的背景下，单凭政府投入的资金已无法实现公共服务的全面覆盖。在允许社会资本进入的领域，可以加大社会资本的吸纳力度，通过公开招标、邀标、竞争性谈判等招投标途径引入有

---

①　夏义堃.公共信息资源的多元化管理[M].武汉：武汉大学出版社，2008：258.

②　中共中央办公厅、国务院办公厅印发《国家信息化发展战略纲要》[EB/OL].[2018−04−13].http://www.gov.cn/xinwen/2016−07/27/content_5095336.htm.

资金实力、有管理能力、有良好信誉的社会资本到公共服务中来。

3)鼓励发展志愿和慈善服务

志愿和慈善服务是社会参与公共服务的重要方式。地方政府需要及时采集和发布志愿服务需求和岗位情况,建立健全志愿者的档案制度,采取各种措施动员社会组织和个人积极参与公共服务的志愿活动,建立志愿活动的激励制度;建立慈善服务的捐赠优惠、先进表彰等制度,让各种慈善组织、社会工作者投入慈善服务时更有激情,让慈善服务成为公共服务事业的重要补充。

4)发展"互联网+"益民服务

各地应大力发展"互联网+"公共服务,促进互联网融入地方公共服务体系的建设中去,促进公共数字资源的开放共享和整合,促进公共服务方式手段的创新,构建面向社会大众的一体化在线公共服务体系。同时,积极开展大数据技术和方法的应用,基于大数据采集并及时更新社会的公共服务需求和服务体验,不断改进公共服务。

5)扩大开放交流合作

国家鼓励各级政府通过合资、合作等方式,加强公共教育、公共文化、公共体育等各项公共事业的对外开放,学习借鉴世界各国最新的公共服务治理经验,提升本地区、本领域的基本公共服务层次[①]。

4.3.3　公共数字信息一体化服务对象

(1)城镇公共数字信息的服务对象

城镇公共数字信息服务的对象为全体城镇居民。随着城镇化率的逐步提高和对内改革、对外开放力度的加大,居民的成分也越来越复杂。

我国城镇化率持续提升,根据国家统计局网站发布的《城镇化水平持续提高　城市综合实力显著增强——党的十八大以来经济社会发展成就系列之九》介绍,到 2016 年年底,我国常住人口城镇化率为 57.4%,较 2012 年

---

① 国务院关于印发"十三五"推进基本公共服务均等化规划的通知[EB/OL].[2018-06-04].http://www.gov.cn/zhengce/content/2017-03/01/content_5172013.htm.

底有 4.8 个百分点的增长。2016 年年底,中国已有 20883 个建制镇,这一数字较 2012 年年底提高了 1002 个。此外,2015 年中国登记在册的城市户籍人口数量较 2014 年增长 3.5%,同期全国人口自然增长率则为 5‰[①]。城镇人口的增长速度远高于人口自然增长速度,意味着大量城镇居民是新进入城市的,他们或从农村主动进入城市,或随着城市的扩大而被纳入了城镇居民的范围之内。

此外,随着对外开放力度的加大和中国城市吸引力的增强,越来越多的外国人开始在中国城市长期居住,也导致城镇居民的结构愈加复杂。

在前述研究的基础上可知,不同城镇居民的信息技能(检索技巧、检索表达、检索自助、检索自信)和信息意识(信息兴趣、信息有用、信息便利、信息源、个人发展)存在着差异,导致信息需求也有所不同,但也存在不少明显的共同点。对城镇公共信息一体化服务的对象层次存在多种解读,但多数学者认同包括残障人群、老龄人群、低收入人群、少数民族等都属于在信息获取和利用方面存在障碍的人群位于服务的外围,是一体化的重点和难点。信息社会与数字社会有着较多共通之处,数字社会中存在着数字原住民、数字难民、数字移民的分野,这种说法学界尚未统一,但我们可借鉴认为,城镇信息一体化服务的重点对象是城镇中的信息难民,即受自身条件、经济状况、社会地位、文化程度等条件限制而无法在城镇生活中充分享受信息服务的人群。

基于上述理论分析,结合前述专家问卷的分析结果,将城镇居民分为普通居民、新市民等四个层次(图 4-3)以及生理弱势、文化弱势居民等五类市民(图 4-4)。

(2)公共数字信息服务中的各类城镇居民

按获取城镇公共数字信息的能力从强到弱,大致可将城镇居民分为普通市民、弱势老市民、新市民和其他市民 4 类。依据弱势原因,又可将除普通市民以外的人群分为生理弱势居民、经济弱势居民、知识弱势居民和文化弱势居民。其中,弱势老市民多属于生理弱势居民人群,新市民的弱势则可

[①] 国家统计局城市司.城镇化水平持续提高,城市综合实力显著增强[N].中国信息报,2017-07-12.

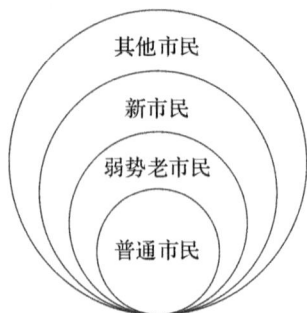

图 4-3 不同层次的城镇居民

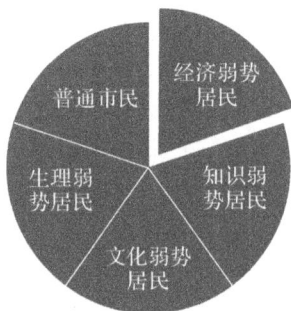

图 4-4 公共数字信息服务中的各类城镇居民

能由于生理、经济、知识方面与普通市民的差距,其他弱势市民的代表是自外来文化区域迁居到本城镇的居民①。

五类城镇居民的基本特征分别如下。

1)普通市民

指受过较好教育,具备较高信息素养并有一定经济实力的城镇居民。

2)生理弱势居民

指长期在城镇中生活,经济有一定保障,但文化程度不高,信息能力一般的城镇居民。这一人群以生理弱势人群为代表,包括残障人群如听力困难、言语残疾、阅读障碍、视觉障碍、肢体不全、智力残疾,以及老龄人群等。其中,阅读障碍是信息服务中特有的障碍人群,阅读障碍者智力与常人无异

---

① 经渊,郑建明.协同理念下的城镇信息无障碍服务模式研究[J].图书馆杂志,2017(5):22—29,46.

甚至更高,但神经系统在阅读和拼写时处理能力弱于常人,代表人物是新加坡前总理李光耀。当前信息化水平下,文字、图片是城镇信息的主体呈现形式,因而影响信息获取最主要的障碍原因是视觉障碍,盲人等视障者需要在语音读屏软件和特殊外设的帮助下才能获取数字信息,且要求信息网站严格遵循无障碍设计。其他生理残疾人群如听力困难、言语残疾、肢体残疾者,主要依靠助听器等专用设备获得与正常人相近的信息服务体验,相较传统信息服务时代更为方便,无须克服困难到访图书馆等地进行实地信息获取。随着银发时代的临近,对老龄人群的信息服务日显重要,老年人视觉、听觉、触觉都开始退化,记忆力和思维能力也逐步下降,比正常人要求更大的字体设计、更简化的操作过程、更形象的内容展示和更多元的感知方式。

3) 经济弱势居民

这类人群以城镇低收入人群、外来务工人员为代表,他们在城镇居民中占据很大比例,却在城镇信息化建设成果应用普及中不幸成为长尾效应中的那一截尾端。影响他们城镇信息生活品质的主要原因是处于收入分配链条的末端,外加自身信息获取和利用能力不高,导致承担着沉重的城市建设任务却无经济实力保障基本的信息生活水平。提升经济弱势群体的信息消费能力,不仅能扩展他们的发展空间甚至促成其命运的转变,更是实现共同富裕、建设和谐社会的内在要求。因而,解决经济弱势人群的信息无障碍问题,不仅仅是偶尔的信息扶贫或赠送廉价电脑那般简单,而应上升到国家和地方政府长期规范层面。

4) 知识弱势人群。

这一群体构成比较复杂,包括来自农村的新市民、部分高学历老年人、成长中的信息原住民——儿童,以及新晋的企业家和一些高收入人群等都在其列。这一人群来自各种年龄、各种性别、各种社会阶层,甚至有不少外界认为的成功人士,桌上摆放配置最高端的 PC、手中拿着最新款的智能手机,包中还有最先进的平板电脑,但都有一个共同特点即缺乏基本的信息能力。通过无障碍信息服务的实现,让这一群体在信息检索、信息获取、信息处理、信息利用各方面的能力得到提升,不仅能加速其创业和学习,也是促进城镇信息消费和信息知识生产的重要手段。值得注意的是,教育程度与信息能力并非成正比关系,如部分高学历老年人存在数字信息利用障碍,数字阅读率不高,成为信息时代新的弱势群体。

5)文化弱势居民

这里主要指生活在城镇中的少数民族和来自中华文化圈外的人群。我国文化传承五千年,已形成一套独立而庞大的体系,与西方文化差异明显。随着国际化程度的日益提高,越来越多的外国人开始在中国长期生活,同时以往生活在农村的大量少数民族也开始向城镇汇集。如浙江省义乌市,本身只是一个不大的城市,本地人口 74 万,但外来人口达到 143.3 万人,常驻外商 1.3 万,少数民族人口达到 6 万多人,有 48 个民族的人员在义乌创业谋生。语言、文化的差异形成了这一人群融入当地生活的巨大障碍,需要大量的经费、人员投入,建设多语种的信息门户,配备多语种的信息服务人员队伍。

4.3.4 公共数字信息一体化服务的信息资源

(1)城镇公共数字信息资源及其类型

新型城镇化建设要求各地利用信息技术在新城镇建立跨部门、跨行业、跨地区的公共信息服务体系。当前在实现公共信息一体化服务的过程中,尚存在着资源供给不足而重复建设情况严重、一体化程度低、管理和更新成本高等诸多问题。公共服务的供给不足是制约新型城镇化发展的重要因素,建立一体化机制,提高公共服务的信息资源的丰富程度、质量水平、更新速度、整合程度、需求满足程度、利用情况应成为公共数字信息服务的主要课题。

公共数字信息资源是相对私有数字信息资源而言的一种资源类型。私有数字信息资源一般由个人或组织根据自身需求,以自有资金负担生产成本,并采取等价交换的市场供给方式;公共数字信息资源则是各级政府、各种组织或个人为保障社会大众信息权益而向大众提供的信息资源,广义概念上也涵盖了相关信息技术、信息设施、信息人员等①。

公共数字信息资源按作用领域,可分为文化、教育、体育、环境、科技、卫

---

① 张士玉,董焱.应用信息资源管理[M].北京:清华大学出版社,2016:301.

生、通信等领域信息资源；按信息类型，可分为政策法规、专利信息、企业数
据、会展信息等；按提供者，可分为国家公共信息资源、政府公共信息资源、
社会公共信息资源；按知识产权类型，可分为智力活动的规则和方法、社会
公共知识技术与信息、公共信息等[①]。

　　基于国内外的实践和前期的需求调研，本书将城镇公共数字信息服务
涉及的信息资源分为政务系统公共数字信息资源、文化系统公共数字信息
资源、科技系统公共数字信息资源、教育系统公共数字信息资源、经济系统
数公共字信息资源、行业系统公共数字信息资源等，如图 4-5。

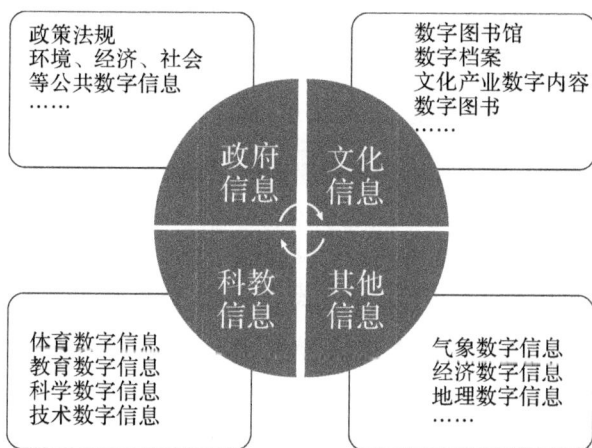

图 4-5　城镇公共数字信息资源

（2）城镇公共数字信息资源构成

1）政务信息资源

　　公共信息资源与政务信息资源是两个不同的概念，又有所交叉。从外
延上看，公共信息资源外延比政务信息资源要广，涵盖了社会大众所需的各
类信息资源，而不仅仅局限于政府信息；政务信息资源也不全是公共信息资
源，而是有一定的适用范围。

　　政务信息资源涉及政府政务活动的方方面面，按适用范围可分为社会
公开、部门共享和依法专用三个级别，其中，社会公开类政务信息资源属于

　　① 夏义坤.公共信息资源的多元化管理[M].武汉：武汉大学出版社，2008：61−63.

公共信息资源范畴。社会公开类信息指应当向社会公开,归社会公众广泛利用的信息。社会公开政务信息资源包括产生于政府内部的政府信息资源和产生于政府外部的社会公共信息资源①。

我国正大力推进的电子政务建设,使得城镇居民可以方便及时地访问政务公开网站,以获取法律、法规和各种国计民生相关信息。随着信息技术的发展,电子政务的作用日益明显,社会对电子政务的期望也越来越高。电子政务信息资源的整合利用成为提高政府治理效率和服务能力的重要内容。

依据《政务信息资源目录体系》对政务信息资源的分类原则和方法②,政务信息资源可分为 21 个一级类和 133 个二级类,其中,面向公共服务的信息资源包括各类政策法规、发展规划、政府机构编制、工作职责、重大事件、各行业建设情况等方面的信息资源。

2)文化信息资源

根据《公共文化服务保障法》和《文化部十三五公共数字文化建设规划》的相关规定,公共数字文化信息包括图书馆、文化馆(站)、美术馆、博物馆等公共文化机构通过推进数字图书馆、数字文化馆、数字美术馆、数字博物馆建设,开展线上服务,向社会提供的信息化、网络化公共文化信息资源。

具体来说,公共数字文化信息资源包括以在线文艺演出、陈列展览、电影放映、广播电视节目收听收看、书报阅读服务、艺术培训等形式向社会提供的艺术鉴赏、全民阅读、知识讲座、实用科技、健康生活等数字文化资源,其代表有如下几类。

A.图书馆数字文化信息资源

随着信息和网络技术的发展,数字资源和网络资源已成为图书馆信息资源的重要组成。通过采购、加工、捐赠、交换等方式,图书馆已在图书、连续出版物、学位论文、会议论文、专利、标准等传统实体文献的基础上形成了以电子图书、电子期刊报纸、视听资料、在线课程等为主的公共图书馆数字信息资源体系。

---

① 王益民.电子政务技术与应用[M].北京:国家行政学院出版社,2013:58.
② 政务信息资源目录体系 第 4 部分:政务信息资源分类[S]. GB/T 21063.4—2007.

B. 博物馆数字文化信息资源

包括馆藏文物数字化资源、数字化文献资源、网络信息资源等。其中馆藏文物数字化资源是博物馆数字文化资源的主体，也是博物馆数字资源建设的重点工作[①]。

C. 档案馆数字文化信息资源

档案馆数字文化信息资源是将可供社会使用的传统文书档案、科技档案、专业档案、声像档案进行数字化、网络化处理形成的信息资源。

3）科教信息资源

除快速发展的数字文化信息资源之外，教育、科技数字信息资源在公共数字信息服务体系中也占据着重要地位。

随着 MOOC 等创新教育模式的普及，教育信息资源不再局限在校园的围墙之内，有着学习需求的社会大众也有机会获取各类数字化、网络化的教育信息资源。数字教育信息资源包括数字化的各类教学大纲、实验、案例库、试题库、教案、教学课件和教学素材、教学辅导材料等[②]。除了一些受限于知识产权控制无法对社会开放的信息资源，越来越多的数字教学信息资源可以且已经进入公共服务领域，供社会大众利用。

数字科技信息资源指科技信息资源保藏机构采集、组织、存储并提供查询、检索和服务的数字化信息资源。按传统的科技文献信息源分类，数字科技信息资源包括了数字化、网络化的科技图书、科技期刊和其他连续出版物、科技报告、会议录、国际组织及政府出版物、专利文献、标准文献、产品样本、技术档案、学位论文，通常以网络数据库形式存在。

4）其他信息资源

随着社会的进步和人民生活水平的提高，人们的信息需求越来越多元化和个性化，在政务信息、文化信息、科教信息之外，其他组织、部门所产生的健康信息、气象信息、空间地理信息、环境信息、经济信息也成为公共数字信息服务不可或缺的组成。如在日常生活中，健全的天气变化、环境质量、能源供给等信息服务在提高人们生活品质过程中有着明显的促进作用。又

---

① 余芳.公共管理学［M］.长春:吉林大学出版社,2014:223.
② 张士玉.应用信息资源管理［M］.北京:清华大学出版社,2016:313.

如经济信息资源虽不能直接创造物质财富,但人们通过它能更好地利用和开发物质资源,尤其在科技高速发展的今天,更是如此①。

与政务信息和教科文信息不同,经济、社会、娱乐公共数字信息具有较大的潜在经济价值,民营化率较高,与非公共信息在很大程度上存在交叉。如新知问答社区知乎,在面向大众提供社交问答服务的同时,通过知乎日报、知乎电子书、知乎 Live 等产品与服务开展知识交易。又如国内最主要的数字音频平台之一喜马拉雅 FM,通过所谓"免费+增值"方式,试图在公共服务的基础上培育付费用户群,变现信息服务。

4.3.5 公共数字信息一体化服务设施

城镇公共数字信息服务设施涉及相关场所、设施、技术、平台,由于数字信息服务的特殊性质,服务平台在公共数字信息服务设施中居于核心地位。服务平台又以 web 端、H5 端、APP 端、微信服务号/公众号等多种形式存在。

(1)基于 web 的城镇公共数字信息服务平台

Web 服务平台是面向社会用户的数字信息资源整合发布平台,是社会用户获取公共数字信息资源的入口。在信息化环境下,它满足了人们方便、快捷、准确获取信息资源的需求,成为公共服务的重要基础设施,推动了公共信息服务能力和效率的提升,有助于城乡融合与协同发展。有学者认为,互联网平台是继市场、企业后第三种主要的资源配置与组织方式,是连接者、匹配者和市场机制设计者,是知识经济与知识社会的引擎②。

在我国,常见的公共数字信息服务平台有国家和各地区的政务公开平台、数字文化网、各种数字图书馆、数字美术馆、数字音乐馆、数字农业馆等。这些服务门户依托于各种实体图书馆、美术馆、文化馆及其主管部门,开展相关信息资源的数字化加工处理和采集,并将整合后的资源通过信息门户提供给用户使用。

---

① 张志诚.生产力经济学辞典[M].北京:立信会计出版社,2002:125.
② 方军.付费 互联网知识经济的兴起[M].北京:机械工业出版社出版,2017:8—9.

公共数字信息 web 服务平台当前的发展趋势是基于云端的服务。SaaS 服务的特点正好充分弥补了我国公共数字信息服务目前建设水平低，资金困难、人才短缺等突出缺陷，较好地迎合了公共数字信息一体化服务的发展需求。

理想的公共数字信息一体化门户架构如图 4-6 所示，自下而上主要分为基础平台层、服务支撑层、应用服务层三个层面，外部用户向应用服务层请求服务并获取所需资源。

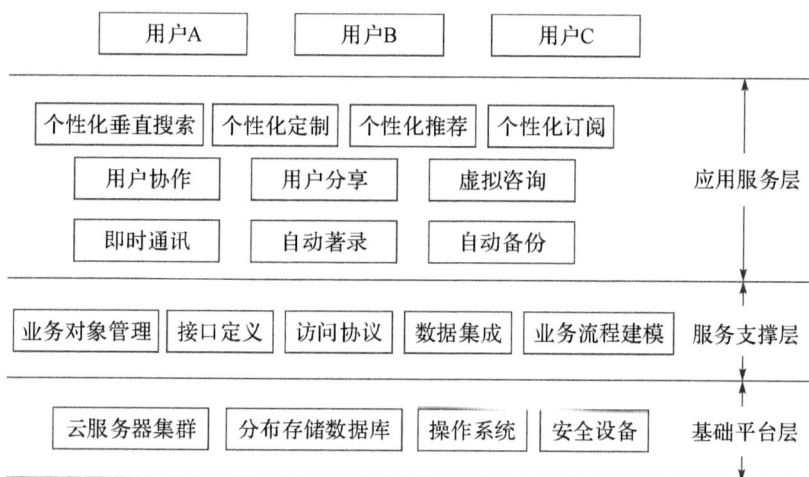

图 4-6　公共数字信息一体化门户架构

1）基础平台层

基础平台层是云计算体系架构中 SaaS 服务的底层服务，提供满足弹性需求的基础平台服务。

基础服务层基于基础设施即服务（Infrastructure as a Service，LaaS）理念，是整个公共数字信息一体化门户的资源池，封装了服务器、物理存储、网络设备、操作系统、安全设备等资源，其中，最为重要的是云集群服务器和分布式存储数据库。

为实现弹性可扩展服务，基础平台层采用虚拟化技术，实现了计算机和网络资源的动态分配，从而可以根据用户和请求的数量来按需配置，提高计算、存储和网络资源的使用效益①。

2）服务支撑层

服务支撑层居于基础平台层和应用服务层之间，提供门户服务所依赖的各种业务对象管理、接口定义、访问协议、数据集成、业务流程建模等服务内容。

服务支撑层设计基于平台即服务（Platform as a Service，PaaS）理念，将平台底层的服务器、存储、网络、操作系统等的运行与管理与上层的应用服务隔离，使得用户无须关心底层软硬件的管理而将精力集中在对应用服务的关注上②。通过规范化的通讯接口定义、资源访问和交互协议。业务对象集成、访问控制，实现了对资源访问的优化，使得服务功能的可扩展和按需调配成为可能。服务支撑层支撑了整个门户的应用程序运行环境，用户可方便地利用相关开发工具进行各项服务的部署和管理，而无须过多考虑底层的软硬件环境。

3）应用服务层

对公共数字信息的用户而言，一体化门户架构中与其关系最为密切、联系最为直接的是应用服务层。

在服务支撑层提供的各项支持基础上，应用服务层容纳了一体化门户的各种应用服务，涉及公共数字信息服务的方方面面。基于 SaaS 技术，个性化推荐、个性化定制、个性化垂直搜索、虚拟咨询、即时通讯、用户协作、用户分享、资源著录、数据备份和恢复等门户服务实现了模块化、集成化和可扩展。

（2）城镇公共数字信息移动服务平台

随着移动互联网的普及，人们的信息行为发生了很大变化，移动服务成了城镇居民首选的公共数字信息服务形式。

城镇公共数字信息移动服务平台多数情况下是被作为公共数字信息一体化服务平台的功能拓展而建设的，以 APP 应用程序、WAP 网站、短信接

---

① 蔡永顺，杨明川，司伟，等.数据库云化部署技术研究[J].电信科学，2015，31(7)：90—95.
② 邓丽华，薛尽飞，王丹，等.云服务运营管理需求与实施建议[J].通信企业管理，2011(6)：55—55.

口、微信订阅号/服务号等形式存在。

1）WAP 站点服务

由于移动设备的限制，面向 PC 端开发的公共数字信息服务平台在移动端的用户体验不能让人满意，需要基于 WAP 协议重新开发。

Wireless Application Protocal（无线应用协议，WAP）是面向移动环境的网络通信协议，基于 WAP 的城镇公共数字信息服务平台可有效适配移动设备处理器性能、内存容量、屏幕尺寸、输入方式以及网络速度，有效提升公共数字信息服务的用户体验。

2）短信息服务

短信息服务是一种较为"古老"的移动服务，实现起来较为容易，但信息内容、服务方式都有很大限制。以图书馆短信息服务为例，常见的服务方式有个性化推送和交互式服务两种。个性化推送的服务内容以新书通报、预约到馆通知、超期提醒、开放时间公告等。交互式服务主要应用在移动参考咨询、移动 OPAC 服务等方面[①]。

3）APP 服务

APP 客户端应用程序是移动信息服务环境下公共数字信息服务的重要发展方向。不少信息服务都采取了 WAP 平台与 APP 应用并行的服务方式，以 WAP 服务提供快捷接入，以 APP 应用在移动端实现更多的服务功能。

4）微信公众号等服务

微信服务已成为各行各业重要的服务入口。微信服务的主要方式是微信公众号，包括微信订阅号和微信服务号。其他的新型服务还有基于微博的服务、基于抖音的服务以及基于腾讯 QQ 的服务等。

（3）城镇公共数字信息服务其他设施

公共数字信息服务设施包括各种信息服务建筑以及各种电子屏、读报机、地铁播放设备等。

公共数字信息服务建筑设施包括图书馆，博物馆、美术馆、纪念馆、文化馆、文物保护单位管理机构、展览馆、书画院、宗教场所、科普单位、科技馆、

---

① 王卫军.高校图书馆移动信息服务模式创新研究[J].图书馆学研究,2014(17);65－70.

自然博物馆、天文馆(站、台)和气象台(站)、地震台(站)、高校和科研机构对外开放的科普基地以及综合公共文化服务中心。此外,为增强公共数字信息服务的互动性和趣味性,公共数字信息服务机构充分运用人机交互、虚拟现实、增强现实、3D打印等现代技术,建立了互动体验空间,设立了阅读、舞蹈、音乐、书法、绘画、摄影、培训等交互式体验专区。

值得注意的是,我国对信息服务设施的整体投入仍显不足。据统计,我国地方图书馆得到的财政拨款不到国家文化财政支出的1‰,经济不发达地区往往无法保障最基本的信息服务投入,导致信息基础设施建设水平尚处于较低水平,地区间差异明显。

4.3.6 公共数字信息—体化服务管理支持

在城镇公共数字信息—体化服务过程中,来自管理层面的政策、资金、人才等方面的有力支持将会发挥积极作用。

(1)城镇公共数字信息服务的政策支持

管理部门对城镇公共数字信息服务及其—体化的支持政策包括如下几方面。

国家层面建立公共数字信息服务综合协调机制,指导、协调、推动公共数字信息服务工作,并明确具体主管部门承担综合协调具体职责。

地方层面上,政府一方面需要加强对公共数字信息服务的统筹协调,推动实现共建共享;另一方面,应当加强对公共数字信息服务工作的监督检查,建立健全社会意见和需求的反馈制度,加大公共数字信息服务考评过程中的社会评价比重。

此外,还需要采取措施繁荣理论研究,从多方面支持相关理论研究,并加强多层次专业人才教育和培训。

(2)城镇公共数字信息服务的资金支持

城镇公共数字信息服务的资金来自国家财政、地方财政、单位自有资金、企业资本、社会捐赠以及增值服务收费。其中,国家和地方财政主要依靠转移支付等方式得到保障,社会资本以及增值服务则依赖于管理部门的政策引导。

1）国家和地方财政

面对城镇公共数字信息服务中的各种不平衡、不充分，国家和地方财政的支持显得尤为重要。

当前，我国对部分信息服务领域如公共文化服务的财政支出保障已在国家《十三五推进基本公共服务均等化规划》以及其他政策、法律中有相关规定。如根据《十三五推进基本公共服务均等化规划》《公共文化服务保障法》的要求：各级各地政府应各司其职，在预算中做好公共服务经费的列支；对革命老区、民族地区、边疆地区、贫困地区等重点地区，要在资金投入上重点扶持各项公共服务，予以倾斜支持；应对免费或优惠对外开放的各项公共服务进行政府补助予以保障[①]；各级政府应建立健全各项公共文化服务资金的使用管理和评估制度；建立规章，杜绝各种侵占、挪用公共文化服务专项资金的情况出现。

2）企业资本

信息服务产业链上下游存在着大量的信息生产企业、信息咨询公司以及信息服务企业，这些企业进入公共数字信息服务领域有其资金、技术、人才以及资源诸多方面的优势，一旦创造条件让他们全方位参与到城镇公共数字信息服务中，资金、技术、人才以及资源方面的很多困难将得到缓解。目前相关管理支持正在逐步落实中，如《十三五推进基本公共服务均等化规划》明确要求：鼓励社会资本依法投入公共服务，拓宽公共服务资金来源渠道；采取政府购买服务等措施，支持公民、法人和其他组织参与提供公共服务。

3）社会捐赠

在《公共文化服务保障法》《十三五推进基本公共服务均等化规划》等法规、文件中，对社会捐赠及其办法做出了一系列规定，以鼓励和支持社会捐赠。设立公共服务基金是公民、法人和其他组织向公共数字信息服务捐赠的主要形式；社会捐赠的另一种传统途径是通过地方政府及其部门、专业

---

① 国务院关于印发"十三五"推进基本公共服务均等化规划的通知［EB/OL］.［2018－06－17］. http://www.gov.cn/zhengce/content/2017－03/01/content_5172013.htm.

公益组织将财产进行捐赠。

4)增值服务收费

公共服务并不等于免费服务,在符合规定的条件下,公共数字信息服务机构可以开展一些增值服务并适当收取费用以便提升服务水平。以图书馆为例,在基本的普惠性服务外,一些面向特定需求的增值服务可以为图书馆的信息服务提供一定的运行经费。图书馆提供的为外来用户利用图书馆、预约资料服务、定题服务、馆内复印、馆际互借、出版服务等,根据英国信息科学研究所的研究,都属于收费服务范围①。

(3)城镇公共数字信息服务的人才支持

管理部门对城镇公共数字信息服务的人才支持包括岗位设置、人才教育和培训、人员配备以及人才激励机制的完善等。

具体实施中,各地政府应当:按照城市现有发展水平和目标要求,对公共数字信息服务相关设施的目标、功能和服务对象人群进行整体设计,充分配备相关岗位工作人员和专业技术服务人员;开展多种形式的公共数字信息服务人员培训活动;做好基层公共数字信息服务的条件保障,通过各方面政策的引导,推动高水平公共数字文化服务人才下沉到基层,开展社区、村、镇一级的公共数字信息服务。

4.4　整体构成

4.4.1　新型城镇化进程中公共数字信息一体化服务体系内容要素关联

城镇公共数字信息一体化服务各类内容要素之间存在着错综复杂的关联,主要表现在如下几方面。

---

① 夏义堃.公共信息资源的多元化管理[M].武汉:武汉大学出版社,2008:275.

(1)服务主体与服务对象联系密切

信息资源生产者、发布者等服务主体与服务对象之间有着千丝万缕的联系。这种联系首先表现在信息的生产、组织、传播和发布需要以用户的需求为动力、以用户的接受为标准,这一联系的内在驱动是我国当前社会人民群众日益增长的美好生活需求与不充分、不均衡的生产之间的矛盾。同时,服务对象与服务主体间又常有身份互换的现象,在信息资源共享理论指引下,用户参与公共数字信息服务并生产和发布信息资源的积极性越来越高,途径越来越便捷,导致了服务主体与服务对象的边界在特定情境下会较为模糊。这种紧密联系一方面使得公共数字信息服务各子系统构成了一个完整的有机体系,同时又凸显用户及其信息需求的重要地位,在新型城镇化的大背景下为公共数字信息服务带来了新的挑战。

(2)居于中心的服务对象辐射其他要素

在面向服务的城镇公共数字信息一体化服务中,服务对象即用户是整个一体化服务体系的逻辑中心,一切服务都应以用户为中心。城镇居民的信息需求和服务体验对服务主体、信息资源、服务设施以及管理支持等起着导向性作用,引导着信息流的活动。

服务对象即用户作为公共数字信息一体化服务的中心往往并不直接表现,而是通过一体化服务平台来体现其作用。在数字时代,服务平台在表达用户需求、组织服务资源方面发挥着重要作用。这种服务平台并不限于Web 网站系统,而是涵盖了 WAP 移动服务平台、微信公众号、小程序、APP应用程序、短视频账号等广泛形式。由于公共数字信息服务的平台依赖性,在公共数字信息服务的信息流中,服务设施尤其是一体化服务平台构成了实际操作的中心,但其背后的关键仍然是城镇居民及其信息需求。

(3)信息资源是信息流主体

信息资源构成了信息流的主体,是整个城镇公共数字信息一体化服务体系各部分的串联者。这里的信息资源,主要是城镇居民生产、生活中所需的各类数字信息资源,如公共数字文化信息、公共体育信息、政府公开信息、生活服务信息等,同时,也包括了城镇公共数字信息一体化服务过程所涉及的各类管理信息、控制信息、反馈信息等。

信息资源的生产由服务对象的需求而驱动,由信息生产主体来完成。其后,信息组织者对信息资源进行组织和整序,信息传递主体将信息资源投送到服务对象处。信息监管主体者对信息资源流动的全过程进行管控。通过这样一种串联,公共数字信息服务借助信息资源的流动实现了信息流的有效运动,而各种人、财、物要素也在此过程中形成了紧密的传动关系。

(4)服务保障影响巨大

制度环境与管理保障共同构成了城镇公共数字一体化服务的服务保障部分,前者是明确成文且相对稳定的,起着"立木南门"的作用,后者相对而言变化较多,起着引导数字信息资源生产、组织、发布和传输利用,全过程监管信息资源服务和激励作用,但两者的边界并非固定不变,如法律法规规定的公共数字信息服务资金投入标准就可以归到管理保障部分去。

相关的服务保障虽不是最为核心的公共数字信息一体化服务要素,却对整个服务过程和要素结构发挥着重要作用。信息市场主体的进入、扩张、收缩和退出公共信息服务领域,其决策很大程度上取决于对制度环境的判读。同样,信息组织主体和传递主体的工作意愿、工作方式和工作成果都与具体的制度环境和管理保障密不可分。管理过程中相关的用户权利保障制度,对于用户信息需求的明确、检索、满足和反馈有特殊意义,是公共数字信息服务实现以人为本、一体化服务的支撑力量。

因而,城镇公共数字信息一体化服务各要素各司其职又紧密关联,在对新型城镇化进程中公共数字信息一体化服务机制的研究过程中,需要全面分析各要素的关联,分析公共数字信息一体化服务体系的内在结构,形成对问题的整体把握。

4.4.2 新型城镇化进程中公共数字信息一体化服务体系整体架构

在公共信息资源与政府信息资源画等号的时代,城镇公共数字信息服务的发展模式和服务架构都仅属于政府业务模式和部门分工问题。新时代背景下,人们对公共信息资源和公共信息服务已形成深入和全面的认识。公共信息资源的公共性、广泛性、外在性决定了公共数字信息服务多元化的主体特征,政府主导、多元参与、一体服务成为现代城镇公共数字信息服务的基本要求。同时,随着我国城镇化步伐加快,大量农业转移人口市民化,使得城镇居民的公共信息需求日益多元化,而实现"人的城镇化"的整体战略也对公共信息服务提出了更高要求。

在居民需求和服务目标均发生显著变化的背景下,城镇公共数字信息服务架构势必须有所调整。

首先,在服务体系的基本架构中,一体化服务需要摒弃以政府部门或公共文化服务机构为核心的理念,牢固树立以用户为中心的理念,并将这种理念落实到城镇公共数字信息一体化服务体系点架构中。

其次,要加强数字信息资源的生产,并充分应用现代信息技术改进服务,将信息资源生产和服务设施建设放到与机构和组织建设同等重要的位置。服务主体协同、信息资源整合和服务设施建设应紧密围绕城镇居民的公共数字信息需求和服务反馈而开展。

再次,在城镇公共数字信息一体化服务过程中,要加强管理保障和制度环境建设。人才、资金、政策、法律、法规、标准、规范等各种服务条件不仅仅是周边环境的构成,也是一体化服务的基本要素。

基于上述分析,城镇公共数字信息一体化服务体系的整体架构如图4-7所示。

国家新型城镇化规划明确要求建立跨部门跨地区业务协同、共建共享的公共信息服务体系,因而,该架构的核心在于通过一体化管理和协同运行,实现政府—市场—社会三元并行,既发挥政府部门的主导作用,保障城镇居民的基本公共信息资源需求,又激发市场活力,充分发挥各公共部门、企业、非营利团体和个人的作用,满足城镇居民个性化信息诉求。

用户是城镇公共数字信息一体化服务架构体系的核心。此处的用户泛指生活在城镇中的所有居民,重点则是各种存在信息障碍的人群,如老年人、伤残人士、居住在本地的外国人士等,对其特殊的公共数字信息诉求的满足是公共信息服务全面、均等的基本目标要求。在一个运行流畅的一体化服务体系架构下,用户可借助各种服务设施获取数字信息服务,就信息搜索、获取和利用各方面的问题与服务主体充分沟通,并根据自身条件积极参与到公共数字信息资源的建设中。

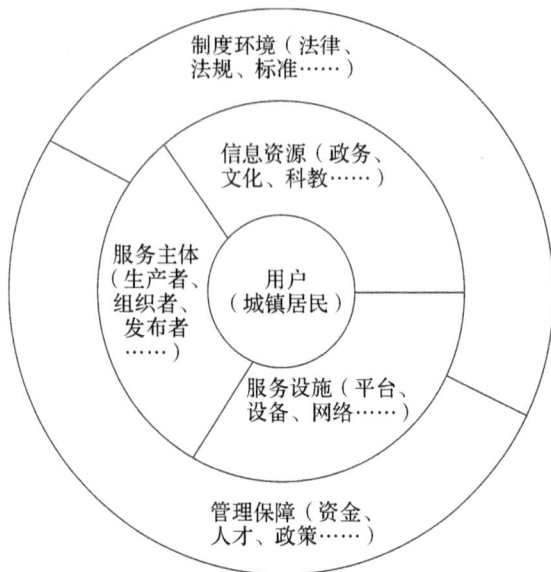

图 4-7　城镇公共数字信息一体化服务体系架构

服务主体结构上,政府部门、非营利性信息服务组织、营利性信息服务组织、企业和个人几种主体协同合作,构成一种政府部门主导,市场化运作,第三部门等社会组织辅助,企业、个人积极参与的公共信息服务综合体系。

管理保障和制度环境方面,新型城镇化进程中公共信息服务以国家整体规划为基本要求,地方政府根据所在城市实际情况制定服务标准、规范公共信息服务。在实现一体化管理和协同运行的过程中,不同城镇的方式因地制宜。居民信息素质较高、信息基础设施条件较好的城镇可充分利用互联网、物联网技术,以开展基于移动应用的数字公共信息服务为重点;对市场培育成熟、信息产业发达的城镇而言,服务架构将更突出市场调节作用,政府较多地向社会购买公共信息服务,社会力量作用凸显;经济欠发达、信息化程度不高的城镇则对政府在公共服务领域的统筹规划和资源整合能力更为倚重,公共数字信息的基本服务成为整个架构的重心。

第5章 新型城镇化进程中公共数字信息一体化服务机制研究

新型城镇化进程背景下的公共数字信息服务有其独特的内在机制。对城镇公共信息服务系统各组成部分之间相互作用的过程和方式的研究,可在对公共数字信息一体化服务要素构成以及要素间关系深入分析基础上引入信息流理论,将公共数字信息一体化服务机制研究置于信息流、技术流、资金流、人才流、物资流五流协同的大环境下开展。

5.1 公共数字信息服务的信息流

2016年,习近平总书记在网络安全和信息化工作座谈会上,就实施网络强国战略、"互联网+"行动计划以及大数据战略作出重大指示,要求以信息流带动人才流、技术流、资金流、物资流,优化信息资源配置[①]。

以信息流为主线,可从微观层面将新型城镇化进程中的公共数字信息服务各要素、服务内容进行串联,剖析其整体布局和内在机理。最终,通过信息流可把信息生产者、信息服务机构、信息用户连接为一个整体,从资源分配机制、技术机制和服务模式等多方面推动城镇公共数字信息服务发展。

---

① 习近平.在网络安全和信息化工作座谈会上的讲话[J].中国应急管理,2016(4):12—16.

5.1.1 公共数字信息服务信息流

(1)概念与前置理论

公共数字信息服务中的信息流,究其本质,是公共信息服务链伴生的信息流,其核心是实现公共数字信息的协同一体化服务。

除了前述熵增原理、信息通道理论、5W 理论等信息流相关理论外,城镇公共数字信息服务信息流研究还应用了信息经济学理论中的信息不对称理论、生态链理论等相关理论的研究成果。

1)信息不对称理论

根据信息经济学理论,完全信息是不存在的,不同主体拥有的信息量不平衡是一种普遍现象,这就是信息不平衡。信息不平衡理论持如下观点。

A. 在质量和价值两端,信息具有其独特属性

质量维度上,信息具有非排他性、竞争性等属性,因而各种表现类似公共物品。价值维度上,信息的增值来自新增信息所带来的潜在收益。

B. 信息是不完全的

在完全信息条件下,市场生产和消费可以达到帕累托最优,实现资源的最近配置,但现实社会中信息是不完全的,因而,完全信息的假设只存在于理论中,市场供给必然发生上下波动。

信息不完全有两层概念:一是单纯信息生产过程中的信息不完备,信息生产永远达不到信息消费的数量要求,也无法完全预期新增的信息消费需求;二是信息主体决策过程中的信息不充分,这一约束不仅来自信息数量的限制,更体现在信息主体知识能力的不足。

C. 信息不对称是信息不完全的基本表现

信息不完全的基本表现是信息不对称,即信息生产者与信息消费者之间、信息生产者之间以及信息消费者之间普遍存在着信息量的不对等。通常情况下,信息主体对自身相关信息拥有量较为充分,但对相关度不高的信息储备不足,如信息生产者的生产信息保有量较大,信息消费者则拥有较多的消费信息。

信息不对称的结果是生产和消费无法达到帕累托最优,导致市场机制

不能有效发挥作用[①]。经济学家提出了多种信息不对称的解决方案,如阿克洛夫的"柠檬"理论;赫什雷佛的"信号"理论;斯蒂格利茨的"悖论";威克瑞的激励机制设计理论;波拉特、梅棹忠夫等的信息经济学理论[②]。

2)信息生态链理论

信息生态链理论认为,各种信息主体在信息流转过程中形成了一条与生物系统类似的生态链。其主要内涵包括:

A. 信息生态链由多种信息主体构成

信息生态链涉及的信息主体包括位于生态链头部的信息生产者、位于生态链中部的信息传递者和信息消费者,以及位于生态链尾端的信息分解者。信息生产者包括政府部门、企事业单位以及其他各种信息服务组织机构。信息传递者一般是专业提供信息服务的组织。信息消费者是获取信息并予以利用的各种组织和个人。信息分解者是进行信息筛选、控制和清理的组织和个人。

为了更好地表达信息生态链的主体功能过程,可将信息主体内部的功能代理进一步抽象划分为用户界面 Agent、服务流程组合 Agent、迁移 Agent、描述类 Agent、服务注册 Agent 和执行类 Agent[③]。

B. 信息主体的功能定位并不固定

各个信息主体的定位并不是一成不变的,信息生产者在环境变化时可能会切换成信息传递者、信息消费者甚至信息分解者,其他信息主体也是这样。

根据信息服务的具体需求,一个信息主体也可能同时出现在信息生态链的多个位置,扮演不同的角色。如在精简版的信息生态链中,信息生产者与信息传递者往往由同一主体扮演,信息分解者的功能则可能借助信息消费者的活动而实现。

C. 内外部环境对信息生态链施加着影响

在由信息生产者、信息传递者、信息消费者和信息分解者构成的基本信息通道之外,信息主体与内外部环境的交互也对信息生态链的运行施加着

---

①　王国贞.微观经济学[M].北京:清华大学出版社,2014:281.

②　骆正山.信息经济学(第2版)[M].北京:机械工业出版社,2013:9.

③　曲靖野,张向先,靖继鹏.虚拟企业联盟信息生态链的信息自组织机制研究[J].图书情报工作,2014,58(16):23-29.

各种影响。

（2）信息流的环境

在公共数字信息服务过程中，信息流与周边环境相互影响、相互作用。信息流带动着技术流、资金流、人才流、物资流的运转，技术流、资金流、人才流、物资流以及相关制度则构成了信息流的运行环境。

1）资金流

公共数字信息服务的资金流，主要指公共数字信息服务活动所伴生的各种成本支出，如人力成本、计算机设备成本、存储设备成本、网络传输成本等。资金流的流向在整体上是与信息流同步的。

2）人才流

公共数字信息服务信息流的每一个环节都需要有相应的人才提供支持。即便是一些由计算机系统自动完成的环节，表面上纯粹是信息的流动，其实背后也伴随着人才的流动和管理。因而，公共数字信息服务在信息流管控过程中，还需要全面考虑各环节的人才队伍建设。

3）物资流

公共数字信息服务涉及的物资流，主要是指各类服务器、存储设备、消防管控装备、播放展示装置的购置、安装、调试与运维。

4）技术流

公共数字信息服务的技术流，主要是指各种现代信息技术的采用。新的技术手段的应用和技术路线的优化，对信息的流向和流动方式有着积极作用，会有力促进公共数字信息服务一体化程度的提高。

5）制度环境

各类信息政策、法律法规、标准规范、管理制度，对公共数字信息服务的信息流起着不可忽视的促进或制约作用。

（3）信息流的构成

1）主体构成

从主体构成上看，信息流包括信息生产者、信息组织与发布者、信息传播者、信息用户以及信息监管者。

信息生产者是信息的源头，不仅生产了公共数字信息，还将自己的信息内容附着在流向最终用户的信息内容中,标识信息生产者的基本信息、生产时间、授权情况等内容,客观上起着知识产权保护的作用。公共数字信息的生产者主要有生产政务信息的政府部门、生产文化信息的文化机构以及生产教育信息的教育机构等。

信息组织与发布者对各种来源的信息内容进行分类、整理和筛选,形成可供下游用户利用的信息内容。常见的公共数字信息组织与发布者有各级政府的信息平台、图书馆网站等。

信息传播者借助互联网、磁盘、光盘等信息介质,向下游用户传播信息内容。典型的信息传播者如总分馆制度下的图书馆分馆,在一些场景下也可能与信息组织与发布者或其他主体相重叠。

信息用户借助信息传播者提供的信息介质,最终获得信息生产者所提供的信息内容。

信息监管者则对信息流进行监管,过滤不良信息,回收垃圾信息。这一角色任务一般由政府部门直接承担或委托专业机构代为完成。

各主体的素质高低对信息流的质量起着直接作用。信息生产者的影响力越大、权威性越强,信息流的流量、净度等指标就越高,公共数字信息服务的水平也越高,微博的各大官微的影响力即是明显的佐证。信息组织与发布者也是如此,图书馆作为非营利的数字信息中心,最容易得到信息用户的信任,也保证了信息流的基本质量。信息用户的素质也对信息流产生着影响,拥有较高信息素养的用户以其更为出色的信息检索、获取、利用和创新能力,能促使信息流的流动更为畅通,并为信息流带来更多活力。

2)流向构成

从流向看,信息流在信息生产者、服务机构以及信息用户等主体之间形成了横向、纵向和多向三部分结构。

A.纵向信息流

纵向信息流是信息向上、向下流动的信息流。向上流动的信息描述了公共数字信息服务的当前状态。例如,当用户产生某一信息需求时,信息从底端的用户出发,经过信息传播者、组织与发布者以及信息生产者各环节向

---

①　袁红清.管理信息系统:电子商务视角[M].北京:立信会计出版社,2003:56.

上流动,最终促成了用户所需信息得到生产、组织和传播。这种信息也经常表现为各种服务咨询、沟通以及正面或负面的反馈。向下流动的信息是公共数字信息服务的生产者、管理者根据已有的信息,生产特定公共数字信息或对既有公共数字信息的流转状态进行调整。

B. 横向信息流

横向信息流是信息在同一层级的流动,如政府部门、公共文化服务机构、社会媒体等各种公共数字信息的生产者之间的协调、统筹。这些水平方向的信息流动可以把公共数字信息服务各组织、各部门、各环节的行为统一起来,促成公共数字信息生产层面的一体化①。

横向信息流常与纵向信息流同时出现,如图 5-1 所示。

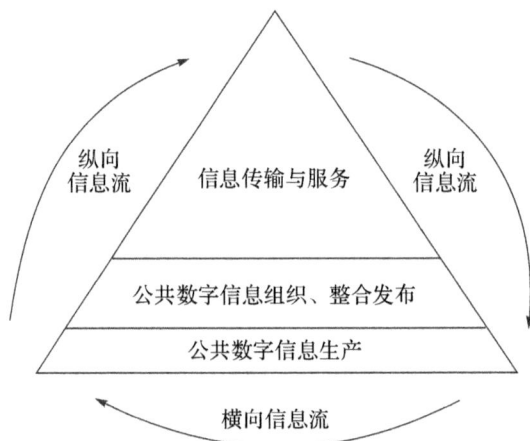

图 5-1　纵向信息流与横向信息流①

C. 多向信息流

多向信息流是横向信息流和纵向信息流的复合形态,是一种同时会在横向和纵向传递的信息流。当某一公共数字信息生产者决定生产某一类型的信息时,会向其他信息生产者发出合作共建的横向信息流,以确保资源投入的有效性,实现公共数字信息生产的一体化。同时,也可能会向下游的信息用户发送需求征集的信息流,寻求用户的反馈,保证所生产的信息能最终

① 袁红清.管理信息系统:电子商务视角[M].北京:立信会计出版社,2003:55.

产生效益。信息用户在向上游信息传播者、信息组织和发布者以及信息生产者发送需求信息流时,也会借助网络社区、即时通讯软件等各种信息用户间的沟通途径向其他用户请求该信息。

(4)信息流的属性

在城镇公共数字信息服务的语境下,可认为信息流的基本属性包括如下几方面。

1)密度

在城镇公共数字信息服务过程中,涉及各种类型、各种来源的信息,形成的信息流往往是由复合信息构成的。复合程度越高,信息流密度越大。

信息流密度主要表现在如下几方面:

①信息载体类型上,同一信息流可能包括文字、图像、音频、视频等多种信息类型。如用户查询某条法律条文时,获得的可利用信息会包括法律文本、图解、培训视频、在线音频等各种可选信息。

②信息文献类型上,同一信息流可能会将图书、连续出版物、政府出版物、多媒体资料等各类文献同时呈现给信息用户,在公共数字文化信息服务过程中这一现象尤为明显。

③信息来源方面,随着信息服务一体化程度的提高,信息流中含有的信息内容会来自越来越多的信息生产者,信息流密度也会越来越大。同样在前述法律条文的查询过程中,随着一体化程度的提升,用户能接触到的除了传统的政府部门的公开信息,图书馆法律类图书、社会法律援助支持等信息也将逐渐增加。

当然,信息流的密度也并不是越大越好,需要同时兼顾信息的全面性、准确性和效率,以恰当的体量将最合适的信息提供给信息用户。

2)流速

信息流的流速主要受网络传输速度、设备响应请求能力等各种技术参数的影响,信息服务运转过程相关的各种规章制度也会对流速产生一定影响。一般而言,信息流的流速越大,城镇公共数字信息服务的效率越高。

①网络传输速度的影响。随着三网融合的推进,城镇公共数字信息服务的信息流流速已得到明显提升,很多偏远地区也能借助电信网、数字电视广播电视网和互联网与城市中心几乎同步接收到公共数字信息内容,告别

了光盘拷贝、硬盘移动存储等低效慢速的信息传输方式。未来 5G 应用的落地和推开,则会将网络条件对公共数字信息服务信息流的流速限制压缩到最小。

②设备响应能力的影响。影响城镇公共数字信息服务信息流流速的设备因素包括信息发布和传输涉及的各种路由器、交换机、防火墙以及存储设备等,也包括终端用户的手机、平板等移动设备以及 PC 的质量。因而,城镇信息化建设水平和城镇居民的经济水平都会对信息流流速产生影响。

③规章制度的影响。城镇信息化设备管理的规章制度、三网融合的具体落实措施、地方政府对信息化建设的资金支持政策等各种政策、制度、措施,都会对城镇公共数字信息服务的信息流流速起着积极或消极的影响。

3)净度

净度即信息流的纯净程度,信息流净度是对信息用户所获取信息质量影响最大的因素之一。当公共数字信息服务所提供的信息冗余度居高不下,低质量信息泛滥,甚至不时夹杂着各种有害信息、不实信息时,城镇居民对公共数字信息服务机构的信任就不复存在。因而,减少冗余信息,过滤有害信息并鉴别不实信息,是公共数字信息服务提高信息流净度的基本要求。

4)温度

城镇公共数字信息服务的信息流温度,主要是指信息应具备良好的时效性并提高用户体验的舒适感。

信息流温度的主要影响因素包括:

①信息的时效性。公共信息服务常见的问题是信息更新不及时。公共阅报栏的报纸长期不更换,装修华丽的图书馆一年到头新增的图书寥寥可数……这些传统信息服务模式的弊端也在数字信息服务中有所体现。当政府网站各个栏目几个月都没有内容更新时,当数字图书馆建设缺乏后续经费成为昂贵的摆设时,当城镇居民在信息服务平台的问题咨询被束之高阁时……信息流的温度就会急剧下降,城镇居民就无从体验到城镇公共数字信息服务所带来的便捷性。

②用户体验的舒适感。传统信息服务模式下,图书馆高高的台阶、政府办事大厅低矮的窗口,都让城镇居民对各种信息服务敬而远之。数字信息服务环境下,一些不尊重用户使用习惯甚至人为设置障碍的行为仍然存在,

使得公共数字信息服务的信息流温度无法提升,城镇居民依然对公共数字信息服务存在疏远感。因而,对信息服务平台进行改进使其匹配各层次城镇居民的信息行为特征,扩展信息服务功能使各种信息障碍人群也能以其熟悉的方式享受公共信息服务,都有助于城镇公共数字信息服务信息流温度的提高和服务档次的提升。

5)稳度

城镇公共数字信息服务的信息流稳度,指的是城镇公共数字信息服务过程中,应在足够的存储量和生产量基础上保证信息的持续更新,并确保服务不受外界因素影响中断,从而避免信息流地忽大忽小、时有时无[①]。

5.1.2　公共数字信息服务信息流的运行过程与机理

(1)运行过程

城镇公共数字信息服务的信息流本质上是公共数字信息服务的主体、客体以及环境间的信息交换,其运行过程大体包括公共数字信息的生产、组织、发布、传播、评价反馈与优化调整,如图 5-2 所示。

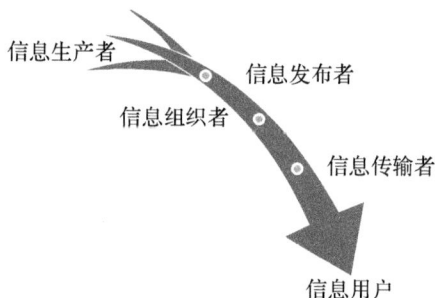

图 5-2　信息流的运行过程[①]

在生产环节,数字信息被各类信息生产者生产出来或设法获取到。这一环节并不完全是公共性的,也会有一些营利性的、非公开的数字信息被生

---

①　郑兰琴.协作学习的交互分析方法——基于信息流的视角[M].北京:人民邮电出版社,2015:79.

产,但最终在提供时,公共性的数字信息仍是绝对主流。随后,通过信息组织与发布者的工作,各种来源、各种类型的公共数字信息被有序组织、分类并整合后向外发布。在各级信息传递者的接力之后,信息流到达下游的信息用户处后完成一个基本的流转过程,用户的反馈信息流也随即向上运行。期间,信息监管者会在生产、发布和传输各个环节进行信息流的监管和调控。

（2）运行机理

城镇公共数字信息服务的信息流运行主要遵循了推拉原理和熵最小原理。

1）推拉原理

推拉原理其实是用户驱动理论的一种体现。根据推拉原理,在城镇公共数字信息服务的信息流运行过程中,存在着推力和拉力两种因素,其共同作用导致了信息的流动。

推力来自下游的信息用户即城镇居民,换句话说,是城镇居民的信息需求推动了城镇公共数字信息服务的发展。信息用户的推力来自其获取信息改善生活的内在需求,具体表现为对把握社会发展动向、提高个人文化素养、把握就业创业机遇、提高自身和家人健康水平等需求信息的满足。

拉力来自上游的信息生产者。各个信息生产者,尤其是同时作为信息生产者、组织与发布者、传播者和监管者的政府部门,通过不断加大信息流密度、加快信息流的速度、提高信息流纯度和温度并保持信息流一定的稳度,以优质的信息服务吸引城镇居民去充分利用城镇公共数字信息服务。

2）熵最小原理

城镇公共数字信息服务的信息流是在信息生产者、组织与发布者、传播者、监管者以及最终用户之间多向流动的。复杂的运行模式必然带来熵的增长,导致潜在的混乱,但是压缩系统的规模又意味着服务数量和质量的下降。

因而,在完善公共数字信息服务信息流,强化内外部流通,增加系统熵值的同时,还需要导入负熵来减少熵值,以最小熵产生自组织现象。通过创造一个信息服务系统与周边持续交互信息、持续增加负熵维持系统有序性的环境,是公共数字信息服务信息流优化的基本要求。

　　增加负熵并抵消正熵的过程中,信息流流向的设计是关键。通过对公共数字信息生产的协调合作,对信息内容的有效组织,提高信息流的密度、温度和纯度,可以较好地减少总熵值。当然,负熵也不是越多越好,需要与公共数字信息服务的实际相一致,否则信息流密度过大也会对城镇公共数字信息服务产生不良影响。

　　(3)基本类型

　　典型的信息流类型有链式信息流、网状信息流、轮式信息流等。

　　1)链式信息流

　　链式信息流是在信息流各个环节之间形成的一种单纯的链式传播。如在公共数字文化信息的信息流中,信息从信息生产者出发,由全国性的数字文化共享中心组织并发布,随后依次经过省级数字文化共享中心、市级数字文化共享中心、县级数字文化共享中心以及社区数字文化服务点,最后到达社区居民,相关的咨询、反馈信息者反向逐级上行。

　　2)网状信息流

　　网状信息流是以某一信息主体为中心的信息流模式,其他信息主体之间以及与信息流中心间多采用双向传递的方式。基于云的城镇公共数字信息服务信息流某些方面就表现出网状特征。城镇公共数字信息一体化服务平台是信息流的中心,信息生产者、信息组织者、信息用户以及信息监管者都围绕在平台周边并与平台实现双向沟通。

　　3)轮式信息流

　　轮式信息流类似网状信息流,是一种有中心的信息流,但外围主体之间并不存在直接的关联。传统基于早期静态网页技术的城镇公共数字信息服务平台即是这种情况,信息生产者之间、信息组织者之间、信息用户之间以及信息监管者之间都不存在流畅沟通的渠道。

　　4)环式信息流

　　环式信息流是一种闭合的双向链结构,不存在中心。这种信息流多存在于流水线产生的平行组织架构中,从流水线上游的生产部门 A 开始,依次经过后续的部门 B、部门 C······到达销售部门 H,销售部门 H 将销售情况 f 反馈给生产部门 A,以实现生产计划根据市场需求的调整。

5)全通道信息流

全通道信息流是一种理想化的信息流模式,各个主体间相互平等,不存在具体的中心,每个主体都与其他主体充分双向沟通。

在城镇公共数字信息服务语境下,网状信息流和轮式信息流是较为常见的信息流模式。一般而言,信息用户是信息流逻辑上的中心,城镇公共数字信息一体化服务平台是信息流实际运行中的代理中心。

5.1.3 基于信息流的公共数字信息服务原则及方法对策

(1)基本原则

1)加强信息的组织、融合

城镇公共数字信息服务的信息内容以文字、音频、视频、图像等各种信息介质而承载流动,不同介质的信息内容具有各自的作用。据研究,信息通过人体不同感官进入大脑时的吸收率差别很大:视觉通道的吸收率是83%,听觉通道的吸收率为11%,其他通道的吸收率仅6%[1]。因而,从某种角度出发,可认为信息流密度最大的视频信息是最佳的信息形式。当然,不同的环境条件和不同的用户需求对信息形式的要求可能会截然不同,当前信息化条件下视频信息所带来的存储和传输压力也是普遍存在的难题。此外,图像信息的直观、音频信息的易于传输以及文字信息的清晰和准确,都是视频信息所不能比拟的。

因而,加强信息的组织和融合,实现各种信息介质、表现形式的充分融合,是城镇公共数字信息服务信息流导向的基本原则之一。

2)普遍、共性服务

城镇居民的环境背景和信息能力千差万别,其公共数字信息需求也各有千秋,但作为公共服务的有机组成,提高信息流中个性化的含量,实现普遍、均等服务是基本的原则要求。当然,普遍、均等服务与尊重并满足城镇居民的个性化需求并不是完全对立的,后者同样是城镇公共数字信息服务的目标之一,区别在于实现的时机和方法的不同。

---

① 甘仞初.信息系统原理与应用[M].北京:高等教育出版社,2004:6.

3）用户至上、以人为本

以用户为中心是信息服务的基本原则，也是现代社会治理对城镇公共数字信息服务的基本要求。因而，城镇公共数字信息服务信息流的中心必然应该是信息用户，用户的需求推动着服务的发展。

4）切合实际、提高效率

公共服务常见的弊端是有需求的地方没有服务，有服务的地方不存在需求。这一问题的根源在于没有以人为本，具体表现则在于服务不切实际、效率低下。因而，从信息流角度出发，城镇公共数字信息服务需要优化信息流结构，提高信息流内容质量，加快信息流流速并赋予信息流更多的智慧。

（2）基本方法

1）加快信息流流速

信息流流速主要影响因素是网络传输速度、设备响应请求能力等各种技术参数以及信息服务运转过程相关的各种规章制度。因而，通过加快信息流流速来使得城镇公共数字信息服务运行更为高效的方法主要包括技术和管理两方面的方法。技术方法包括增加网络带宽、加快 5G 的部署、升级网络设备、扩充存储容量等，管理手段包括完善和优化各种规章制度、提高信息化设备的维保水平以及加速推进城镇居民的信息设备升级换代。尤其是 5G 技术将为公共数字文化服务生态带来巨大的变革，不仅会建立公共数字信息的高速路，进一步提高城镇公共信息的数字化水平和传播效率，更带来了服务生态的革命，引发各类数字信息的深度融合。

2）提高信息流密度

一般情况下，信息流的密度越大，信息用户的满意度也会随着可获得信息的增加而提高，意味着信息流的质量越高。提高信息流密度的基本方法是加强信息协同组织，实现各种类型、各种介质的信息在信息流的融合，压缩信息以求在同等流速下提高信息流密度。当前，公共数字信息产品不断推陈出新，动漫、网络文学、手机游戏、在线音乐网络视频等新型的数字信息产品已形成了越来越庞大的用户群体，对这些数字信息的协同组织将有助于提高信息流的密度，丰富公共数字信息服务的资源内容。

3）提纯信息

信息流的净度对信息用户的体验影响巨大，提高净度是提高城镇公共数字信息服务质量的基本方法。纯净信息、提高信息净度的具体方法有：明确管理职责、加强信息监管；加大技术研发力度，实现不良信息自动过滤；引入专家系统和用户参与，及时核实不良信息；强化信息规范和组织，减少冗余信息。

4）提高信息流温度

提高信息流温度对于改善城镇公共数字信息服务的用户体验而言是极为重要的一种方法。具体方法包括提供更具时效性的信息内容以及选用让用户更为舒适的交互界面、响应模式等。

5）增强信息流稳定性

增强信息流稳定性的基本方法是确保足够的信息存储量，维持一定的生产速度以及保持信息政策、资金投入、人员队伍等环境因素的相对稳定。

（3）基本对策

1）优化信息流节点，扩展信息生产者范围并加强协同

人民群众日益增长的美好生活需要与不平衡、不充分的发展之间的矛盾是我国社会当前的主要矛盾。这一矛盾在城镇公共数字信息服务中的直接体现，就是城镇居民日益增长的数字信息需求与不平衡、不充分的公共数字信息生产之间的矛盾。因而，优化信息流节点、扩展信息生产者范围并加强协同是发展城镇公共数字信息服务最为主要的举措。

在信息生产节点，政府部门一直是主要的公共数字信息生产者，并将长期保持其重要地位。这是由公共物品的基本属性所决定的。但是，这种单一的公共信息生产模式过去没有、将来更不可能真正满足广大城镇居民的数字信息需求。唯有加大力度培育和吸收各种社会力量的参与，让公共数字信息在生产节点就开始多元化，丰富数字信息内容，才能有效解决数字信息生产不充分的问题，使得城镇公共数字信息的信息流不至于流动不畅甚至断流。在此基础上，从信息生产节点开始，也包括信息组织和发布、信息传播各个节点，加强协同建设，实现一体化的服务，是改变数字信息服务不均衡局面的基本措施。

2）优化信息流环节设计

信息流环节优化是城镇公共数字信息一体化服务优化的基本要求,但根据具体情况的不同,所采取的措施也会有所区别。

在一个成熟的信息流环境中,公共数字信息服务主体类型、数量众多,主体间相互关联复杂,并已形成了较为高密度和高流速的信息流。在这种情况下,需要同时简化某些环节、强化另一些环节。简化环节的具体措施包括将那些不符合现代信息治理的环节剔除,以及将一些信息内容组织过程中琐碎的人工操作交给计算机完成,从而提高信息的流转效率。强化信息流环节则主要在于采取措施避免信息过载和信息质量下降,具体措施包括:改进信息组织算法减少信息冗余度;优化信息推送算法筛选出最为匹配用户需求的信息内容;强化信息监管环节过滤不良信息;建立举报和反馈机制屏蔽虚假信息、不良信息。

对于那些受制于落后的理念、技术和经费支持而发展较为初级的信息流环境,简化信息流环节,加强一体化协作,保障信息流的基本运行是首要任务。因而,城镇公共数字信息一体化服务信息流的相关优化措施也需要与其技术、人才、资金、用户的规模和水平相匹配。

3）提升信息流质量

提升信息流的质量,需要从加大信息流密度、加快信息流流速、提高信息流纯度、提升信息流稳定性和温度等方面采取措施。

文本型、音频型、视频型、图像型……各种载体形态的公共数字信息都有自身优点和缺陷,也有其适用人群。因而,需要建立数据规范,加强信息组织并充分借助大数据技术、云计算技术,以实现更为智能和全面的信息匹配,让每个城镇居民都能获取到最合适的信息内容。

提高信息流净度的措施包括:加强信息监管制度建设,从制度层面明确信息监管的地位;构建不良信息和虚假信息的检测和举报系统,形成冗余信息的筛除程序,让信息监管具有可操作性;引入竞争机制,实现优胜劣汰,让信息监管切实有效。

提高信息流的温度和稳度,主要在于:建立基本公共数字信息资源库,保证信息流运行的基础流量要求;形成城镇公共数字信息一体化的整体战略,确保长期、持续和稳定的资金投入和政策支持;引入社会力量打造界面更为亲民、功能更为全面、服务更为主动的城镇公共数字信息一体化服务平台。

4)改进信息流结构,加强协同和反馈

现有城镇公共数字信息服务中,链式信息流、网状信息流、轮式信息流以及环状信息流等各种结构类型的信息流均有存在。这种状况的形成有其历史原因,也与地域差别有关。要提高城镇公共数字信息服务的一体化程度和服务质量,就需要采取措施改进信息流结构,加强信息主体之间的协同合作,建立并强化反馈信息流通道,并加强针对信息用户的培育工作。

5.2 新型城镇化进程中公共数字信息一体化服务机制的功能与结构

5.2.1 一体化服务机制的功能

推进一体化服务,旨在对内解决公共数字信息服务过程中各方主体信息不对称、信息流转不畅通的问题,对外解决公共数字信息供给质量不高、供给与需求之间缺口大、供需错位与脱节的问题,实现服务的自组织。

因而,新型城镇化进程中的公共数字信息一体化服务机制,其主要功能体现在如下两方面。

(1)促进内在信息的流畅传递

在城镇公共数字信息一体化服务过程中,首先要保证的是信息资源内容从信息生产者、信息组织者、信息发布者、信息传输者到最终用户的流畅传递。这就要求加强公共数字信息服务的治理,建立健全公共数字信息资源的多元化供给机制、主体协同机制、信息传输保障机制。

在基本的信息传输通道有所保障的基础上,城镇公共数字信息服务还需要做好资源和服务的融合、需求与供给的协调。城镇公共数字信息服务最终呈现给用户的应是数量、质量都与用户需求匹配的信息内容,应是具有时效性、精准性的服务,这就要求具备有效的需求匹配机制、资源整合机制、服务融合机制以及内容更新机制。

除此之外，为实现内部信息的流畅传递，还要求建立健全城镇公共数字信息一体化服务的管理机制，实现管理信息流的畅通。

（2）实现外在服务的自组织

新型城镇公共数字信息一体化服务本质上是一个在新型城镇范围内，多方协同实现各类数字信息内容的全体城镇居民一体化服务的活动，根据协同论的要求，应将服务相关要素及其相互关系作为一个系统，在序参量的作用下，不断改进这一系统的运转方式直至实现服务的自组织。

新型城镇公共数字信息一体化服务的自组织主要体现在如下几方面。

1）服务的可持续

新型城镇公共数字服务应是可持续的。首先，在软硬件条件上，服务基础设施的运行维护、设备更新、软件升级、网络拓宽，都需要预先做好长期发展规划，并持续保持资金和人员的稳定投入。其次，在资源内容建设上，需要有完善的规范，建立资源更新的长效机制。最后，新型城镇公共数字信息服务需要有稳定的专业人员队伍、技术支持队伍以及志愿服务队伍，并建立有效的人员培训和选拔机制，确保队伍的活动。

2）服务的创新力

新型城镇公共数字信息服务面对的是信息化、网络化、数字化的信息服务环境，现代信息技术还在不断更新，这就要求公共数字信息服务有足够的创新力，适应时代的发展要求。

3）对需求的适应力

新型城镇公共数字信息一体化服务是面向全体城镇居民的，随着新型城镇化的向前推进，城镇中的居民结构越来越多元化，相应的信息需求也越来越多样化，为公共数字信息服务提出了越来越多的挑战。公共数字信息服务需要持续跟踪用户对象的发展态势，不断适应城镇居民的信息需求，保证服务具有长期的生命力。

5.2.2　一体化服务机制的结构

基于新型城镇化进程中公共数字信息一体化服务机制的功能定位，可将一体化服务机制展开为协同治理、资源整合和服务融合三个模块。

（1）协同治理

协同治理主要着眼于信息流的源头。通过协同治理，有针对性地采取措施，拓展新型城镇公共数字信息生产渠道，提高信息生产质量，优化信息传播节点结构，加大信息流的密度，提高信息流的温度和稳定性。通过政府、社会、个人的协同治理，最终形成有效的城镇公共数字信息服务资源供给机制，保障城镇居民基本的公共数字信息需求。

（2）资源整合

资源整合关注信息流的内容。资源整合强调采取措施规范新型城镇公共数字信息服务的政策制度，加强现代信息技术的应用，着力建设新型城镇公共数字信息一体化服务平台，从而加大新型城镇公共数字信息服务信息流的密度、稳定性和纯净度，将各类公共数字信息资源进行有效整合和揭示。

（3）服务融合

服务融合主要针对信息流的下游。服务融合需采取措施提升新型城镇公共数字信息一体化服务的技术水平，升级服务设备，强化与城镇居民的沟通并提升城镇居民的信息能力，以提高新型城镇公共数字信息服务信息流的温度和流速，让全体城镇居民能便捷享有各种优质的公共数字信息服务。通过服务融合，城镇公共数字信息服务的服务保障机制得以建立健全，全体城镇居民都得以充分享受城镇公共数字信息服务的红利。

上述三个模块既有一定的独立性，又相互交叉、相互关联。

协同治理也蕴含着对资源内容的治理，而非单纯的对服务组织、服务机构、服务人员的治理。治理的最终目标是各方力量充分合作，丰富公共数字信息资源的供给，提升公共数字信息资源的质量，为解决城镇公共数字信息服务不平衡、不充分的矛盾打下基础。

资源整合是在协同治理的基础上开展的，为服务融合而服务。同时，资源融合又嵌入到协同治理和服务融合过程中，形成密不可分的结构。协同治理是资源整合的前提，资源整合则是一体化服务的基础。此处的资源整合是一种全面整合的活动，不仅是各种类型、各种载体、各种平台的公共数字信息资源的整合，也是人力资源、物资资源、资金资源和社会资源的整合，同时还是资源去伪存真、异构同化、媒体融合的活动。这种整合需要基于城镇居民的信息需求和信息资源建设的基本条件而开展,以公共数字信息一体化服务的有效开展为目标。

服务融合在协同治理和资源整合的基础上,实现对全体城镇居民的一体化、全方位服务。服务融合过程是城镇居民信息需求有效反应和充分满足的过程,在开展公共数字信息服务的同时,将城镇居民的信息需求和服务体验反馈给资源整合和协同治理模块,促进资源整合机制和协同治理机制的完善,指引资源整合和协同治理的发展方向。

通过相互配合、相互促进,协同治理、资源整合和服务融合最终整合为一个完整的体系,并表现出一种协同效应,将新型城镇化进程中的公共数字信息一体化服务水平提升到更高层次。

基于上述分析,新型城镇化进程中公共数字信息一体化服务机制的整体结构如图 5-3 所示。

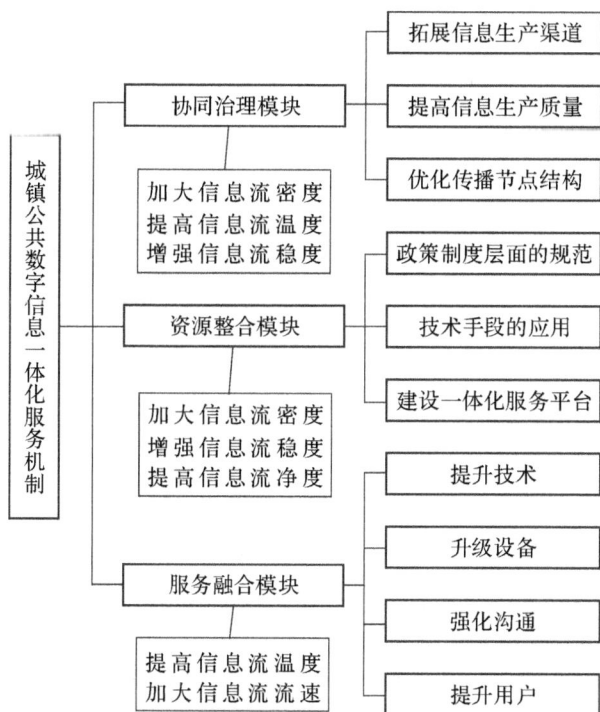

图 5-3 城镇公共数字信息一体化服务机制

5.3 协同治理层面的一体化服务

5.3.1 协同治理之目的

纵向管理结构上,我国公共信息服务由国务院各部委、国家信息化领导小组、国家信息服务管理协调委员会进行顶层设计,各地的区域信息服务管理协调委员会、行业信息中心则负责区域内的公共信息服务协调与规划,政府部门信息机构、图书馆、科技情报研究机构、信息服务企业等各体系的信息服务机构对各自服务对象开展服务,如图 5-4 所示。这一体系结构在我国公共信息服务的稳定发展过程中发挥了较大作用。对城镇公共数字信息服务进行协同治理,其目的就在于在现有体系结构基础上,适应城镇居民日益增长的公共数字信息需求,建立健全人员、机构的协同机制,实现公共数字信息服务人、财、物的合理分配。

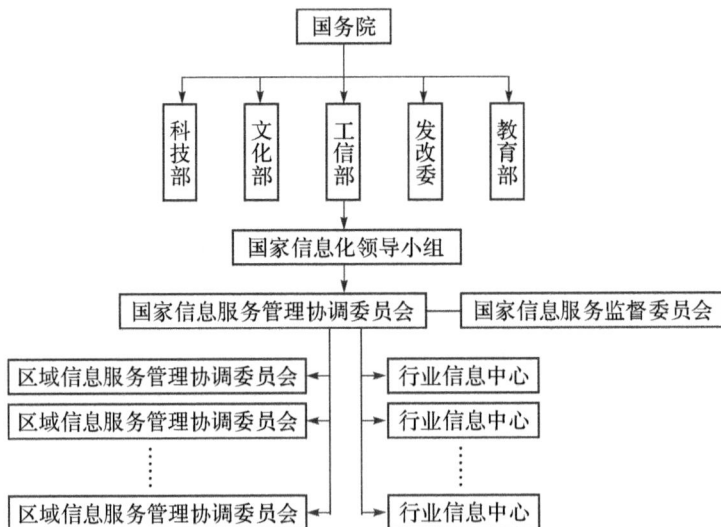

图 5-4 我国信息服务机构宏观管理体系结构①

① 赵雪芹.跨系统协同信息服务研究[M].上海:上海世界图书出版公司,2015:112.

5.3.2　协同治理的方法

实现协同治理的主要方法是从信息流密度、温度和稳度入手,具体包括如下几方面。

(1)加大信息流密度

加大信息流密度是加强信息资源生产、实现公共数字信息的充分供给的基本方法。具体而言,需要在公共数字信息生产领域深入挖潜,做好现有信息资源的开发利用;更需要加大宣传和引导力度,增加来源途径和信息类型,通过信息流连接成为整体,让各种社会力量发挥其积极作用。

(2)提高信息流温度

通过在信息生产环节的统筹规划、沟通协调,使得城镇公共数字信息服务更为及时有效,更符合用户要求,提高信息流温度。具体需要做好信息生产的规划和引导,让信息生产的内容和规模与城镇居民的信息需求相一致。

(3)增强信息流稳定性

信息流的稳定性主要受两方面因素影响,一是信息的基础存量,二是增长速度。增强城镇公共数字信息一体化服务信息流的稳度需要建设综合性和专门化的公共数字信息资源库,形成充分规模的基础信息存量,同时建章立制,根据城镇居民的需求规模保持相对稳定的公共数字信息资源增量。

5.3.3　协同治理的优化措施

广开门路,拓展和丰富公共数字信息的生产渠道,从源头提高数字信息服务的质量,是协同治理优化的主要措施,具体包括如下几方面。

(1)从源头拓展和丰富信息生产渠道

根据数字信息资源的来源渠道、生产目的,公共数字信息服务的信息资源结构可简述如图 5-5 所示。政府部门、图书馆等公共部门出于保障社会公平,大量生产公共数字信息资源;社会力量从其效益角度出发,以生产非公益性数字信息资源为主;公共部门与社会力量合作往往会基于公益性的目的产生各种准公共数字信息资源。

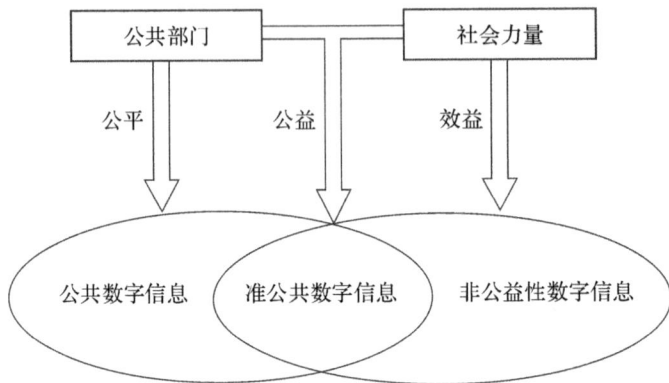

图 5-5　公共数字信息服务的信息资源结构

具体而言,从源头拓展和丰富信息生产渠道,实现城镇公共数字信息的协同生产包括如下几方面措施。

1)加大存量信息资源开发力度

在政府部门内部、公益性事业单位中,存在着大量未经充分开发利用的信息资源。加大力度开展数字化加工整理,利用好这些信息资源,对于建立城镇公共数字信息一体化服务的基础信息资源库具有重大意义。

随着政务信息化的推进,作为公共信息主要来源地政府公开信息已取得可观的建设成果。城镇居民可接触的大多是政策法规、时政要闻等信息,与城镇居民生活学习息息相关的社会经济、文化、健康信息的有效供给仍然不足。为加强政府信息的开发利用,需要:①建立政府各部门、各机构之间的公共数字信息协同机制,促进各部门之间信息及时且完整地传递,化解条块分割、利益之争带来的障碍;②建立信息开发、共享、公开和保护统一而有效的法律规范,形成政府信息资源开发利用的统一指导和建议;③促进企业和社会开发利用政府数据,将政府信息的深度开发和利用交托给有技术、资金、设备和人才的信息资源生产商,提高政府信息开发利用的效率和效益[①]。

与政府在公共信息开发利用中遇到的困难不同,对图书馆、博物馆、文化馆等公益性信息服务事业单位而言,公共信息开发利用的主要障碍在于资金不足、人才匮乏和技术落后。相对而言,图书馆的公共数字信息开发利用水平较高,通过一系列的数字图书馆工程建设,已将大量的图书、期刊、报纸等资源进行了数字化加工利用。数字图书馆建设过程中的一些成功经验可作为其他领域存量公共信息开发利用的借鉴。这些有效的措施包括:建立数字资源联盟,实现跨系统、跨地区的分工合作和共享;积极引进先进技术,提高自身技术能力;建立普遍适用的数据规范,减少重复工作,实现数字资源的互联互通。

2)社会力量参与公共数字信息生产

社会力量参与公共数字信息生产有多种形式,其中,社会捐赠、政府购买以及政府与社会资本合作的 PPP 模式是其中最为常见的几种形式。

以无障碍信息资源的生产为例,国内外已有不少社会力量参与的成功案例可供借鉴和推广。在英国,有专门的社会组织公益性地为不同的信息障碍人群制作和提供带有同步音频的读物、加大字体的图书以及附加字幕说明的电视节目。我国国家图书馆与残疾人联合会等社会组织共同立项建设了"中国残疾人数字图书馆",提供大量可供残疾人使用的数字化图书,以满足广大残疾人群的信息需求。

3)发展半商业化的准公共数字信息服务

开放的网络环境下,各种不直接向用户收取费用的半商业化的公共数字信息提供者大量出现。其中的代表是谷歌。谷歌公司不仅以"组织全世界的信息"为愿景,组织了来自世界各地的网站信息、地图信息、街景信息和科技信息,还对海量的纸质图书进行了数字化加工。这些数字信息资源都免费对社会公众开放使用,用户使用这些数字资源需要付出的代价是接受搜索引擎上的各种广告。这一模式成为商业企业参与公共信息服务的一种

---

① 赖茂生,麦晓华,曹雨佳.我国政府信息资源开发利用模式创新研究[J].图书情报工作,2014,58(6):25-31.

标准模式①。

4）接纳用户付费的非公益性数字信息服务

在城镇公共数字信息服务的协同治理中，一些商业性的，甚至是付费的知识产品提供者的地位越来越重要，也对既有的治理格局提出了巨大的挑战。如一些新媒体、新平台以用户直接付费的方式代替了谷歌的广告方式和维基百科的赞助方式，其代表是吴晓波读书会、逻辑思维、混沌研习会。这些管道多以社群为前驱，形成规模较大的不付费或少量付费的外围用户群，相对少数的长期付费用户则是其服务核心。这些新颖的管道为公共信息服务提供了更多的信息流来源以及更具时效和吸引力的信息内容。在一体化服务机制中，一方面要发挥其积极作用，增加信息流密度、温度；另一方面也要保证信息流的净度，有效组织、规范标识，以减少信息流的浑浊程度。

（2）从信息资源生产源头提高城镇公共数字信息服务质量

信息资源的质量对城镇公共数字信息服务的水平起着决定性的作用，信息生产者间的协同一体化不仅在于扩大生产者范围，也在于对内容的治理。

1）建立和完善城镇公共数字信息资源规范

建立和完善从信息采选、信息组织、信息存储、信息检索服务、信息传输到信息反馈和统计的城镇公共数字信息资源规范。城镇信息采选标准规范包括政务、旅游、就业、气象等城镇信息采集、生产、选择过程的管理规范，应杜绝虚假信息、偏颇信息、残缺信息的出现；组织管理标准规范则涵盖了数据分类、编码、整序、标引等过程的标准化，也是城镇信息协同管理的关键；城镇信息来源于政务、教科、文化、体育等多种体系，又以文件、图像、图书、档案、数值等多种类型存在，因而在存储管理中需注重充分共建共享，便于统一检索和高效管理；城镇信息检索服务作为城镇公共服务的重要组成，应基于公共服务的通用标准规范，结合信息化的特点具体实施；城镇信息的传输与城镇基础建设密切相关，其管理规范建设需与三网融合、智慧城市建设发展要求相一致；信息反馈与统计管理是信息生态链管理闭环的最后和重要一环，应建立城镇信息服务的居民用户沟通反馈规范和统计标准，以支持

---

① 方军著.付费 互联网知识经济的兴起[M].北京：机械工业出版社,2017:250.

科学决策实现城镇信息化健康持续发展。

2）建立竞争机制，实现优胜劣汰

在公共数字信息服务中引入竞争机制，目的是提高公共数字信息服务的质量和效率，而不是推脱政府责任①。公共数字信息服务作为具有一定竞争性的非营利公共服务，可以在政府引导下，向社会购买服务，并对服务的成效进行评估。政府需履行好监管职责，建立优胜劣汰的竞争机制，让真正能提供城镇居民所需公共数字信息资源的信息生产者凸显出来。

3）多管齐下加强人才队伍建设

人才之困是公共信息服务的"阿喀琉斯之踵"，加强人才队伍建设需要多管齐下，以各种措施加强人才培养培训，强化激励约束，促进合理流动。唯有人才队伍的壮大，才能产出更多、更高质量的公共数字信息资源。

如在人才培养培训环节，首先从高校专业教育改革开始，让公共数字信息服务相关专业的学生能真正具备基本的知识能力和技术能力；其次，大力发展基层公共数字信息服务人员的继续教育，提高服务人员的知识水平和人才队伍的层次；加强业务培训，帮助公共数字信息服务人员跟上理论方法和技术发展的步伐。

（3）优化传播节点结构促进信息生产

1）重组机构，整合力量

国家《十三五推进基本公共服务均等化规划》提出，建立健全基本公共服务统筹协调的实施机制，在信息资源生产、技术平台建设等方面有效整合中央和地方、政府和社会公共服务资源。

城镇公共数字信息服务力量来源于不同的信息服务组织和机构，面向各个层面的城镇居民提供平等的数字信息内容，在管理过程中需要有一个统一的管理者来协调各方面的利益，通过集中管理提升服务的绩效，而这也是用户的诉求。曾经省、地、市、县甚至乡村各自为政的信息门户，以及政出多门的数字图书馆、数字文化馆、数字博物馆、数字美术馆等数字文化服务，已给用户带来了极大的不便。

从现代管理学角度看，职能化管理结构会导致管理运转不顺、效率下

---

① 李慧英.公共服务如何引入竞争机制[N].人民日报,2014-12-30(007).

降,一个小环节的信息流转不畅就会影响整个管理活动的进度。更为可行的方式是重组管理流程,成立一个团队实行集中管理,串联管理流程各个环节,避免各种推诿和重复建设。设立专门的管理机构,通过统一的身份认证实现一体化的信息检索服务,是实现集中管理的有效方式,也能增强公共数字信息服务信息流的稳定性和适应性。

集中管理、整合力量也是实现一体化发展、消除城乡二元化的必由之路。在现有的城镇公共数字信息资源供给水平条件下,数字信息资源开发程度更高、信息基础设施建设更完善、人才培养和环境建设更到位的城市,其数字信息服务普及程度比农村地区要高得多。如果不以集中管理强势推动、统筹城市和周边乡镇的公共数字信息服务,信息化的鸿沟将继续存在。

2)完善政府主导的公共数字信息供给机制

政府主导、社会参与、市场运作是我国公共服务的基本原则。在当前社会治理环境中,实现城镇公共数字信息服务的共建共治,需要加强顶层设计,完善政府主导下的公共数字信息供给机制。政府是公共数字信息服务的责任主体,是维护数字信息服务平等性和普遍性的核心力量,但面对快速变化的信息环境和日益增长的城镇居民信息需求,社会力量和市场机制应发挥更大的作用。只有充分调动社会力量并利用好市场的调节作用,才能更好实现城镇公共数字信息资源的稳定生产和高效利用。

在开放公共数字信息服务的市场准入、鼓励和引导各种社会组织和社会资本进入城镇公共数字信息服务领域、丰富数字信息供给的同时,还需要完善相关机制设计,在公益性和经济效益之间取得平衡,并协调各方信息生产者之间的生产行为。基于这一目标考量,建立公共数字信息服务专家委员会、健全城镇公共数字信息服务信息流环节的必要性就开始彰显。通过专家委员会的工作,加强公共数字信息服务的顶层设计,形成信息资源建设的总体规划,并指导技术创新和开展绩效评估,将对城镇公共数字信息服务的协同治理大有裨益。

5.4　资源整合层面的一体化服务

5.4.1　资源整合之目的

资源整合的目的在于实现政务公共信息资源、文化公共信息资源、经济公共信息资源、法律公共信息资源等各类公共信息资源的统一获取,促进同一信息主题的文字、图像、音视频等类型内容的共同呈现。

5.4.2　资源整合的方法

资源整合的方法有多种,其中,加大信息流密度、提高信息流净度以及增强信息流稳度是主要的城镇公共数字信息资源整合优化方法。

(1)加大信息流密度

在公共数字信息资源组织与发布环节,为提高服务的质量,需要对各种来源、各种类型的城镇公共数字信息进行有效整合,并通过互联网等途径补充相关的开放、免费资源,以加大信息流密度。

(2)提高信息流净度

在提高信息流密度的同时,还需要对信息进行去重、去杂和择优,将信息流的密度控制在适当的范围内,更重要的是提高信息流的净度。

(3)增强信息流稳度

在城镇公共数字信息服务的资源组织过程中,还需要通过搜集散落的历史遗留相关信息资源,深度集成国内外的相关信息资源,增强信息流稳度。

5.4.3　资源整合的优化措施

此处所述优化措施主要包括政策制度层面的规范、技术手段的应用以及一体化平台的建设。

（1）政策、制度层面的规范

1）形成网站设立、布局及内容发布各方面的规范

在整合城镇政务信息资源之外，还需要建立公共数字信息组织、发布方面的规范，杜绝条块分割和重复建设。具体需要在城镇公共数字信息一体化服务的网站设立、布局及内容发布方面从政策、制度层面进行统一规范。如，为了避免政务信息发布的不统一、不同步，需要采取措施清理存量网站，关停重复建设的网站，规范网站的信息发布行为，实现公共数字政务信息的统一导航、统一用户认证、统一查询入口。

2）形成数据交换标准

当前，已基于 DC、XML 等协议形成一些较为成熟的信息统一交换元数据标准，可用于城镇公共数字信息的协调。在元数据采集领域也已形成完善的联盟检索机制，可基于元数据进行跨库集成检索，实现对分布在网络中多种信息资源的集成整合。根据不同的信息环境，城镇公共数字信息资源的整合可采用归并同构数据库资源、采集元数据构建新信息资源系统以及借助中间件技术的重定向等方式。统一的数据资源标准形成了新型城镇公共数字信息服务中所涉的各类数字信息资源之间的联系网络，实现了类型多样的数字信息资源的深层揭示与多维组织，形成了有效的新型城镇公共数字信息资源保障库。

（2）技术手段的应用

为实现技术架构的统一，从技术角度出发，城镇公共数字信息资源整合涉及多个层面的统一协调。其中，网络/传输机制层的规范如 HTTP、HTTPS 协议的统一；数据/语义层如 DC、MARC、XML 等协议的交换；功能/服务层将 Java 小程序、ActiveX 组件等采用 DCOM 等协议进行直接通讯；过程层目前常用 Web Service 技术实现不同操作系统、不同应用的数据

交换和集成而无需第三方程序或硬件的介入；在表示层，为了实现 API 的互操作，可采用 Portal(JSR168)协议消除应用的不兼容现象。

（3）一体化信息服务平台的建设

基于信息流的资源整合有两个关键概念，一是管道，二是平台。每个信息供应者都可看成是一个管道，他们生产、加工并提供信息资源产品给城镇居民。信息资源在这一管道中流向下一环节。互联网时代，服务平台扮演了信息提供者和居民用户之间的桥梁角色，如同早期乡镇的集市提供了商贩和居民的交易场所。信息平台具备了资源采集、内容整合、推广培训以及服务与沟通等各项功能，因而，在资源整合过程中，一体化平台起着至关重要的作用，信息流的畅通和服务的优化很大程度上有赖于服务平台的优化。

传统公共数字信息服务平台架构和服务模型的落伍，无法实现真正的一体化管理和服务。现在城镇公共数字信息一体化服务的平台架构的发展主流是以 SaaS 为代表的云服务平台。

基于云计算体系架构的公共数字信息一体化服务平台自下而上由基础平台层、服务支撑层、应用服务层三部分组成。

1）基础平台层

基础平台层是云计算体系架构中 SaaS 服务的底层服务，提供满足弹性需求的基础平台服务。基础服务层基于基础设施即服务（Infrastructure as a Service，LaaS）理念，封装了服务器、物理存储、网络设备、操作系统、安全设备等资源，采用虚拟化技术实现底层资源的一体化。

2）服务支撑层

服务支撑层居于基础平台层和应用服务层之间，提供门户服务所依赖的各种业务对象管理、接口定义、访问协议、数据集成、业务流程建模等服务内容的集成。服务支撑层基于平台即服务（Platform as a Service，PaaS）理念，通过规范化的通讯接口定义、资源访问和交互协议，以及业务对象集成、访问控制，实现了对资源访问的优化，从而实现服务功能的可扩展和按需调配。

3）应用服务层

在服务支撑层提供的各项支持基础上，应用服务层容纳了平台的各种应用服务，涉及公共数字信息服务的方方面面。基于 SaaS 技术，个性化推荐、个性化定制、个性化垂直搜索、虚拟咨询、即时通讯、用户协作、用户分享、资源著录、数据备份和恢复等服务实现了模块化、集成化和可扩展。

5.5 服务融合层面的一体化服务

5.5.1 服务融合之目的

城镇公共数字信息一体化服务的服务融合,其目的在于促使政府、公民、法人和其他社会组织等各方服务主体将基于 web 端、H5 端、APP 端、微信服务号/公众号等各类技术平台的各类公共数字信息服务进行有效融合。

通过服务融合,实现了城镇公共数字信息的广泛服务,达到了城镇居民人人公平享有公共数字信息服务并充分利用公共信息资源,基本公共数字信息资源得到有效保障,个性化信息需求得到较好满足,与城镇居民信息能力相适应的公共数字信息服务体系基本建立之目标。

5.5.2 服务融合的方法

实现服务融合可借由多种方法,其中最为主要的是提高信息流温度和加快信息流流速两种。

(1)提高信息流温度

城镇公共数字信息服务过程中,需要通过加强一体化服务平台的人性化、个性化设计,丰富服务功能接口,加强面向特殊人群的无障碍功能设计,以一体化平台集成各类服务。在此基础上,进一步提高信息流温度,实现各项服务的深度融合。

(2)加快信息流流速

服务融合过程中,城镇公共数字信息一体化服务需要采取升级设备技

术、三网融合、推进 5G 应用、提高用户信息利用水平以及强化用户沟通等
方式方法,让各种服务有效融合。

5.5.3　服务融合的优化措施

城镇公共数字信息一体化服务过程中的服务融合措施,包括平台优化、
设备升级、用户沟通与反馈、用户提升、信息流细节优化等方面。

(1)平台优化

城镇公共数字信息一体化服务平台的优化措施主要包括页面访问速
度、网页配色方案、页面结构布局、页面内容分级、多语种支持、无障碍功能、
网页内外链接、站点导航等方面的根据用户需求的优化[①]。

1)通过提高网页代码的质量,增加页面的兼容性和普遍适配性,加快网
页响应速度。

2)更为规整、美观的页面布局,色彩层次分明、色调明暗适中的配色方
案,结构清晰、层级简洁的页面内容布局,打造轻松愉悦的氛围,让城镇居民
的信息检索和利用体验更为舒适。

3)多语种支持的网站平台,尤其是那些有大量人口母语并非汉语的城
市,英文版本页面支持是必须具备的。此外,其他如韩国、日本、阿拉伯人聚
居较多的城市,也需要针对性的语种支持。当前,多语种的语音朗读也开始
在公共信息服务中有所应用。

4)服务于老年人、残障人士等特殊人群的友好界面,如文字放大镜、文
本朗读、语速增减、多语种阅读、图像缩放、字体变化、页面背景更换等[②]。

(2)设备保障

城镇公共数字信息的融合服务需要从网络设备、存储设备、计算机系统
以及用户端移动设备等方面综合保障。

1)服务设备的配备与技术升级

公共数字信息服务的信息流内容构成包括视频、音频、图像、文字等各

---

① 颜敏,曾永杰.基于用户体验的高校图书馆网站实证研究[J].图书馆学研究,2014(2):26—30.

② 戴艳清,吴芳.日本地方政府门户网站建设及启示[J].图书馆学研究,2016(12):26—31.

种介质类型,信息密度较大,且随着城镇居民信息需求的不断增长,需要生产、存储和发布的信息规模会不断增大。因而,在三网融合的成果基础上,配备充分大的存储容量,及时升级计算机软、硬件系统,加快推进5G部署并更新交换机、路由器、防火墙等网络设备,是城镇公共数字信息服务加快信息流流速、提高信息流温度的基本要求。

(b)城镇居民移动设备的升级换代

在移动服务已成为城镇居民数字信息主要获取途径的背景下,仍有不少城镇居民由于各种原因没有配备或仅拥有功能配置极为落后的智能手机、平板电脑等移动终端,也很少访问网络,成为公共数字文化被遗忘的角落。为了让所有城镇居民能公平享有公共数字信息服务,地方政府需要出台相关政策,鼓励并补贴困难人群购置或升级移动设备,进一步推进互联网资费的大幅下调,让所有城镇居民都用得起公共数字信息服务。

(3)用户沟通与反馈

用户沟通和反馈的主要内容包括如下几方面。

1)推进全程服务

信息化社会,用户对全程服务的要求日益突出,即便是网购水果也要求全程了解水果的生产、包装、运输、配送全过程。信息门户有注重用户登录和检索过程中的体验的传统。公共数字信息一体化门户的全程服务,包括用户注册、登录、检索、下载、阅读/播放、数据管理、备份与恢复整个流程,每个环节都提供与门户服务人员和在线知识库的接口,以随时解答用户疑问。用户还可通过RSS订阅、微信公众号、邮件、短信通知等方式,随时随地获得所需信息资源的更新情况、账号的登录信息、下载记录等。

2)丰富沟通与反馈渠道

根据当地的实际情况,城镇公共数字信息一体化服务可有重点地建立沟通与反馈渠道,以根据城镇居民的实际需求改进服务,并吸纳更多城镇居民参与到公共数字信息服务中来。

常见的沟通与反馈渠道如通过博客、微博、网络论坛、微信、QQ、抖音等社会化媒体渠道,为城镇居民提供重要信息的告知、推送服务,并与城镇居民开展实时/非实时的双向交流;常见问题FAQ、留言板、在线意见箱等通过网站与城镇居民的沟通渠道;组织各种专题,将某一主题的信息资源进行集中展示,让城镇居民参与讨论,如在流感高发时期组织流感防治专题,让城镇居民能在关注这一热点过程中,通过电子图书、音频、视频等方式了解其传播特定、防控政策、就诊与康复要点等[①]。

(4)用户提升

城镇公共数字信息一体化服务过程中,可建立线上和线下的用户提升机制,让用户掌握更多的信息技能,并在享受公共数字信息服务之外,积极参与到服务中来。

1)线上机制

在线的用户帮助和培训机制是最为直接有效的用户提升方法。可通过设立帮助中心并嵌入到各个服务场景中,以文字、漫画、图解、音频、动画、视频短片等形式提供用户帮助信息及信息检索技巧。此外,留言板、FAQ、在线问答机器人等形式也是行之有效的在线用户提升方法。

2)线下机制

在公共数字文化信息服务过程中,全国文化信息资源工程探索在基层共享中心基础上,设立农文网培学校,配备专门人员开展搜集、加工、发布、服务以及教育等职能一体化的信息服务,并布点到乡镇甚至村,提高用户的信息素质。这一机制如果推广到其他数字信息的服务中,将对城镇居民的信息素养提高和城镇公共数字信息服务的成效提升发挥积极的促进作用。

(5)信息流细节优化

在用户、资源供应商、技术服务商、管理机构等公共数字信息服务生态系统成员间,往往以数字图书馆门户、文化共享工程网站等为中心,串联构成一个完整的信息和知识服务价值链。基于这一管理理念,一体化平台类似于软件系统中客户机和服务器之间的中间件,在城镇居民和信息资源之间起着"知识中间件"的作用。

信息流细节优化的主要内容包括如下几方面。

1)将用户从信息流的下游往中心环节方向靠近。在整个公共数字信息服务流程中,用户在规划设计、内容选择、运行评估、绩效考核、流程优化等

[①]　戴艳清,吴芳.日本地方政府门户网站建设及启示[J].图书馆学研究,2016(12):26-31.

诸多方面都应起到更为核心的作用。唯有如此,方能真正听取和吸纳用户的需求,并借助用户的各种有形和无形资源,理顺整个流程,达成建设目标。

2)通过重排、简化、合并、取消等方式,减少流程中对项目增值和提升用户体验无益的活动,以效益争取支持和实现长期可持续发展。对各环节的运行成本、时间消耗等进行分析,根据实际情况,或以成本为导向,或以时间为导向,优化或缩短生态链长度,提高各个节点的信息流转效率。

第6章 新型城镇化进程中公共数字信息一体化服务机制的实证分析

　　在我国,新型城镇化进程中公共数字信息的一体化服务是一个全新的课题,新在如下几方面:新型城镇化的新、公共数字信息服务的新和一体化服务的新。当前,无论是理论基础的储备,还是实践经验的积累,公共数字信息的一体化服务都还有所欠缺,一个在各个领域完美地践行一体化的公共数字信息服务案例并不可得。

　　新型城镇化是以人为本、公平共享、"四化"同步、统筹城乡、生态文明、文化传承、市场主导、政府引导的城镇化,是基于全新理念的城镇化,与国际上现有的城镇化道路都有所不同。目前,这一前无古人的道路正越走越宽,也涌现了一批空间分布和规模结构较合理、管理水平较高、公共服务保障较好、乡土特色较为明显的城市,杭州即是其中的代表之一。

　　杭州是一个古老的城市,2000多年前的秦朝就已经在此设立县治。同时,杭州又是一个崭新的城市,改革开放40年来无论是城市的面貌还是城市的规模都发生了巨大变化。

　　至2020年年底,杭州市区面积达8289平方公里。目前,杭州共有10个下辖区,并各具特色。其中,上城区、西湖区、拱墅区三个区属于老城区,上城区城市化历史最为悠久;1996年设立的滨江区定位为高新科技区;2001年在原属杭州下辖的萧山市和余杭市基础上设立的萧山区和余杭区属于就地城镇化的城区;2014年撤销富阳市而设立的富阳区以旅游、工业为特色;2017年撤销临安市设立的临安区定位于旅游、农业。在杭州10个下辖区中,萧山、余杭、富阳、临安都是由周边县撤县建城而来,属于走上城镇化道路不久的地区,钱塘区也是在原农村地区拆改迁所建设的新区。

人口统计方面,截至 2020 年,杭州拥有常住人口 1193.6 万人,其中城镇人口数量为 994.2 万人,城镇化率 83.3% [1]。各区人口数量详见表 6-1。

表 6-1　2020 年年末杭州各区、县(市)常住人口一览表

地　区	常住人口(万人)
全　市	1193.0
上城区	132.3
拱墅区	112.1
西湖区	108.9
滨江区	50.3
萧山区	201.2
余杭区	122.7
临平区	117.6
钱塘区	76.9
富阳区	83.2
临安区	63.5
桐庐县	45.3
淳安县	32.9
建德市	44.3
西湖风景名胜区	2.4

统计数据披露,2017 年 11 月 1 日至 2018 年 10 月 31 日,杭州全市人口自然增长率为 6.2% [2]。由此推算,2018 年新增加的 33.8 万人有近 30 万人属于"净流入人口"。33.8 万的人口增量主要体现在萧山、余杭等城市新区。

改革开放以来,杭州市城镇化率见表 6-2。

[1]　杭州概览[EB/OL]. [2021—07—20]. http://www.hangzhou.gov.cn/art/2021/5/31/art_1229144714_59035770.html.

[2]　杭州市 2020 年第七次人口普查主要数据公报[EB/OL]. [2021—07—20]. http://www.hangzhou.gov.cn/art/2021/5/17/art_805865_59034996.html.

表 6-2　杭州市改革开放以来主要年份城镇化率

年份	常住人口（万人）	户籍人口（万人）	城镇人口（万人）	城镇化率	市区人口（万人）	市区城镇人口（万人）	市区城镇化率
1978	—	505.55	116.06	22.96%	104.53	78.73	75.31%
1990	583.21	574.78	169.00	29.40%	133.89	109.97	82.13%
2000	701.70	621.58	226.99	36.52%	179.18	143.69	80.19%
2010	870.54	689.45	365.24	73.3%	434.82	307.52	70.71%
2016	918.80	736.00	463.86	76.2%	544.68	403.20	74.02%
2017	946.80	753.88	482.55	76.8%	615.23	440.61	71.67%
2018	980.6	—	759.00	77.4%			

在新型城镇化的探索过程中，杭州已形成以信息和新型医药、环保、新材料为主导的，高新技术产业为特色和优势的产业结构，被确立为国家信息化试点城市、电子商务试点城市、电子政务试点城市、数字电视试点城市，在公共数字信息服务领域走在全国的前列。但不可否认的是，杭州公共信息服务的发展水平离以公共数字信息一体化服务促进城镇化、信息化建设的目标还有不少距离，本书提出的一体化服务机制的观点将有助于杭州和其他城市加快公共数字信息一体化服务的进程。

本章以下部分结合新型城镇公共数字信息一体化服务体系建构和机制研究的成果，从协同治理、资源整合和服务融合三方面对杭州市的公共数字信息一体化服务进行分析。

6.1　基于协同治理的一体化服务实证

加强各类服务主体的协同治理，是提高新型城镇化进程中公共数字信息服务治理水平的关键环节。公共数字信息的生产、组织以及发布，涉及各级政府部门、各类信息服务组织、相关企事业单位等来源广泛的服务主体，其协同治理需要综合采用各种手段，以加大信息流密度、提高信息流温度及增强信息流稳定性，最终建立健全人员、机构的协同机制。在长期实践的基础上,杭州市从推进机构改革、加强集中管理、加大社会参与等角度推进公共数字信息服务协同治理,努力形成政府主导、多元参与的公共数字信息一体化服务协同治理局面。

6.1.1 以机构改革促进节点结构优化

2018 年 12 月,《杭州市机构改革方案》得到上级正式批复通过,进入全面实施阶段。

杭州市的机构改革除了与中央政府的大政方针和浙江省的机构改革计划挂钩外,还充分体现出鲜明的地方色彩,与杭州市情相适应。这一机构改革不仅充分结合了"最多跑一次"的改革要求,还吸收了杭州本地数据资源管理、公共文化服务的改革过程中的实践成果,提出了符合杭州市自身发展和功能定位特征的机构设置。此外,还根据现代治理的要求,杭州的机构改革强调整个城市协同,强调地方工作积极性的发挥,强调各部门要对整体负责,形成最优的、协调的、有效率的职责设计。

在与公共数字信息服务相关领域的机构改革后,杭州在机构设置和职能配置中央和省基本对应的同时,对相关的机构职能进行了优化调整,因地制宜进行机构设置。

(1)由网络安全和信息化委员会统筹信息工作

在信息工作领导方面,杭州市网络安全和信息化领导小组被改为杭州市网络安全和信息化委员会,无论是公共数字信息管理的组成结构、组织模式还是制度化都有了明显改变。通过改组为网络安全和信息化委员会,相关工作的管理有了更为稳定、长期和规范运作的组织架构,不再是一种临时性、阶段性、间歇性的管理活动。同时,可以更为广泛地吸纳各种社会团体、机构和组织加入到城市信息工作中来,推动形成合力。

(2)由文化广电旅游局负责公共文化服务及文旅融合工作

根据机构改革方案,杭州市将原文化广电新闻出版局的文化和广播电视管理职责以及市旅游委员会的相关职责合并,统一由新设立的文化广电旅游局负责。

（3）由数据资源局等部门具体业务管理和协调工作

1）大数据开发利用、政务信息的日常管理由杭州市数据资源局等部门具体管理和协调。对相关工作如政府门户网站、电子政务项目和数据资源基础设施的建设、日常管理和绩效评估，以及公共信息资源的标准规范制订、目录制定、收集管理、整理开发、服务推广等，形成统一管理和协调。

2）杭州市经信委负责信息经济发展方面的相关工作，如信息经济规划工作、政策与大数据发展计划工作、信息化企业融入城市大数据建设工作、工业经济大数据应用工作等。

3）杭州市发展和改革委员会参与、协调大数据重点领域建设工作，包括大数据工作与数字城市工作的协调、基于大数据的信息惠民工作、宏观经济领域的大数据应用工作、基于大数据的社会信用体系建设工作等。

6.1.2　通过集中管理提高公共数字信息生产质量

为提高公共数字信息的生产质量，形成强有力的组织协调体系，从数据资源管理、数字信息发布到服务提供，杭州市都进行了统一和集中管理。

（1）成立数据资源局，统一数据资源管理

2017 年 1 月，杭州宣布成立数据资源局，将散落在市府办、经信委等部门的数据资源相关职责统一纳入数据资源局负责范围，由数据资源局统筹城市数据资源管理工作，并明确了数据资源局的机构性质、基本职责、机构设置和人员配备。

数据资源管理局的主要工作职能如下：一是各区县政务信息资源、公共数据资源的登记管理和开发利用；二是城市大数据的研发、利用和协同以及人工智能的研究；三是城市电子政务系统以及政务信息资源的建设、运行维护、日常管理。具体而言，杭州数据资源局的职责有：

1）实施国家和浙江省的数据资源管理政策法规；起草杭州本地相关法律法规并组织实施；制定城市数据资源发展的战略规划，建立评估系统并开展相关评估。

2）数据资源生产、采集、组织、存储、利用的相关标准的制定、组织实施和监管。

3)负责城市政务信息和公共数据平台的管理维护;负责城市政务信息资源和公共数据资源的内容结构搭建、采集、组织和公开使用;组织实施杭州"数据大脑"项目工作。

4)指导城市各方面数据资源的开发利用工作,加快城市大数据产业的发展进程。

5)指导城市数据安全体系的建设工作,对城市政府数据资源安全进行保护。

6)组织协调智慧城市、城市电子政务以及数据资源建设的相关项目,组织开展效益评价。

7)负责杭州市政府门户平台的运行维护,指导下属区县和部门的门户平台建设;建设和管理城市公共信息资源平台。

8)开展公共数据资源和电子政务方面的人才队伍建设、对外交流合作活动。

(2)落实总分馆制,由总馆集中管理

街道(乡镇)、村(社区)图书馆、文化馆等公共信息服务机构建设在我国推行了多年,国家和各级政府投入巨大,但成效一般,杭州的公共信息服务遇到了同样的问题。

为了解决公共信息服务这一发展困境,自2003年起,杭州市开始探索公共图书馆总分馆建设,并以变革杭州图书馆为出发点,实施一卡通工程。杭州的总分馆制在前期探索和国内外图书馆经验的基础上,采用了"中心馆—总分馆制",一方面实现图书馆功能的多元化,一方面探索数字图书馆与传统图书馆融合的多元化服务。在持续探索中,杭州市已建立以市馆为中心馆,区县(市)馆为分馆的体系,基层图书馆的发展困境得到有效缓解,为彻底打通公共文化服务最后一公里,以更为充分、更为均衡的公共文化服务满足城镇居民的文化需求打下良好基础。

杭州市总分馆制公共信息服务的主要做法有如下几方面。

1)确立市馆的中心馆地位和职能

根据杭州市的体系设计,杭州市图书馆定位为公共文化服务的业务指导中心、资源存储中心、技术保障中心和人才培养中心,承担城市中公共文化统一服务平台、数据资源管理系统的建设和管理、数字文化资源共享的推进等职责。

2）注重整合资源建设基层文化综合体

将基层图书馆的建设与基层文化站的建设相结合，与中小学和大专院校文化建设相结合，是杭州总分馆制的特色。在条件较好的地方，村级亚分馆与农家书屋实现融合；在条件一般的地方，把基层图书馆建到各种民宿、农家乐中。

3）集中管理权限，弥补基层馆人、财、物资源不足的问题

杭州的总分馆制将基层馆的人事权、财务权、物资管理和服务管理权集中到总馆，基层馆不需要再在人才、资源、财政、技术上重复投入，根据统一的服务标准，采用统一的服务网络开展公共文化服务，并采用统一的考核和评价标准，实现"完全的总分馆制"建设。

6.1.3　加大社会参与以拓展公共数字信息生产来源

在政府主导下，科学规划和设计，吸收社会力量的参与，充分发挥各类服务主体的积极性和主动性，增强政府协调各方利益、运用全社会资源配置的能力，是推进公共数字信息服务的基本要求。杭州市在这方面的主要举措是完善政府购买公共服务机制、建立数据资源开发协会实现有效治理。

（1）完善社会购买公共服务机制

2014 年，杭州市发布《杭州市人民政府办公厅关于政府向社会力量购买服务的指导意见（征求意见稿）》，初步搭建起文化、体育等基本公共服务领域政府向社会力量购买服务的机制框架。2015 年和 2017 年，杭州市分别印发《关于做好行业协会商会承接政府购买服务工作有关问题的通知（试行）》和《杭州市政府向社会力量购买服务指导目录（2017 年度）》，向社会购买公共服务的相关工作得到规范，社会购买公共服务机制得到进一步完善。

纳入政府购买公共服务目录范围的主要包括：现有预算中已安排资金的采购服务项目；上级规定的公共服务支出关键项目；有着迫切要求又有财务保障能力的项目。其中，文体领域公共服务项目有：公益性文体产品的生产与传播；公益性文体活动举办；传统文化与民间文化的保护与继承；公共

文体设施的建设运行以及社会力量提供的免费或优惠公共文体服务。

必要的设备条件和人员队伍,较好的经营信誉,是社会力量承接政府购买服务的基本条件。政府和社会对服务进行监管并组织服务方、用户和第三方对服务绩效进行考核评估。在评审机制外,同时完善征信管理机制。

(2)成立数据资源开发协会

2017年,中国移动、阿里云、中国联通、中国电信、华为、新华三、杭州城市大数据运营有限公司等发起成立了杭州市数据资源开发协会。共同发起单位还有网易、大华、海康威视、银江股份、市民卡公司等近百家从事数据服务或拥有数据资源的单位,杭州市数据资源管理局对协会工作提供支持和指导。

数据资源开发协会的成立旨在进一步调动各种社会力量的参与积极性,促进数据资源的开发,加强数据资源的利用,推动城市的数字化建设。借助数据资源开发协会的工作,杭州市建立了数据资源的专家委员会和智库,并开展数据资源白皮书的编写工作。协会也是杭州市公共数字信息一体化服务主体机制的重要组成,是政府主导、市场引导、多方参与的主体要素之一,是实现数据资源充分开发利用、个性化数据资源服务深入开展的基础。

6.1.4 协同治理的进一步推进

杭州市在协调信息生产、整合信息资源、一体化服务等方面都进行了有益的尝试,也在一定程度上验证了本研究提出的一体化服务机制的有效性,在调动各方力量协同合作、加强公共数字信息的供给和管理方面取得了良好成效。但综合分析杭州市和其他地方的实例可见,实现新型城镇化进程中的公共数字信息服务协同治理仍是一项任重道远的任务,机制建设尚未到位,相关措施依然散落而无体系,其设计多从管理而不是服务出发。为进一步推进新型城镇化进程中的公共数字信息一体化服务,在后续的机制建设中,应继续拓展公共数字信息生产渠道,提高信息质量并改进服务架构,以提高和改进信息流的温度、密度和稳定性,完善政府引导、社会参与的协同治理机制。

具体而言,进一步拓展和丰富公共数字信息的生产渠道,从源头提高数字信息服务的质量,优化协同治理机制,可从如下几方面入手。

(1)进一步优化和重组机构,健全公共数字信息供给体系

在政府主导下,社会力量充分参与、市场运作是我国公共服务的基本原则。在当前社会治理环境中,实现城镇公共数字信息服务的共建共治,需要进一步优化顶层设计,深化机构改革,完善政府主导下的公共数字信息供给机制,充分调动社会力量并利用好市场的调节作用,实现城镇公共数字信息资源的稳定生产和高效利用。

通过机构改革,公共数字信息服务的体系结构得到了一定程度的优化,为进一步实现协同治理,推出更多高质量的公共数字信息产品,可以采取许多针对性措施。例如,可以引进"菜单"服务提高公共数字信息服务的用户体验;创建和开发公共数字信息品牌提升服务档次;打造集团服务,进一步整合图书馆、文化博物馆、美术馆等文化机构,促进综合公共数字信息服务体系的建设;建立公共数字信息服务专家委员会,形成信息资源建设的总体规划,指导技术创新和开展绩效,健全城镇公共数字信息服务信息流环节。

上述措施中,最具操作空间的是在总分馆制基础上进一步整合公共数字信息服务机构。在图书馆总分馆制这一公共文化服务的创新模式基础上,在公共信息服务领域全面推进运行总分馆服务机制。当前,嘉兴等地已将总分馆制在数字文化服务其他领域如文化馆体系予以推行,实现更多领域的统一网点布局、统一服务标准、统一数字服务、统一效能评估。在此基础上,可基于总分馆制将各级各地的公共数字信息服务进行融合,提供更为全面和均衡的公共数字信息服务。

(2)完善社会力量参与公共数字信息服务的协调机制,加大信息资源开发力度

对社会力量参与公共数字信息服务协调机制的完善,首先需要进一步完善政府主导的公共数字信息供给机制,在此基础上建设社会力量参与公共数字信息服务的激励机制,不仅要丰富公益性数字信息,还应注意发展半商业化的准公共数字信息服务,并接纳用户付费的非公益性数字信息服务作为补充。

为加强政府信息的开发利用,杭州市已初步建立政府各部门、各机构之间的公共数字信息协同机制,各部门、各机构之间的信息传递日趋便利,信息资源开发、共享、公开和保护的地方性和行业性规范也逐步完善,并推出了促进企业和社会开发利用政府数据的相关制度,为政府信息资源的有效协同利用打下初步基础。但在社会力量参与公共数字信息生产方面,尤其是非政府信息资源的公共服务方面,还需要开展更多探索。

在社会力量以社会捐赠、政府购买以及政府与社会资本合作 PPP 模式等形式参与城镇公共数字信息生产之外,进一步开放公共数字信息服务的市场准入,鼓励和引导各种社会组织和社会资本进入城镇公共数字信息服务领域,丰富数字信息供给,已成为推进服务的必要措施。如在无障碍信息资源的生产领域,可引进专门的社会组织,借助现有公共数字信息资源,为各类信息障碍人群制作和提供带有同步音频、加大字体、附加字幕说明的公益读物、图书、电视节目。

在此基础上,还需要完善相关机制设计,在公益性和经济效益之间取得平衡,并协调各方信息生产者之间的生产行为。在网络环境下,不仅各种不直接向用户收取费用的商业、半商业化的公共数字信息提供者已成为城镇居民重要的信息来源,付费书友会、订阅号等一些商业性的、付费的知识产品提供者的地位也不断提高。这些新颖的管道为公共信息服务提供了更多的信息流来源以及更具时效和吸引力的信息内容。在一体化服务机制中,一方面要发挥其积极作用,增加信息流密度、温度;另一方面也要保证信息流的净度,有效组织、规范标识以减少信息流的浑浊程度。

6.2 基于资源整合的一体化服务实证

杭州的公共数字信息服务协同治理,主要从推进机构改革、加强集中管理、加大社会参与等角度推进。

6.2.1　充分运用现代技术建设数据大脑

2018 年初,著名的英国《新科学家》周刊在其网站上刊文称,自 2017 年以来,互联网大鳄阿里一直在杭州为它的"城市大脑"计划采集视频信息、社交媒体数据、城市出行信息以及各种其他城市信息。这一计划旨在借助人工智能和大数据来建立城市数据资源库,并基于海量数据改进城市管理和市民生活。报道称,这一计划已经取得初步成功,并正在逐步完善,未来会在中国其他城市得到应用,甚至影响整个世界[①]。

《新科学家》所指的"城市大脑",是在 2016 年的云栖大会上,杭州市宣布启动的数据资源基础设施建设计划。计划的出发点是解决城市拥堵问题,但这一计划的目标显然远不止解决市民出行问题这么简单。在 2017 年 5 月发布的《杭州市城市数据大脑规划》中,杭州市明确提出要让数据大脑成为支撑城市下一阶段发展的基础设施,在包括文化、体育、旅游、医疗等各个领域服务于城市居民。

在"城市大脑"计划实施之前,仅杭州市政府部门及市属企事业单位就拥有互不联通的信息系统 899 个,产生了相互独立的数据库表 60 余万张。城市大脑计划将分散在政府部门、公共服务事业单位、信息服务接入商、互联网等各个系统、各种领域的数据资源进行整合,建立统一的数据资源库,成为政府、企业和个人的城市大数据开放创新平台[②]。

杭州市数据大脑的体系结构如图 6-1 所示。从该体系结构图可见,它各方面的机制设计较好体现了新城镇公共数字信息一体化服务对机制创新的要求。其中,运营支撑体系起到了各方主体协同治理的作用,数据资源体系实现了资源整合的功能,应用服务体系和技术支撑体系则在服务融合环节发挥作用。

杭州市数据大脑由大脑平台、行业系统、超级应用、区县中枢等组成,其

---

① 张超文.城市大脑:思考城市文明的第四次浪潮[N].经济参考报,2017-12-28(005).

② 关于印发杭州城市数据大脑规划的通知[EB/OL].[2018-12-15].http://www.hangzhou.gov.cn/.

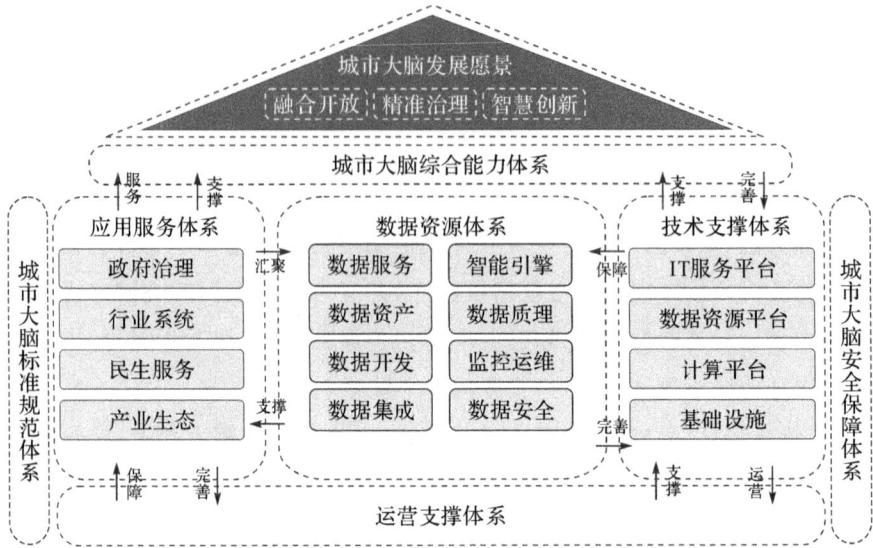

图 6-1　城市数据大脑体系构成

中大脑平台是计算资源、数据资源和算法资源的集成。由图 6-2 可见,城市数据大脑在架构设计上把来自各级各地信息服务相关部门的信息资源整合到了一个体系中。

　　借助技术更新和机制创新,杭州市数据大脑将政务信息资源、来自运营商的数据、来自互联网的数据以及其他城市公共数字信息进行一体化采集、管理和开放利用。在此基础上,建设杭州市数据资源平台,提供统一接口,融合不同地区、不同体系、不同时空、不同层次的公共数据资源,支持政府治理水平的提升。杭州市数据资源平台大量应用人工智能技术,将来自各行各业、各级部门、各类组织以及网络的公共数据资源进行汇聚、集成和挖掘,形成了全面的数据资源处理能力。基于杭州市数据资源平台而建设的杭州市数据资源统一开放平台,为社会组织、个人获取公共数字信息资源、开展公共数字信息服务提供了基础性平台。

　　对于不同类型的数据,支持批量收集、实时流量收集、交互式收集和Internet 爬虫收集,清理和转换后的数据被加载到城市数据大脑中,为多维数据融合提供数据支持和分析,以实现跨区域,跨层次和跨行业的城市信息资源协同。它为城市管理者提供了一个基础,可以针对特定的业务场景进

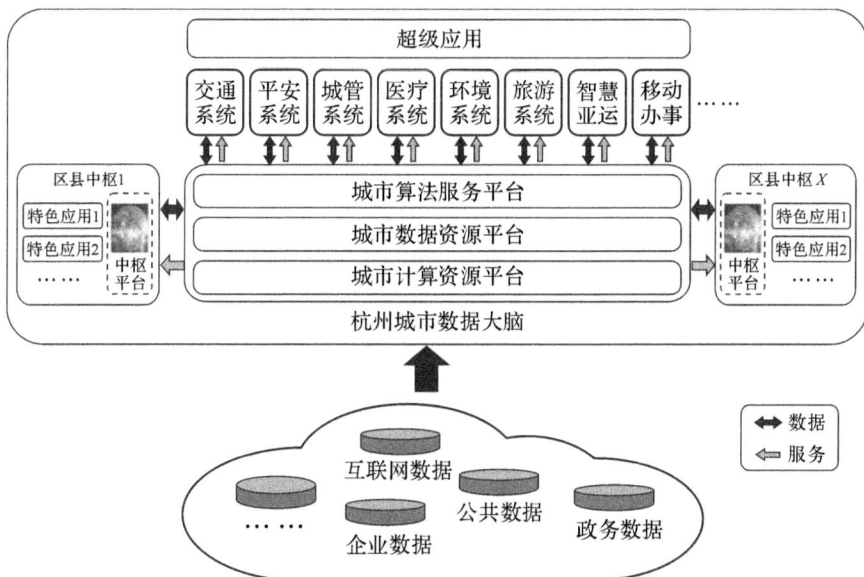

图 6-2 城市数据大脑总体架构

行数据判断、管理控制和决策命令。城市数据脑数据资源平台应满足以下
要求：

1)实现公共数据资源的全面和统一管理。即具备统一的用户管理系
统、统一的中央控制、统一的资源体系、统一的程序接口，有能力访问物联
网、互联网的各类数据资源并有效获取相关数据资源。

2)拥有完整的数据处理能力。即实现数据获取的标准化和规范化，数
据资源分类、过滤和组织的有效性，异构数据资源的全面处理。

3)实现数据资源的全面安全保障。即具有数据资源安全所需的各种密
级处理、安全审计等功能，同时支持基于安全保障机制的数据资源动态管理
和访问授权机制。

目前，杭州市城市大脑已升级到城市大脑(综合版)，城市大脑(综合版)
是一个更为深入的城市治理平台，运用了更多的信息技术和数据处理方法，
将公共数据资源的利用推向更多领域，在另一个层面实现公共数据资源的
一体化，让数据成为杭州市的核心竞争力，加快将杭州市打造为中国数字第
一城的脚步。

6.2.2　建立地方标准实现管理规范的统一

2018 年,杭州市数据资源管理局等部门起草的《城市大脑建设管理规范》和《政务数据共享安全管理规范》相继正式对外发布,杭州市的数据资源管理有了相应的规范。

（1）城市大脑建设管理规范

《城市大脑建设管理规范》是对杭州市数据大脑建设和管理相关术语、概念、建设出发点、机构组成、职权与责任、管理架构、建设规范、评价方法的统一性规定。

根据规范,杭州市数据大脑以政府引导、市场驱动、全局规划、深度融合、规范管理为基本原则,由大脑平台、行业系统、超级应用三部分构成。基于上述原则和主体架构,规范对数据大脑的总体设计、基础设施、内容建设、系统安全、程序接口等进行了标准化①。其主要内容如下。

1）总体设计标准规范

总体设计方面,规范制定了计算平台、数据存储平台、服务平台的基本架构标准,规范了网络接入、带宽控制、内容审查等网络控制活动,形成了数据中心管理和审计的标准。

2）数据资源标准规范

即对数据资源搜集、保存、传播、利用和销毁全生命周期的相关约束所形成的标准规范。

3）安全保障标准规范

安全保障方面,规范提出了数据大脑的身份和角色认证安全、计算机和通信网络安全、软硬件系统安全以及数据存储和传输安全等方面的标准。

4）项目管理标准规范

规范建立了约束数据资源项目设计、建设、监管、验收、审计等项目生命周期全过程管理标准。

---

① 城市大脑建设管理规范[S].DB3301T 0273－2018.

5）数据质量管理规范

规范确定了数据质量的管理范围,建立了有效的数据验证和评价规则,涵盖了数据采集、清洁、处理和质量优化监控全过程闭环在线质量监控系统。

6）公共数据开放标准

规范形成了公共数据开放的标准,界定了公开、部分公开和非公开数据及其属性,建立了政务信息开放的类目、接口规范、质量标准、计量指标等关键要素的标准。

（2）政务数据共享安全管理规范

《政务数据共享安全管理规范》(DB3301T 0276－2018)规定了杭州市电子政务信息资源共享安全管理的方方面面,形成了从电子政务数据资源采集、组织、保存、传输、利用、分享到销毁全过程的体系化的管理规范。

1）组织建设共享安全管理规范

在组织建设方面,DB3301T 0276－2018 要求:建立一个由管理组织高层管理人员领导的数据安全领导小组;增加数据资源安全的专门管理部门和执行组设置;组建第三方数据资源安全监管单位。

2）数据供应链安全管理规范

在数据供应链管理方面,DB3301T 0276－2018 要求:形成数据资源供给主体、使用主体和服务监管的安全管理规范;对数据资源的供给模式、利用去向、保密协议等进行规范;建立第三方监管制度,审计数据供应链全过程。

3）元数据共享安全管理规范

元数据管理方面,DB3301T 0276－2018 要求:形成服务元数据语义的统一规范和管理规则;完善密码机制、权限管理机制和授权机制;形成元数据共享操作安全审查制度;形成一体化的元数据管理平台。

4）数据使用安全管理规范

数据使用方面,DB3301T 0276－2018 要求:建立数据使用权限管理体制;实现统一身份认证;形成用户访问管理平台;综合应用数字证书、复杂密码、生物特征识别等身份认证方法。

6.2.3　整合政府网站以统一公共数字信息发布

2017年,为了深入强化和规范政府网站的建设和日常管理活动,改进政府线上履职和群众服务水平,杭州市根据浙江省政府办公厅发出的《关于进一步加强政府网站管理的通知》规定,开展了存量网站的清理整合①。

根据清理整合的要求,除个别特殊原因需要继续开放的网站在审批同意后得到保留,取消县级政府部门和乡镇(街道)的政府网站;原有多个网站的政府部门或关停下线所开设的网站,或将网站进行内容整合,数据迁移并归并为一个;在对这些网站进行归并后,各级各地政府的政务服务活动都转移到浙江省政务服务网进行统一在线办理,同时也为"最多跑一次"改革的深入打下基础;各级各地原有的自建在线服务页面不再保留,所有服务链接都统一到本地政务服务网中。

政府网站的整合,使得杭州实现了以政务服务网为核心的政务信息一体化服务,实现了政府信息的统一导航、统一用户、统一应用、统一服务,大大提高了相关信息服务的一体化程度。

6.2.4　资源整合的进一步推进

杭州的公共数字信息资源整合已形成了一套与城市发展当前重点和总体目标相适应,既遵循信息资源管理规律,又具有较好前瞻性的机制,取得了一定的成效。但是,现有的资源整合机制在一体化平台建设、各类型公共数字信息融合方面也存在很大的改进空间。

(1)建设一体化平台,实现全面整合

如同早期乡镇的集市提供了商贩和居民的交易场所,公共数字信息服务平台提供了资源采集、内容整合、推广培训以及服务与沟通等各项功能。因而,互联网时代,服务平台扮演了公共数字信息供应者和城镇居民之间桥

---

① 浙江出台规定:县级政府部门和乡镇不开设政府网站[EB/OL].[2019-01-30]. http://zj.sina.com.cn/news/s/2017-11-06/detail-ifynmzrs7307766.shtml.

梁的角色,是资源整合的必要条件,信息流的畅通和服务的优化很大程度上有赖于服务平台的优化。

在公共数字信息服务平台建设方面,杭州市提出了建设城市数据大脑的一体化数据平台、以浙江政务服务网为核心的政务信息一体化服务平台等目标。如果再加上文化共享工程、数字图书馆门户等一体化平台,在城市中实际存在的数字信息服务平台仍然数量不少,可想而知资源整合层次和一体化服务水平也不会太高。

针对这一问题,在推进资源整合过程中,杭州市还需要进一步完善相关机制,真正实现城镇公共数字信息资源的一体化。具体可从公共数字信息服务平台的融合、信息技术的集成等方面入手。

1)融合公共数字信息服务平台

日前,文旅部已开始部署三大公共数字文化平台的融合工作。杭州应借助良好的资源整合基础,积极推动文化信息资源共享工程、数字图书馆推广工程和公共电子阅览室建设计划的融合,构建统一的公共数字文化基础平台和公共文化大数据平台,进而将公共数字文化基础平台资源与其他公共数字信息资源如政务服务网海量的公共数字政务、经济、社会等信息进行整合,并借助城市数据大脑领先的技术、先进的设备,实现公共数字信息资源的全面整合和有效揭示。

2)统一平台技术架构

信息服务平台发展至今,基于云计算体系架构的平台已成为主流。基于云计算的公共数字信息一体化服务平台通常由基础平台层、服务支撑层、应用服务层构成。其中,基础平台层基于基础设施即服务(Infrastructure as a Service,LaaS)理念,采用虚拟化技术实现服务器、存储等底层资源的一体化;服务支撑层基于平台即服务(Platform as a Service,PaaS)理念,提供平台服务所必需的各种对象管理、接口定义、协议控制、数据集成等服务内容的集成;应用服务层基于软件即服务(Software-as-a-service,SaaS)理念,实现了应用服务的模块化、集成化。为实现技术架构的统一,从技术角度出发,城镇公共数字信息资源整合涉及多个层面的统一协调,包括:网络/传输机制层的规范如 HTTP、HTTPS 协议的统一;数据/语义层如 DC、MARC、XML 等协议的交换;功能/服务层将 Java 小程序、ActiveX 组件等采用 DCOM 等协议进行直接通讯；过程层目前常用 Web Service 技术实现不同操作系统、不同应用的数据交换和集成而无须第三方程序或硬件的介入；在表示层，为了实现 API 的互操作，可采用 Portal(JSR168)协议消除应用的不兼容现象。

(2)建立和完善城镇公共数字信息资源规范

城镇公共数字信息资源的整合涉及从信息采集、信息组织、信息存储、信息检索服务、信息传输到信息反馈和统计的一套复杂流程。推进信息资源的整合，就需要建立和完善城镇公共数字信息资源规范。

根据不同的信息环境，城镇公共数字信息资源的整合可采用归并同构数据库资源、采集元数据构建新信息资源系统以及借助中间件技术的重定向等方式。当前，已基于 DC、XML 等协议形成一些较为成熟的信息统一交换元数据标准，可用于城镇公共数字信息的协调。在元数据采集领域也已形成完善的联盟检索机制，可基于元数据进行跨库集成检索，实现对分布在网络中多种信息资源的集成整合，可供遵循利用。此类规范的代表是《统一内容标签格式规范》。

在长期研究的基础上，国家标准《统一内容标签格式规范》(GB/T 35304—2017)于 2018 年年初正式颁布执行，力图通过统一内容标签实现互联网资源内容的标引规范，促进信息资源整合和共享。

标准的核心是东南大学李幼平院士制订的"统一内容标签"(Uniform Content Label，UCL)。UCL 是一种针对网络搜索的内容大数据标识体系，基于大数据和内容驱动理念，建立关键词、信息类型等信息内容统一标准。UCL 一方面通过规范关键词剔除与要求不匹配的内容，另一方面可以基于用户历史信息行为实现针对性推送，建立"内容自寻网民"的主动服务机制。

统一内容标签在信息资源整合方面具有极好的应用前景，当公共数字信息一体化服务平台启用统一内容标签后，就能为用户提供更为全面、更为权威的信息。如用户试图检索委内瑞拉危机相关信息时，启用统一内容标签的公共信息一体化服务平台，不仅会将近期美国与委内瑞拉争端的新闻推送给用户，还会将南美独立的历史、南美洲的地理、委内瑞拉的经济状况以及我国对委内瑞拉危机的表态等信息全面推送给用户，避免用户被个别观点甚至是错误观点所左右。

6.3　基于服务融合的一体化服务实证

与建立和完善各方服务主体协同机制、从政策制度和技术手段等方面加强资源整合相比,服务融合层面的公共数字信息一体化服务更为接近城镇居民的真实信息需求,是公共数字信息一体化服务水平的最终体现。

服务融合的实现,意味着各种公共数字信息服务手段、方式的综合,也意味着各种城镇居民人群各式各样的公共数字需求得到满足,因而需要系统性的一体化机制建设,同时依赖协同治理机制、资源整合机制的有效运行。在新型城镇化进程当前阶段,这是一个颇具挑战的难题。

在这一背景条件下,杭州市依托良好的数字资源管理基础、凭借来自阿里集团等社会力量的技术支持,并基于良好的财政支撑,开展了一系列有益的探索。

6.3.1　人数据服务融合

杭州市的服务融合是在城市大脑基础上基于大数据的服务融合。依托杭州城市大脑提供的计算平台、数据资源平台和 IT 服务平台,杭州强化跨行业、跨部门的智慧融合,构建了多领域的应用服务体系,以提升政府智慧治理能力,打造精准主动的公共服务体系,促进智慧创新。

根据建设计划,杭州市将在大数据资源中心基础上,建设数据资源的交互、分享、开放平台,完善数据资源的标准支撑系统、安全支撑系统和运维支撑体系。据统计,目前杭州市数据大脑已覆盖来自 56 个相关部门、278 个各类接口的公共数字信息资源,涉及字段达 45118 个,形成了公共数字信息协同服务的有效基础。下一阶段,杭州市将进一步在社会各领域推开公共数字信息资源的共建、共享,让更多的信息资源在各行业、各领域的学习、生产、生活中发挥积极作用,让数据大脑驱动城市发展。

当前阶段已经取得一定成果的大数据服务融合应用有如下几方面。

（1）桐庐智能旅游

借助大数据，杭州市将与城镇居民工作、生活密切相关的各类公共数字信息统一推送到一体化的服务平台供城镇居民访问。城镇居民可通过订阅、点播等方式来获取城市交通出行、医药卫生、文化旅游、体育健身等方面的信息。杭州市数据大脑还会基于城镇居民的信息查询和下载行为，有针对性地将匹配的景点情况、旅游路线等城镇居民感兴趣的信息内容推送给城镇居民，主动为城镇居民出谋划策。桐庐智能旅游就是这样一种一体化服务的探索。

桐庐智能旅游基于杭州市数据大脑和其他公共数字信息服务而实现，由多个模块构成了"数据＋算法"的智慧旅游，是面向"未来旅游"的文旅协同。这种信息服务方式不仅能减少游客的排队时间、拥堵时间等无效旅游消耗，还可以实现旅游公共数字信息的一体化服务，让游客一部手机即可愉快享受旅游过程，让政府的治理、企业的经营更为合理。

桐庐智能旅游有如下三个基础。

1）重新构建的数据体系

与以前以方便政府管理为出发点的公共数据资源体系不同，智能旅游的数据资源体系是以用户需求为出发点而构建的，游客的来源类型、消费行为等构成了数据资源体系的主要模块。

2）高度协同的数据资源

桐庐智能旅游要求建立来自政府部门的数据资源、来自市场和其他领域的数据资源之间的高度融合机制。

3）大数据计算和精准服务的应用

实现智能旅游，要求对目标对象群的区域分布、人群分布、旅游信息行为等进行准确分析，对景点人流密度、来往交通指数等开展大数据分析。根据分析结果，用户可以享受到个性化的、精准的旅游信息服务，一键获取各类服务信息。

当用户准备赴桐庐旅游时，桐庐智能旅游系统可以为用户提供全过程的解决方案。在通过手机一键在线预订"桐庐数字旅游专线"上的座位后，智能旅游系统会根据用户的旅游喜好有针对性地推荐入住的酒店、口味相符的餐饮、更合喜好的景点、最为便捷的交通方式以及相关的娱乐活动等各种信息内容,实现用户所需旅游公共数字信息的全套组合。

桐庐智能旅游的另一个缩影是"全域美丽乡村智能讲解",这是由当地旅游管理部门组织开发的微信公众号服务。用户点击微信公众号的"全域美丽乡村智能解说"栏目,桐庐境内的各大旅游景点就会一一呈现,用户点选目标景点就可以看到该景点周边的售票处、酒店、停车场、农家乐、公共厕所等服务设施,相关设施的具体位置、开放时间、联系方式等一目了然。

通过与主要数字平台和相关部门的合作,智能旅游从多维度增强了游客的旅游体验。例如,通过对交通指数的大数据分析,提前做好人员的导引,保障游客出行;提供精准的景区气象服务,让游客可以在服装、交通等方面提前做好充分准备;采用可视化大屏幕和大数据来分析、预测景区客流,提供安全有序的旅游服务。

（2）建德数字专列

杭黄高铁由杭州开往黄山,途中经过建德。为发展建德旅游产业,杭州市在高铁真实开通后设立了建德数字专列。凡在铁路 12306 网站上购买了到站为建德及周边地区的杭黄高铁车票的用户,12306 网站会发送欢迎短信简要介绍建德的景点,并提供短信链接供用户获取具体化、个性化的旅游信息。

用户只需要点击该短信链接,不仅可以获得相关旅游景点的历史资料、景区地图和景点特色,更可享受到一站式旅游信息服务,旅游路线的设计、交通方式的选择、入住酒店的筛选和决定、景点门票的预订、当地美食和小吃的品尝、特产的选购,相关信息都可以一部手机一次备齐。

6.3.2　服务融合的进一步推进

当前的城镇公共数字信息服务融合还多限于场景式融合,已实现的典型场景有智能旅游、数字旅游等。在这些场景的实践中,城镇公共数字信息一体化服务呈现出一定的社会效益和经济效益。

同时,对公共数字信息服务融合相关机制的完善已在一些城市的发展规划中有所考虑,如杭州市就在城市数据大脑的远景规划中提出基于大数据开展一系列融合式的服务应用。在公共卫生领域,杭州市计划在流行病发生时,借助大数据对城镇居民个人资料、流行性疾病发生范围、当地医疗机构条件等进行综合分析,向城镇居民介绍提供流行病的基础知识、给出预防措施的建议。在综合性信息服务领域,杭州市计划将来自各个系统、各个模块的各种数字信息内容和服务加以整合组织后呈现给城镇居民,并通过订阅、点播等个性化服务手段让各种居民人群真正享受到一体化的公共数字信息服务。

但是,场景式的服务融合仍属于城镇公共数字信息一体化服务的初级阶段,下一阶段需要实现面向全体公众的、多场景的服务融合,实现各种类型信息资源的深度融合,并建立和完善与城镇居民的沟通机制以及对信息用户的培养机制。具体操作过程中,可从加强公共数字信息服务配套保障制度等方面入手,全面提升城镇公共数字信息一体化服务的质量。

在提高城镇公共数字信息一体化服务平台管理水平,加强用户培训、沟通与反馈过程中,首先需要提高一体化服务平台的建设标准,从布局、配色、多语种支撑、无障碍访问、访问速度等方面强化用户体验;在此基础上,建设在线知识库并加强人员配备,让城镇居民在注册、登陆、查询、阅读下载、信息管理全过程享有专属服务;在城镇居民获取公共数字信息资源的过程中,根据城镇居民的信息行为,有针对性地嵌入文字、漫画、图解、音频、动画、视频短片等形式的用户帮助信息及信息检索技巧,不断提高城镇居民的信息能力。

在公共数字信息服务配套保障制度建设方面,有条件的城镇可以因地制宜提高服务配套标准,降低城镇居民获取公共数字信息的门槛。减少困难人群的信息获取障碍。具体可完善重点人群信息关爱机制,主动将公共数字信息服务及其使用方法和技巧送到行动不便的老年人、残障人士身边;建立公共数字信息服务的网络资费补贴制度,以定向免流量、加大免费热点覆盖范围等手段,保障全体城镇居民尤其是低收入人群的信息获取权益。

第7章 结论和展望

7.1 主要研究结论

在理论和实践探索的基础上,本研究得出了以下主要结论:

(1)新型城镇化、工业化、信息化、农业现代化四化同步是我国寻回"失去的两百年"必然要经历的一个并行发展过程,公共数字信息服务是新型城镇化发展从速度为主到质量为主的转变过程中不可或缺的条件之一,也是"四化"同步发展的基本要求。

(2)公共数字信息服务的不充分、不均衡与城镇居民快速增长的信息需求之间的矛盾,是当前我国社会基本矛盾在公共信息服务领域的投影,一体化服务是化解这一矛盾的基本方法。

(3)注重基本公共服务均等化,以数字信息为载体创新公共信息服务,建立跨部门跨地区业务协同、共建共享的公共信息服务体系,是当前新型城镇化和信息化建设的重要使命。这一课题也是图书情报、信息管理、公共管理等学科领域的重要研究方向,需要综合应用信息资源共享理论、协同论、现代治理理论、新公共服务理论等理论开展系统研究。

(4)来自不同人群的城镇居民有着不同的公共数字信息需求,但是也有较多的共性,如普遍有着寻求数字信息改善工作、生活的强大动力,普遍有着对各种数字信息资源的内在需求但公共数字信息服务接受度较低,有着实现数字信息的一体化服务的强烈期望。

(5)采用信息流理论分析城镇公共数字信息服务的内在微观机制可发现,公共数字信息基于推拉原理和熵最小原理在信息生产者、信息组织者、信息发布者、信息传输者以及信息用户之间流转。较大的密度、适宜的温度、较快的流速、较高的纯度以及较好的稳定性有助于信息流的健康运行，从而促进城镇公共数字信息服务的健康运行。

(6)从体系构成上看，可认为城镇公共数字信息一体化服务是信息资源、服务主体、服务对象、服务设施、管理支持以及制度环境相互关联、相互影响的综合性体系。其中，城镇公共数字信息资源包括政务信息资源、文化信息资源、科教信息资源等；制度环境由法律体系、标准规范、规范性文件等组成；服务设施主要有 Web 服务平台、移动服务平台以及其他设施；包括政府机构、社会组织、企业和个人在内都是公共数字信息的服务主体；服务对象为所有城镇居民，其中各种经济、文化、生理弱势人群是一体化服务中尤其需要关注的。

(7)城镇公共数字信息服务可在服务主体协同治理、数字信息资源整合以及服务融合三方面创新机制，形成政府引导、多元参与、充分融合、一体服务的服务机制，从公共数字信息生产、组织、发布、传输、服务及反馈全流程实现一体化服务，在公共数字信息服务实现公共服务普遍性、全面性、均等性基本要求，满足人们信息需求。

7.2 研究不足与展望

在对本书各章节的回顾中，一些研究不足也得以暴露并鞭策着笔者在后续学术研究中秉持更为严谨的研究态度、选取最为适用的研究方法并开展更为细致的工作。本研究存在如下几方面的不足。

(1)实验数据基本达到要求，但存在一定的提升空间

在第 3 章的问卷调查中，问卷设计已经过多轮测试和调整，发放问卷对象也尽量做到地域、职业、年龄、性别等方面的平衡，但从最终结果上看，整个调查仍有一定的改进空间。问题主要表现在：所回收问卷主要来自部分城市的高校教师、在校学生、个体工商户以及图书馆从业人员，其他行业的城镇居民比例略小；问卷回收数量略少，最终回收的问卷为 400 多份，基本达到预期目标，但如能有更大的样本规模，数据的信度将会更高，本研究的

相关分析可更为准确和深入。

（2）就选题开展了较为系统地研究，但部分子问题在新的环境下存在深入研究的空间

本研究力图较为全面系统地论述新型城镇化进程中的公共数字信息一体化服务机制，也基本达到了预期，但在研究过程中发现，随着新型城镇化和信息化事业的快速推进，出现了越来越多可深入研究的子问题。在人民群众日益增长的美好生活的期望和不平衡不充分的发展成为社会主要矛盾的新时代，一些子问题如在一体化服务和个性化服务之间如何取得平衡、乡村振兴战略与新型城镇化战略的并行，又如进城务工人员、旧城改造人员、新建小城镇居民等重点人群的公共数字信息服务，都出现了很多新变化，相关研究必然也需要有所适应，在后续开展相应的深层研究。

十三届全国人大四次会议于 2021 年 3 月表决通过了《关于国民经济和社会发展第十四个五年规划和 2035 年远景目标纲要的决议》，新型城镇化建设和公共信息服务事业都翻开了新的篇章。国家各项事业未来可期，吾辈自当奋力向前。笔者力争在相关研究中汲取本次研究的经验教训，将本研究的课题具体化，结合理论与实践的发展演进，深化并拓展乡村振兴与新型城镇化结合下的公共信息服务、信息流理论、特殊人群一体化信息服务、图情档在公共信息服务中的地位作用等若干问题的研究，力争形成一定的创新性成果。

附　录

附录 A　城市公共数字信息一体化服务机制调查问卷

尊敬的专家：

公共数字信息服务是新型城镇化进程中公共服务的一种全新形式，在政府主导、社会力量参与条件下，以电子政务、公共数字文化等领域产生的海量数字信息资源为基础，依托各种现代信息技术，向社会居民提供信息产品、设施及相关服务，以满足居民基本信息需求的活动。当前公共数字信息服务存在着资源异构、平台分散、社会参与不足、治理机制不明等诸多问题，成为我们关注的对象。鉴于该研究主题内涵丰富、涉及领域众多，为了更加科学地开展研究，确定重点研究内容及优先事项，我们设计了这份问卷。

本问卷的发放对象是来自政府相关部门、信息服务单位、企业和高校的公共数字信息服务的行业领域专家，这是因为我们认为站在行业领域顶端的研究者才能从全局对一体化信息服务机制的设计进行指导。请您在百忙之中抽出一点时间给予我们支持。本次调查结果将仅用于学术研究，并对您的个人信息予以保密。

1. 以下选项中，最适合描述您的身份的是［单选题］*

政府部门负责人

政府部门工作人员

公共图书馆/博物馆/文化馆等单位负责人

公共图书馆/博物馆/文化馆等单位工作人员

　　高校研究人员

　　信息服务企业从业人员

　　其他(请说明)＿＿＿＿＿＿＿

2.公共信息服务主题下,您较为关注的研究内容/方面包括［多选题］*

　　公共信息服务一体化　　　　　　公共信息服务网络化数字化

　　公共信息服务均等化　　　　　　公共信息精准服务

　　公共信息服务制度建设　　　　　公共信息服务社会协同治理

　　其他(请说明)＿＿＿＿＿＿＿

3. 您对所在城市公共信息服务的总体观感［单选题］*

　　极差　　　　较差　　　　一般　　　　较好　　　　很好

4.在您看来,公共数字信息服务在城市公共信息服务中的地位如何［单选题］*

　　无关紧要　　　次要　　　　一般　　　　较重要　　　很重要

5.您认为影响城市公共数字信息服务质量的主要因素有［多选题］*

　　资源数量不足　　　　　　　　　资源太分散、获取困难

　　资源针对性、时效性差　　　　　网络速度、网站及程序设计不佳

　　政府职责不清　　　　　　　　　社会参与度低

　　服务成本过高　　　　　　　　　制度建设不到位

　　服务不能覆盖所有城市居民　　　用户互动不够

　　服务提供者间缺乏合作机制　　　服务人员数量和能力不足

　　用户信息能力与意识不足

6.您认为所在城市公共数字信息一体化服务的程度［单选题］*

　　很差　　　　较差　　　　一般　　　　较高　　　　极高

7.在您看来,提升城市公共数字信息一体化服务水平应优先［单选题］*

　　深化管理体制改革

　　加快改进服务机制

　　引进更多技术手段

　　提高全民信息素养

8.您认为公共数字信息一体化服务制度机制建设中,比较重要的是［多选题］*

　　目标导向机制　　　协同供给机制　　　法制化建设　　　宣传推广机制

　　反馈协调机制　　　其他(请说明)＿＿＿＿＿＿＿

9. 您认为城市公共数字信息一体化服务机制设计中下述内容应如何按重要程度排序［排序题,请在中括号内依次填入数字］*

［　］制度约束与目标导向机制　　　　［　］资源共建共享机制

［　］异构数据资源融合机制　　　　　［　］信息平台整合机制

［　］服务队伍建设机制　　　　　　　［　］用户培育与反馈机制

［　］评价与监管机制

10. 要完整描述公共数字信息一体化服务机制,您对上一题中罗列的内容还有什么补充［填空题］

　　_____

11. 您认为公共数字信息服务应提供哪些信息资源［多选题］*

医疗保健类　　文体活动类　　政策法规类　　新闻热点类

生活百科类　　科学普及类　　政务公开类　　城市生活类

技能学习类

12. 如果将城市公共数字信息服务分为固定终端模式和移动终端模式两类,您认为应大力发展哪种模式?［单选题］*

固定终端模式　　移动终端模式

13. 下述选项中,哪几项您认为应成为城市公共数字信息一体化服务的主要方式［多选题］*

网页　　　　　　APP 等客户端　　　贴吧等网络社区

微信　　　　　　微博　　　　　　　电视广播

地铁公交等移动传媒　　读报机等数字终端

14. 以网站建设和服务为例,您认为公共数字信息服务应采取哪种模式［单选题］*

集中建设一个中心网站,集中建设信息资源

集中建设一个中心网站,将分散提供的信息资源进行整合

建设一个中心网站和多个分中心,资源内容以自行建设和统一供给并行

建设多个个性化的网站,资源内容以自行提供为主

建设多个个性化的网站,在统一建设的资源中选取

15. 在数字信息资源整合服务中,您认为应从哪些方面加强机制建设 [多选题] *

    统一元数据,做好数据关联　　　开发更多资源,丰富资源内容

    合并服务平台,提供统一入口　　加强技术应用,以大数据发现用户需求

16. 对公共信息服务的下述提供者,请根据您的了解选择最合适的项:[矩阵量表题] *

提供者	很不重要——→非常重要				
	1	2	3	4	5
政府部门					
公共图书馆等信息服务单位					
信息服务相关企业					
信息服务社会组织					
社会个人					

17. "最后一公里"问题是公共服务的痛点,公民、法人和其他组织的作用就此凸显。在我国当前历史发展阶段,您认为下述哪种方式最能鼓励社会力量参与公共数字信息服务并实现有效管理 [多选题] *

    类似英国"一臂之距"的分权管理

    类似日本"自下而上、政府扶持"的分散管理

    类似美国"法规保障、民间主导"的法制化管理

    采用 PPP 等模式,在集中管理基础上实现多方协同治理

18. 在您看来,以下城市公共数字信息一体化服务用户群体,按弱势程度大小排序依次为 [排序题,请在中括号内依次填入数字] *

    [　]老年人

    [　]外来务工人员

    [　]残障人士

    [　]使用其他文字的少数民族、外国人

19. 问卷到此结束,再次感谢您的支持,谢谢!

    如果您愿意给予我们进一步的指导,请留下您的联系方式 [填空题]

附录 B　城市公共数字信息服务现状及需求调查表

尊敬的女士/先生,您好:

公共数字信息服务指利用城市中电子政务建设、公共文化服务等领域产生的海量数字信息,通过政府部门、图书馆/博物馆等信息服务机构、信息服务企业等服务力量的协同,提供给全体城市居民的数字形态的、公共性、公益性的信息服务活动。

网络化、数字化时代,公共数字信息服务日益成为城市居民提升自我能力和生活品质的重要途径,也是地方政府发展教育、科技、文化、卫生、体育等公共事业的重要手段,从而成为我们关注的对象。鉴于该研究主题内涵丰富、涉及面广,为更加科学地开展研究,确定重点研究内容及优先事项,我们面向城市居民设计了这份问卷,请您在百忙之中抽出几分钟给予我们支持,万分感谢!

本次调查结果将仅用于学术研究,并对您的个人信息予以保密。

1.您的性别［单选题］ *
男　　　　　　　　　　女
2.您的年龄段［单选题］ *
17 岁及以下　　18～27 岁　　28～37 岁　　38～47 岁　　48～59 岁
60 岁及以上
3.请描述您的受教育水平［单选题］ *
初中及以下　　　　　　高中及以下　　　　　　高职高专
大学本科或相当水平　　硕士或相当水平　　　　博士及以上
4.请描述您的家乡所在［单选题］ *
乡村　　　　　　　　　县城　　　　　　　　　城市
5.您目前所在地区［单选题］ *
安徽　　北京　　重庆　　福建　　甘肃　　广东　　广西　　贵州
海南　　河北　　黑龙江　河南　　香港　　湖北　　湖南　　江苏

江西	吉林	辽宁	澳门	内蒙古	宁夏	青海	山东
上海	山西	陕西	四川	台湾	天津	新疆	西藏
云南	浙江	海外					

6.您目前就职于［单选题］*

企业　　　　　　　事业单位　　　　　政府机关

在读学生　　　　　自由职业　　　　　离退休

7.您家庭人均月收入是［单选题］*

1000 元以下　　　1000－2000 元　　　2000－3000 元

3000－5000 元　　5000－8000 元　　　8000 元以上

8.请根据您的实际情况选择，"1→5"表示"不认可→认可"［矩阵文本题］
　［输入 1 到 5 的数字］*

选项	认可程度
我能有效表达自己的信息需求	＿＿＿＿＿
我能通过各种途径找到所需要的信息	＿＿＿＿＿
我能熟练使用微信、QQ、微博等社交软件及优酷、爱奇艺等手机视频软件	＿＿＿＿＿
我能熟练使用手机学习功能(看电子书、听网上公开课、百度资料)	＿＿＿＿＿
我能熟练使用电脑查找信息和办公	＿＿＿＿＿

9.提及"公共数字信息服务"，您的直观认识是(多选)［多选题］*

可以在线查到各种政策、法律知识

可以免费阅读电子书报

可以公益在线学习

可以在线获得权威的文体、医疗、金融、时政和生活信息

可以免费上网

其他(请说明)

10.以下信息都属于公共数字信息，您对它们的关注程度是("1→5"表示"不
　关心→密切关注")［矩阵文本题］［输入 1 到 5 的数字］*

信息内容	关注程度
医疗保健	_____
文化娱乐	_____
技能培训	_____
政府政策	_____
新闻热点	_____
生活百科	_____
科学教育	_____
城市生活	_____

11. 您获取上述公共数字信息的主要原因是(多选)［多选题］*

    提升工作技能　　　　　　　提升自我能力和水平

    了解社会动态　　　　　　　提高生活水平

    休闲娱乐　　　　　　　　　寻找求职信息

    维护合法权益　　　　　　　其他(请说明)_____

12. 您对所在城市的公共数字信息服务是否满意［单选题］*

    极不满意　　　较不满意　　　一般　　　满意　　　很满意

13. 您对所在城市的公共数字信息服务较为不满意的方面包括［多选题］*

    信息太分散,很难获取　　　　缺乏宣传,不知道去哪找信息

    可获取的信息太少　　　　　　提供的信息大多用处不大

    网速太慢、网费太贵　　　　　缺少反馈、沟通和互动途径

14. 以下数字信息的服务方式,您的使用频率是("1→5"表示"极少→频
    繁")［矩阵文本题］［输入 1 到 5 的数字］*

服务方式	使用频率
手机上微信、QQ 和各种 APP 应用	_____
电脑上各种网页、微博和贴吧等	_____
电视、广播	_____
地铁、公交、社区等的各种电子屏	_____
其他	_____

15. 以下公共数字信息来源,您的使用频率是("1→5"表示"从不→频繁")
[矩阵文本题][输入 1 到 5 的数字] *

来源	使用频率
公开政务信息的中央、省、市级政府网站、微博、微信号等	＿＿＿＿＿
提供便民信息的社区、街道网站、微信号、电子显示屏等	＿＿＿＿＿
提供公益信息的图书馆、文化馆、科技馆网站、APP、微博、微信号	＿＿＿＿＿
推送新闻资讯的报社、电台等媒体网站、电子报、APP、微博、微信号	＿＿＿＿＿
提供旅游、气象、财经等资讯的企业网站、APP、微博、微信号	＿＿＿＿＿
分享个人收藏、生产的信息的自媒体	＿＿＿＿＿

16. 您认为是否有必要将上述公共数字信息来源进行统一 [单选题] *
完全没必要　　没大必要　　无所谓　　有必要　　非常必要

17. 如果对公共数字信息及服务提供进行整合,您倾向于接受哪种方式(单选)[单选题] *
归并到一个入口,重点提供综合性、基本性信息服务
建立导航体系,指向原有的服务登录入口
无须整合,我需要个性化、专业化信息服务

18. 社会力量提供的公共数字信息服务往往会走向收费,即在少量公益性服务后变为"付费精品",您对此的观点是 [单选题] *
知识无价,愿意为感兴趣的信息买单
囊中羞涩,希望这类信息的费用能在政府协调下大幅下降
我国正在推行政府购买公共服务,希望由政府买单
建立系统进行统一规范,让公共信息一目了然
并不太需要这些信息,收费就不看、不听他的

19. 对于个人参与公共数字信息服务的提供,您认同哪种说法 [单选题] *
这是政府的责任,个人无须参与
在有便捷途径条件下可以偶尔作贡献

回报社会义不容辞,可以投入一定的时间和精力

行使好监督权力,与服务部门保持沟通也是一种社会服务

20. 调查到此为止,再次感谢您的耐心支持,如果您有什么需要补充的,请在此说明［填空题］

———————————————